马拉松大时代

MARATHON

张路平 著

電子工業出版社
Publishing House of Electronics Industry
北京·BEIJING

内容简介

本书突破传统的历史写作方式，以写实手法全景式讲述1981—2020年中国马拉松四十年演进历程。全书人物、事件以时间顺序呈现，将发展的多个线索收拢于最具象征性的现象——跑族的诞生和兴起，落点于中国马拉松时代的兴起和繁盛，着重于人物定位和现象剖析，对历史所呈现出来的纷繁复杂、众声喧哗进行了理论升华。全书既有深厚的历史感又有现场般的活色生香。这本书是对马拉松运动和跑步运动在中国发展的梳理和总结，也是中国首部完整的马拉松运动发展史，颇具时代意义。

图书在版编目（CIP）数据
马拉松大时代/张路平著. —北京:电子工业出版社, 2021. 11

ISBN 978-7-121-42158-7

Ⅰ. ①马… Ⅱ. ①张… Ⅲ. ①马拉松跑－体育运动史－中国－现代 Ⅳ. ①G822.892

中国版本图书馆CIP数据核字(2021)第202228号

责任编辑：张　冉
特约编辑：胡昭滔
印　　刷：济宁市火炬书刊印务中心
装　　订：济宁市火炬书刊印务中心
出版发行：电子工业出版社
　　　　　北京市海淀区万寿路 173 信箱　邮编：100036
开　　本：880×1230　1/32　印张：13.75　字数：377 千字
版　　次：2021 年 11 月第 1 版
印　　次：2021 年 11 月第 1 次印刷
定　　价：78.00 元

凡所购买电子工业出版社图书有缺损问题，请向购买书店调换。若书店售缺，请与本社发行部联系，联系及邮购电话：（010）88254888，88258888。
质量投诉请发邮件至zlts@phei.com.cn，盗版侵权举报请发邮件至dbqq@phei.com.cn。
本书咨询联系方式：（010）88254439，zhangran@phei.com.cn，微信：yingxianglibook。

献给中国国民运动

马拉松

目录

序

大时代催生大作品

中国人讲究“盛世修史”，本书的出版正当其时。

对业界来说，如大旱之望云霓，是一桩大事。

我是20世纪50年代末生人，2014年开始跑马，国家和社会为我们这一代人提供了难得的表现舞台，而马拉松和马拉松精神又给予我们新的生命活力，终生受用不尽，所以推动修史是作为一个跑者发自内心的责任。

专就写作而论，我很喜欢路平的文字，他于2019年在公众号“跑者公会”上写的《中国马拉松四十年》是百读不厌的马拉松历史精品。这篇文章，我曾无数次向朋友推荐过。其简洁有力的文字使我相信，马拉松界有一位才华出众且历史学养深厚的写作者。

后经中国田协朋友帮忙，建立了联系，我才知道他是历史专业出身的资深媒体人，长期担任《全体育》杂志总编辑，是中国体育资深评论员，还于2012年牵头创办《跑者世界》杂志。他也是一名跑者，2013年就跑过北马全程。他在著书立说方面更是行家里手，北京奥运会前夕，曾受中国奥委会新闻委员会之托牵头编纂出版上、下两卷的《从雅典到北京》（人民体育出版社，2008年），在体育界内外产生了重大影响。

如今，在忙碌工作之余，一书既成，甘苦可以想象。这部书是对四十年来中国马拉松发展历程的系统梳理，是一部史书，正像作者多次所说，写作标准只有一个，那就是可信，值得珍藏，回望四十余年不负先贤，展望未来百年无愧后人。

但作者并不拘泥于概念性叙述，而是以生动的语言，着力构建丰富的马拉松生态系统，即使主线之外的小人物，也能写得跃然纸上。尤为重要的是，他能将复杂矛盾关系表达得十分简洁精准，这是需要深厚功底的。

作者的经历像一个深沉的“潜伏者”——马拉松报道者、跑者、从业者，埋伏在历史的各个街角，捕获一个个场景和秘密。我始终被这个会讲故事的高手深深地吸引着，不得不随着引人入胜的生动情节，于沉浸式体验中欲罢不能。从书里读出了一个体育项目的兴衰跌宕、一个个运动员（跑者）和从业者的人生际遇，以及马拉松文化传承内核，也读出了作者对马拉松运动的满腔热忱。

马拉松作为当代中国的重要社会现象，有其独特的历史文化内涵，尚待更大力度的开掘，路平开了个好头，还需要每一位跑者拾柴添薪。

这是一个见证历史巨变的时代，大家有幸在赛道上相识，让我们一路跑下去。

是为序。

李小白

新丝路时尚集团创始人

自序

赛道上的时代更迭

马拉松是当下风头无两的体育现象，在全民健身的大棋盘上，一“车”九子闲。

著史修志，以启未来，是每一代人应有的使命，这本书缘于新丝路时尚集团创始人李小白的提议。在跑圈，他是中国田径协会路跑委员会副主任、六星跑者，也是一个有行业责任感的人。

本书采用编年体，描绘和论述 1981 年北京马拉松（简称北马，书中亦多处将“马拉松”简称为“马”，如跑马拉松简称为跑马，上海马拉松简称为上马等，不再赘述）诞生以来，马拉松从一个专业比赛项目到大众体验型赛事的演进过程，其中最具象征意义的概念是“跑圈”——由跑者和服务者组成的独特世界，他们有共同的精神气质和审美趣味，既由历史发展催生，也是历史创造者和历史舞台的主角。

就一般而言，一个体育项目的发展史，是由多个声名显赫的运动员链接而成的，马拉松则不然，中国马拉松最高成就仅是一个田径世锦赛冠军和一个奥运季军，非常单薄。但重要的是，它在以全运会为核心的竞技轨道之外，1998 年后又延伸出大众性城市马拉松，并一跃成为中国参与人数最多的体验型赛事活动。在全民健身上升为国家战略后，马拉松地位日益突出。因此，本书在 1998 年之前是单一竞技线索，此后则双头并进，且越来越注重城市马拉松生态构建。

四十年只是匆匆一瞬，但今天的“80 后”“90 后”和“00 后”，已很难体会过往和发展的连续性，所以我最大限度地将各阶段的人物和现象置于社会经济背景下进行逻辑梳理，构建跳出文字的意象，希望读者从各个时期的图景中，看到一个新族群的命运连拍。通俗地说，是集碎片为镜面，力图照出一个时代的全景。

事实上，这也是一个跑者似蛙鱼逆水溯源的洄游，偏重于人物命运和重要现象剖析，并试图在勾连纷繁的现象中梳理出一条动力性线索，并不追求任何个案之深入研究，旁及主要线索之外的内容一概不做详论，以免骈枝之累。

六十余年来，以竞技成绩论，中国马拉松运动的发展大致分为三个时期。

第一时期，1957 年到 1990 年，是从 0 到 1 的原创探索期，内蒙古、云南、山东和江苏，此起彼伏，涌现出单长明、胡刚军、曾朝学、张国伟、朱树春、赵友凤等人，制高点是赵友凤，1988 年奥运会获第五名，1990 年亚运会冠军。

第二时期，1991 年到 2010 年，是著名的“大泽龙蛇”时期，先后由马俊仁、王德显和梁松利三位教练浪尖弄潮。前两人均有队员涉兴奋剂，王还被终身禁赛，但运动员的成绩，包括任龙云和孙英杰的国家纪录、周春秀的奥运会铜牌和白雪的世锦赛冠军，均应予充分肯定。

第三时期，从 2011 年至今，历经 2012 年伦敦和 2016 年里约两届奥运会，是下沉期、爬坡期，但爬坡是近两年的事。2019 年，男子多布杰和董国建双星闪耀，先后创下近十年最好成绩和史上第二好成绩；女子李芷萱也有惊艳表现。2020 年，更出现了大规模反弹的现象。

在城市马拉松发展上，1981 年、1998 年和 2014 年均具有重大意义。

1981 年是中国马拉松元年。1998 年北马率先向大众开放，宣告以大众体验为核心的马拉松消费市场诞生，这一年犹如界桩，划分出马拉松竞赛项目和城市马拉松运动两个时代。2014 年则是城市马拉松运动分水岭，国务院印发《关于加快发展体育产业促进体育消费的若干意见》，将全民健身上升为国家战略，同时取消商业性和群众性体育赛事活动审批。由此，对于城市马拉松，政府空前重视，市场空前活跃，推动产业体量急速攀涨。

当然，分析的深度部分取决于资料占有，在写作过程中，2000 年前受困于素材短缺，主要依据《中国体育报》《人民日报》等主流媒体的报道，并加入了采访内容；之后则由于互联网及移动互联网的兴起，素材如山，感受到了取舍之难。

立场的理性与公正更至关重要。我有二十余年体育媒体从业经历，长期以记者、编辑和评论员身份，跟体育界保持一定距离，以保证持论之客观，但 2012 年，由于创办中国第一本路跑杂志《跑者世界》而入“坑”，并跟马拉松系统各级官员、从业人员和跑者打成一片，成为事实上的马拉松产业从业者。以新角色写作，尤其要排斥感情的羼入，强调理性和客观，毕竟治史的第一追求是“真”。当然，对于了解较多的人，会着墨更多一些。

最为犯难的是人物品评，虽然秉持实事求是的精神，但时代在变，看法也在变，且跑圈原本就喜为异说，多数人以个人身份和地位，对具体问题各有主张，我希望自己的一孔之见能经受住历史的检验。

为了表述更加简洁精准，书中的国家体育总局田径运动管理中心和中国田径协会，简称为田径中心和中国田协，两个机构在 2019 年前实为一体。关于参赛主体，媒体和坊间有多种称谓，为体现时代特色，本书以专业运动员、业余运动员、退役专业运动员和大众跑者区分。时态上，事发年份一般称“今年”，并以此为原点指称其他年份。另外，最重要的是，本书所指的马拉松，泛指一切路跑及相关运动，而不论距离与地面形态。

本书难免有参考未备和论断失当之处，祈读者赐正。

感谢小白兄作序，感谢白岩松、郁亮、丁水波、毛大庆和方旭东等朋友推荐。

张路平

2021 年春于北京西城官门口头条 65 号院

源流与序幕

马拉松是一项体育运动，也是观察中国社会发展的窗口，它的足迹，就是时代的足迹。

发展史人物｜张亮友　专业运动员

马拉松，田径大家族的一员。

在1981年北马诞生前，马拉松只是全运会一个比赛项目，社会和行业关注度非常低。直到2011年后城市马拉松高热，情况才彻底改变，马拉松成为一项大众热衷的潮流运动。

现在，马拉松同时兼有奥运争光、全民健身和体育产业的职能，越往后，后两种色彩越浓。

从全民健身的角度来看，马拉松是一项重大成就，这是中国田径界几代领导集体的重要政绩。

段世杰、罗超毅、杜兆才和于洪臣等人先后担任田径中心主任，其中段世杰和杜兆才升任体育总局副局长。他们敢于闯创、敢于负责的品格非常突出，在马拉松发展上用力颇深。

如果说领导层之间的交接传承简单明晰，那么运动员及跑者，也就是现在的跑族，其溯源就没那么容易了。

先来看看新中国成立初期的体育大背景。

那时候，体育地位至高无上，指挥过千军万马的贺龙元帅出任国家体委（国家体育总局前身）主任，一干十七年。体育系统最初的管理接近战时体制，运转军事化、目标单一化。

所有这些，都向人们表明，体育必须而且要很快出成绩。

好消息接踵而来。1957年，戚烈云和郑凤荣水陆并进，分别打破男子蛙泳和女子跳高世界纪录，国人为之疯狂。而前一年，举重选手陈镜开力拔133公斤，成为中国破世界纪录第一人。

关于新中国马拉松第一个全国纪录创造者，张亮友的名字不断见诸各类媒体，但在《中国田径运动百年》一书中，仅表述为："合肥举行安徽省马拉松测验，张亮友跑出2:52:34.6的成绩。"① 比赛时间

① 全国田径理论研究会. 中国田径运动百年[M]. 北京：人民体育出版社,2006.

是 1957 年 12 月 22 日。而《中国田径运动史》则明确记载，中华人民共和国第一个马拉松成绩是 2:52:40，由夏启宇于 1957 年 11 月 24 日在江苏省马拉松比赛上创造。[①]

不过，有关“张亮友是中国马拉松第一人”的说法流传甚广，国家体育总局主管的《田径》杂志也多次确认。

可以确定的是，马拉松在 1957 年由江苏和安徽同时起步，特殊的经济和人文环境，令长江中下游地区成为发祥地。

六十一年后，2018 年，92 岁的张亮友与徒子徒孙相会于肥东国际半程马拉松，泫然慨叹：国运才是马拉松的基础赛道。他的脑海中反复闪现肥东那条尘土飞扬的公路——店埠到梁园。

张亮友是安徽淮南煤矿工人，两年前以省运会长跑冠军身份到上海参赛，买到一本马拉松知识读本。虽然不识字，但他请人代读，照本苦练，自觉神功大成。

到哪里一显身手呢？

有困难找领导。张亮友一连写了三封信，收信人都是国家体委主任贺龙元帅。

不久，组织上来人了解他的真正实力，张亮友当即从肥东县的店埠一气跑到梁园。一个来回比全马还多出三百米，对方满意而去。

那次试跑距今已六十多年，对当时的情形，张亮友依然历历在目：“边跑边心里打鼓，万一距离不够呢，不成欺骗组织了吗？”

几个月后，一场省级测验赛来了。这是中华人民共和国最早的马拉松赛之一。

时间是 1957 年 12 月 22 日，规模 12 人，地点安徽肥东，张亮友第一个冲线。他回忆说，当日风沙逼人，地面坑坑洼洼，跑到一半时

① 国家体委文史工作委员会. 中国田径运动史 [M]. 武汉：武汉出版社,1997.

饿得不行，便找路边挑着箩筐的村民，讨了三块麻饼吃。

仅仅依参赛人数，我们就可以了解当时中国马拉松的实际情况。

安徽和江苏的觉醒，呼唤着全国性赛事的出现。

一场内蒙古高原酝酿的风暴即将来临。

1958 年 11 月 3 日，首届马拉松锦标赛在北京举行，起、终点均设在先农坛体育场。组委会特邀奥运冠军扎托佩克到场指导。这名退役未久的捷克斯洛伐克人看上去仙风道骨，1952 年赫尔辛基奥运会上，他 8 天内狂揽男子 5000 米、10000 米和马拉松三枚金牌，成为时代传奇。

在奥运冠军眼皮底下，内蒙古作为重要门派登台，从此名动江湖，一脉相延。

“蒙派”创业团队，以专业眼光视之，皆出身草莽。他们本着响应“锻炼身体、保卫祖国”的初心日练不辍。

这批人身上有时势造英雄的成分。张云程系开鲁县小学教师，刘一祥来自海拉尔税务局，郑昭信则是通辽粮食局职工。业余爱好为人生找到一条新路，命运就此改变。

这场比赛，郑昭信 2:21:17 夺冠，张云程 2:21:43 居亚。共 81 人超过张亮友的全国最好成绩。

扎托佩克大惊失色，情绪有点激动。他 1952 年奥运会夺金成绩是 2:23:03。

以简单数字对比，中国青年的水平还在奥运冠军之上。

一年后的首届全运会也是“蒙派”一统天下，张云程 2:29:55 居第一，郑昭信第二，刘一祥第六。

在彩云之南横断山脉的鹤庆县，对日后中国马拉松影响深远的“滇派”代表人物张国伟呱呱坠地。鹤庆毗邻丽江，海拔两三千米，高原居民英才辈出。

“蒙派”的绝对统治持续到“文革”前夕，并以1965年4月全国马拉松测验赛张云程跑出2:16:57.4为巅峰，这一成绩可排当时世界第十位。我们细心比较后不难得出结论，就世界排位，20世纪60年代是中国男子马拉松的制高点。

1965年9月第二届全运会，刘一祥和张云程分获马拉松冠、亚军，成绩为2:23:27和2:23:57。

刘一祥退役后培养出刘总贵、单长明、吉日木图等，成为“蒙派”一代宗师。

在回望历史时，必须承认“蒙派”是中国马拉松开山鼻祖，而张亮友和夏启宇则是个人起点。

“滇军”对“蒙派”的反抗，其实很早就开始了。

张国伟无疑是历史性人物。

1977年，18岁的张国伟进入大理州体校，翌年入选云南省队，师从苏文仁。

苏文仁不是一般人，20世纪五六十年代四破10000米全国纪录，5000米和3000米也很强。他对高原训练理论贡献颇多，十周训练法和小周期训练法影响深远。

虽然麾下有悍将许亮，1977年即夺得全国田径运动会10000米冠军，且打破全国纪录，但苏文仁还是把目光转向张国伟。他等待这样的苗子很久了。

还有一些地方也不甘当看客，比如上海。

张国伟进入体校的时候，上海五七体训班学生张远达已 19 岁，被提拔到市田径队，踩上了起跳的踏板，有资格对人生产生无穷想象。

张远达出身崇明岛农家，身材精瘦，自小善跑。1980 年 10 月，第八届全国田径锦标赛首次将马拉松列入，他以 2:29:00 夺冠。

他有点生不逢时，尽管三年后成绩提高到 2:21:23，也仅获得五运会第七。滇蒙两“军”实在太过强大了。

20 世纪 80 年代初，中国马拉松以全运会为轴心，蒙滇之争大势已成，“滇军”继 1975 年佤族大将肖国明夺冠后，1979 年，许亮获四运会冠军。

许亮确实厉害，1980 年 3 月又以 2:13:32 勇夺法国埃松马拉松季军，超过“蒙派”张云程保持十五年之久的全国最好成绩。

彩云之南万众欢腾。

此后，蒙滇二元体系，十年河东十年河西。如果把这种现象完全归结于两地领导的重视，那就低估了地理条件和地域人文的社会功能与作用力。

即使今天，内蒙古高原和云贵高原之争，依然若隐若现。

世界大趋势和中国社会本身的变化，始终是我们观察体育的第一角度。

20 世纪 80 年代初，随着中国不断改革开放，社会剧烈变化，代表社会价值转向的消息，像报春的燕子纷至沓来。

1980 年 4 月 10 日，中国第一家中外合资企业——北京航空食品有限公司获批成立，5 月 1 日，公司在北京正式挂牌。此举具有破冰效应，向社会释放出重大信号。

10 月，中国破天荒派三人参加第 11 届纽约马拉松。领队叶天在起点看到万头攒动，几乎不敢相信自己的眼睛，比赛居然是城市大狂欢，43 国 14012 人参加。

一个疑问深深缠绕着叶天，马拉松是专业比赛，怎么会有这么多人参赛？而且，我国顶尖运动员单长明跑出 2:31:11，算是不错了，却仅排第 143。另外两人的成绩为：刘总贵 2:37:38，第 242；方嫩顺 2:38:49，第 274。

由此可以得出一种解释，马拉松既可以是高水平的，也可以是大众的，甚至可以融为一体。

纽约给中国使者种下的城市大众马拉松理念，18 年后才在北京开花结果。

改革开放后，国外的新东西不断涌入。

1980 年，因发明跑鞋气垫技术而广受追捧的耐克在北京设立生产联络处。

草创于 1957 年的耐克于 1972 年正式成立，一对师徒菲尔·奈特和比尔·鲍尔曼洞烛先机的嗅觉，是其一直的成功之道。

为一探中国市场虚实，奈特曾在香港地区苦等三天，但还是没拿到签证。直到 1980 年，通过中国籍高管 David Chang，奈特第一次来到北京。

这一年，后来的本土跑鞋大王丁水波刚刚 10 岁。

他出生于福建晋江陈埭镇，家境贫寒，有两个妹妹一个弟弟。父亲是村里的拖拉机手，常年奔波在外，丁水波很小便担起长子之责。8 岁时，他一个人赤脚跑街串巷卖油条，9 岁背着冰桶卖冰棍。童年生活的艰辛，历练出他的商业智慧、商业新知和对世界的认识。

丁水波与菲尔·奈特的商业叠合是 2007 年以后的事。借助马拉松，耐克与特步——中美商业跑步文化的两个代表，得到完美的实用性传播，并产生了巨大商业回响。

经过长期探索和奋斗，中国马拉松形成了自己的基本盘，并在舆论和组织上为城市马拉松的破土奠定了基础。

1981　创始之年

北京马拉松由改革开放催生，同时也是体育界改革开放的重要历史见证，城市马拉松作为全运会之外的另一个轴心，扬帆起航。

发展史人物｜王枫　电视转播专家

历史总是由人来推动的，尤其是那些关键位置上的人。

1981 年，为城市马拉松发展做出重要贡献的顶层设计者和主要操作者大多还在人生起步阶段。

国家体育总局原副局长、中国田径协会主席、田径中心第一任主任段世杰，当时担任国家体委团委书记；国家体育总局副局长、田径中心第四任主任杜兆才，当时在八一冰球队打球；田径中心第五任主任于洪臣，当时是沈阳体育学院大一学生。

安徽六安二中学生水涛高分考入北京体育学院（现北京体育大学），听到北京要举办马拉松的消息莫名兴奋，不过他印象最深的是另外两场比赛。

沉寂百年的中国体育走向世界，莺歌初啼。

男排3:2逆转当时的南朝鲜队，取得世界杯参赛权，剧情跌宕起伏，激发出“团结起来，振兴中华”的时代强音。

接着，在第 36 届世乒赛上，中国队包揽 7 金，开始书写绵长的英雄史诗。

国际比赛繁多，不胜枚举，我们用一句话来概括 20 世纪 80 年代初中国人的认识水平，那就是，凡中央电视台转播的国际比赛，都是世界焦点。

一场比赛胜利，举国若狂，体育是社会情绪的助推器。

有人乘势向国家体委提议，在北京举办马拉松赛事，以此向世界展示中国人组织重大赛事的能力。

5 月，隶属于国家体委国际司的中国体育服务公司（以下简称中体服）接到承办任务。

这个“国字头”的服务公司，最初是国际司下属的处级单位，主要负责邀请和接待外籍选手。1979 年 10 月注册时，其批准单位是国务院，跳高名将郑凤荣出任副总经理。

北马之外，中体服还负责操办“福布斯欢呼美中友谊”号热气球飞行表演。

福布斯即《福布斯》杂志总裁，1982 年 10 月，他携热气球和摩托车队访华，中体服全程操办，巡演各地，助推这两项运动落地中国。

福布斯特别能花钱，对中体服来说是一桩好生意。同时初创的北马也不差钱，因为日企作为外资先锋，正大举开拓中国市场，而日本人又特别爱做马拉松广告。

中体服应接不暇，也广受赞誉，两年后跳级，明确为司局级单位。

那时，中国田径协会名义上是北马主办单位，具体负责选手邀请、审查，奖牌和服装设计制作，以及现场的具体组织，实际上是一个执行团队。

首届北马于 9 月 27 日举行。之前数月，北京的空气里一直弥漫着兴奋又紧张的气氛。

毕竟是新中国第一场真正意义上的城市马拉松赛事。北京完全按照欢迎外国元首进长安街的规格精心筹备。

赛事全称“1981 年北京国际马拉松赛”，由中国田径协会主席李文耀担任组委会主席，他实事求是地说：“深感缺乏办这类比赛的经验。”李文耀于 1979—1990 年担任第三届中国田径协会主席。

组委会首先确定参赛选手的范围，一类是特邀选手，由中国田径协会对外邀请，另一类是自愿参赛者。

自愿参赛的条件非常苛刻：年龄 21 ~ 45 岁；每人每天交纳服务费 50 美元，另加报名费 5 美元，以当时汇率计算约合人民币 82.5 元，超过普通职工三个月工资；成绩 2:20:00 以内。有这三道门槛，可以试想一下，能有多少人通过审查？

最头疼的是比赛线路，大原则是既要展现古都风貌，又要避开核心敏感地段，这太难了。

那时候，北京适合跑马拉松的路线并不多，可以展现大国风貌的区域比较有限。

国家体委和北京市相关部门反复开会，不断更换方案，先后经过 8 次测量，最终确定以天安门为起、终点，运动员先绕着天安门广场跑两圈，然后沿长安街一路向西，经西单、复兴门、木樨地、五棵松至古城折返，至复兴门向南转入象来街，经宣武门、和平门至前门，绕正阳门东侧返回天安门广场，终点在国旗旗杆南侧。沿途还有很多政府和军事单位。

比赛规模之小是现在无法想象的，共 85 人报名，后来检录环节的数据显示，通过起点线的外籍选手 22 名、国内选手 39 名。

据《体育报》（现《中国体育报》）记述："首都几十万人怀着极大的兴趣观看了比赛盛况。沿途每一条街道都挤满了人，为长途飞奔的中外运动员热情鼓掌加油。"

冠军是瑞典选手谢尔·埃里克斯塔尔（2:15:20），我国云南 25 岁的彭家政跑出 2:26:03 ，获第十五名。有"中国最佳选手"之称的许亮因病未能参赛。

日本人对马拉松的喜爱已到痴迷程度，三得利公司以协助单位的身份赞助了首届北马。

三得利希望北马向日本转播，在技术上，这是非常大的挑战。

接到任务后，中央电视台技术部门的技术人员李汉杰、刘广全等人天才般地想出拖斗模式——在一辆刚购进的小转播车上放置固定设备，再用绳子牵引一辆 130 卡车，装上摄像机、防震器、微波、调频台、通话设备和 8 副天线。最后再坐上 11 名中日工作人员。

当天，《体育报》记者描述道：赛场上，有两辆连在一起的汽车最引人注目，前面是一辆天蓝色的面包车，车上架着两个大铝锅盖一样的东西，连接着的一辆绿色拖车上有人扛着大型摄像机录像，两辆车由电缆接通，后面录，前面放。

就这样，央视向北京地区转播比赛实况，并通过东京广播公司（TBS）向日本播出。随后，又向全国播出录像剪辑。

全台人如释重负。

在中国马拉松初期的推广上，日本人称得上不遗余力，TBS 提供了不少设备，甚至包括开道用的摩托车。

1982 年 2 月，中央电视台台长王枫在《广播与电视技术》上发表《一九八一年北京国际马拉松赛的实况转播和卫星传送》一文，从技术角度解剖了马拉松转播的难题与办法。这是中国马拉松直播技术的奠基之作。文章最振聋发聩的观点是：未来需考虑“直升机中继和航拍”。

在电视为稀有之物的年代，谁能在屏幕上露一小脸，是不得了的事。

最久久不能平静的人是孙正平。在首届北马两个多小时的转播中，穿插播出事先录制的风光片和交通管理注意事项皆由他配音，这是孙正平的声音首次出现在央视。

孙正平曾插队山西十三年，今年 3 月调入央视体育组，实现人生重大转折，让同龄人艳羡不已。

北马挑梁解说员宋世雄，组织关系还在中央人民广播电台，每逢重大赛事，两台同播实况，他的声音覆盖全国，知名度不输任何体育明星。

宋世雄是改革开放后最重要的电视体育解说员之一，也是中国体育解说模式的奠基者。2000 年退休，常票戏。

多方合力，北马以开山之功和神圣地段奠定至尊大位，后享国马之荣。1981 年也是伦敦马拉松和澳门马拉松元年。

其时，改革开放春气盎然，另两个直辖市也心意激荡。

天津举办第一届飞凤杯国际马拉松赛。

上海举办第一届上海杯马拉松比赛，起、终点设在嘉定体育场，且破天荒允许女子参加。

当然，津沪还很随性，距不间断的品牌赛事还很遥远。

在改革开放的桥头堡广东，进行了一次马拉松摸底赛，共 30 人参加，平均年龄 23.7 岁，包括学生 8 人、工人 9 人、教师 5 人、职工 6 人、军人 1 人、农民 1 人，所有人均未参加过马拉松训练。最终 14 人跑完全程。

数据反映出中国马拉松的真实模样，也揭示了马拉松与经济发展之间的逻辑关系。

改革开放的另一前沿阵地——福建，湖里区一阵鞭炮声响，厦门经济特区破土动工。一个贫穷的海防小城从一片荒地中崛起，在改革开放的破浪前行中完成惊人蜕变，跃升为高颜值、高素质的现代化、国际化城市。

1982　一盘大棋

我们正处在用世界冠军证明民族价值的年代，国际社会呈现出不同的态度，援引国际力量为我所用，是重要战略部署。

发展史人物｜李战哲　业余运动员

1982 年，北马首次被国际田联批准为传统国际比赛。

但这一年，国内体育的重心是一场足球赛和一场羽毛球赛，比赛背后是国人百年阴影下强烈的争胜心态，胜负关乎民族的尊严。

我们需要胜利来证明自己，但决定胜负的是队伍的实力和临场发挥，还需三分运气。

先是第 12 届足球世界杯亚洲区最后一战，那时候，中国是亚洲强队，去年在北京工体 3 ：0 击败科威特队后，同组还剩沙特阿拉伯和新西兰一场，只要沙特阿拉伯不输 5 球及以上，中国队就出线了。

当时，很多人对“足球是圆的”这个道理还缺乏深刻认识，队伍早已马放南山静待佳音。足球这东西，需要巨量经验储备和人生体悟才能略窥门径。

以成熟心态审视，沙特阿拉伯 0 ：5 输给新西兰，把出线权交给新西兰和中国再战定胜负，应该是第三方最公平的选择。1 月，中国队附加赛 1 ：2 负于新西兰，梦断西班牙。

那是 2002 年之外中国距世界杯最近的一次，但远不是最惨痛的一次。

另一场比赛则刚好相反，中国队置之死地而后生。

在现在纷繁的体育生活状态中，羽毛球不过尔尔，但在当时的社会气氛中，它是国家荣誉最重要的捍卫者之一，足球折戟世界杯预选赛后，整个社会需要一场胜利来证明自己。

5 月，由栾劲、韩健、陈昌杰领衔的中国羽毛球队，首次参加代表世界羽坛最高水平的汤姆斯杯，各地机关和厂矿的 9 英寸、12 英寸黑白电视机前人头攒动，满城争说。中国队不负众望，一路打到决赛，对决世界最强的印度尼西亚队。

赛制是9盘5胜，分两天进行。中国队第一天1:3落后，岌岌可危。但第二天却实现惊天逆转，中国队首夺汤姆斯杯。从此，中国和印度尼西亚在世界羽坛双峰并峙。

在冰火两重天的刺激下，心情复杂的北京青年李战哲决定参加北马选拔。

起、终点还在天安门。

天安门作为中国最重要的政治地标之一，时至今日，在所有体育项目中，也只有马拉松跑者能够体验到那种神圣感，这是北马独一无二的引力。

李战哲家住海淀区北太平庄，门口有22路公交站，那时车少，小孩觉得新奇，常常跟跑半小时，来回5公里，渐渐养成习惯。

经层层选拔，李战哲得以代表北京参赛。组织上对他们照顾有加，不仅费用全包，还发整套装备。备战期间，为了让队员吃饱吃好，每天补助8毛钱伙食费，一个月24.8元。当时李战哲的月工资是38.8元。这不是一笔小钱。李战哲说，他永远忘不了别人崇拜和羡慕的目光。

第二届北马共19个国家195人报名，实际参赛181人，国内143人，国外38人。比赛当天，天安门广场彩旗招展，气球飞舞，气氛热烈。在五六级的西北风中，赛会纪录提高到2:14:44（朝鲜李宗亨），中国“滇派”名将许亮 以2:19:11获第十二，国内第一。

29岁的业余选手李战哲以2:46:44完赛，这经历足慰平生。

这届北马最大的“腕儿”是意大利人内比奥洛。

国门初开，既需要中国运动员证明自我，也需要国际体育组织核心人物来华访问，坊间的说法是贵人扶持。

国际田联在世界体坛的重要性和实际权力，应该能排到前三。内比奥洛曾担任国际田联主席 18 年之久，直到 1999 年在任上去世。他也是国际奥委会高层核心人物，有重大影响力。

内比奥洛专程为北马而来，这是一种明确的宣示，也隐藏某种微妙的博弈——他个人和国际田联均支持中国。

事实上，1978 年 10 月国际田联前身恢复中国合法席位时，内比奥洛和他的继任者迪亚克都起了重要作用。

简单点说，国际田联比国际奥委会早一年接纳中国。

在一定程度上，央视实况转播北马的压力相比前一年更大了。

对央视前辈们来说，上一年那种危险的“游戏”绝不敢重复，于是，央视花重金进口了一辆三菱车底盘，然后根据马拉松转播的特点和技术要求，在香港加工成没有转播设备的空心车，使用时将全台仅有的一套 EFP（电子现场制作）设备装上。

与一年前相比算是鸟枪换炮了。

这辆车一直使用到 1989 年，由央视第一辆正规移动转播车取代。

据曾任中央电视台副台长的林景云回忆，移动转播车解决后，又出现新难题，转播中心的信号指示灯不能联动。技术人员邵昌有骑着自行车，在烈日炎炎下满北京购买器材，自己组装、调试，最终让指示灯达到要求。

这一年，为中国跑族提供最初精神食粮的村上春树，开始了数十年如一日的奔跑。

他的代表作之一《当我谈跑步时，我谈些什么》为跑步贴上了哲学标签，甚至在 2008 年后成为一些跑者心中的“圣经”。

写作的日子是枯燥的，但跑马可以解千愁。很多人之所以说服自己跑起来，很大原因是跑步已成为一种文化符号。

1983

1983　全运大战

在马拉松主赛道上，蒙、滇、鲁三强鼎立，一争高低。

发展史人物 | 单长明　专业运动员

举办两届后，各界均对北马比较满意，这也充分反映了中国田径协会已尽到最大能力、心力和智力。

今年，北马首次与全运会重合，而第五届全运会又特别不寻常。

政治上，党的十二大提出建设社会主义物质文明和精神文明，叶剑英、邓小平、李先念和陈云等中央领导人为全运会题词，是鼓励也是压力。

体育上，重返世界舞台的中国面临新的全球定位，特别邀请 311 位外宾参观五运会，包括国际奥委会主席萨马兰奇、三位国际单项体育组织主席和十四位国际奥委会委员，申请采访的外国记者也超过百人。

地域竞争上，全运会首次离开北京，来到经济重心上海，从此开启轮流坐庄时代。

竞赛项目则完全按照奥运会设置，是中国军团出击 1984 年奥运会的全面预演。

站在创造历史的节点上，每个省都投下所有筹码。

云南掌握着男子马拉松金牌争夺的主动权，毕竟四年前第四届全运会，许亮、黄文泽和彭家政垄断前三名，彭家政和许亮还分别获得前两届北马国内第一名。

曾技惊奥运冠军扎托佩克的内蒙古马拉松，在“文革”中受到重挫，根脉奄奄一息。

但体育比赛从来就有大热必死的魔咒。“滇军”在上海一场突如其来的大风中凌乱，14 人参赛，居然 10 人退赛，名将许亮跌出前三。

那场比赛肚子疼、抽筋的选手还有很多，参赛 127 人，实际完赛 95 人，云南队只是表现最“突出”而已。

内蒙古却在大风中找到了自己的新偶像，并在之后的岁月中一再被提起，他就是单长明。

单长明于1958年出生，师从内蒙古早期代表人物刘一祥，人极聪慧，也能吃苦。

刘一祥于1965年获得二运会马拉松冠军，成绩2:23:27，而单长明五运会成绩是2:17:55，这种师一辈徒一辈的传承，后浪拍过前浪，正是体育界更快更高更强的精神生生不息之源。中国大多数个人项目，至今依然遵循着基本的师徒制。

单长明的故事刚刚开始。一个月后他移师北马，以2:26:28获赛会第八，国内第一。遗憾的是，起、终点并非他日思夜想的天安门，而是工人体育场。

线路是从工体出发，经东大桥、建国门上长安街，向西至公主坟，并向北至北京外国语学院（1994年更名为北京外国语大学）折返，沿原路至广播大楼，再从前门大街至北京站，最后回到工人体育场。这条路沿用至1998年，基本没动。

直到1999年，起点才稳定在天安门。

那时候，《体育报》喜欢用“飞毛腿”指代马拉松选手，1983年共187人参赛，美国“飞毛腿”罗尼·阿伦·塔布夺冠（2:18:51）。

北马当天，上海举行了一个跟马拉松有关的会议，意义重大。

这是中华全国体育总会常务委员会会议，主要讨论参加第二年奥运会的问题，同时一致同意萨马兰奇赞助群众性马拉松的建议。

“群众性马拉松”这一概念第一次被提出，是后来浩浩荡荡的城市马拉松之组织源头。

单长明挑翻“滇军”，横扫沪京，威震国内，天下就是单长明的了吗？

山东人表示不服。

“鲁帮”是蒙、滇相争中崛起的第三势力，在五运会赛场，潘玉波和朱树春的左右夹击战术几乎成功，潘 2:18:25，朱 2:18:27，惜败于单长明。

山东作为绵延至今的中长跑重要力量的一支，肇始于此。

在五运会上，对自己最满意的是上海之宝张远达，此前个人最好成绩 2:25:30，排全国第 15 名左右，结果跑出 2:21:23 名列第七，为代表团拿了分，上海田径界欢天喜地。

张远达退役后被安排到上海四方锅炉厂技校，担任田径教练。1998 年技校解散，他辗转在多家企业干过，退休后回到崇明岛养老，常跟年轻人切磋。

“滇派”宗师苏文仁拖着沉重的步子离开上海。

失败的滋味不好受，但并没有动摇他深信的高原优势论。

年底，苏文仁在《中国体育科技》上发表《昆明高原长跑马拉松训练体会》一文，对世居高原的运动员在高原上长年训练发表看法。他的观点奠定了中国马拉松的选材基调，催生出云贵高原和青藏高原的大批优秀运动员。

体育界有个不成文的规则，一线教练的论文要以自身的成功案例做支撑，这对苏文仁不成问题，既有许亮打底，手中还藏着秘密武器。

由罗为信统领的“滇军”女子支队倒表现不俗，吴金美和陈文柱包揽五运会冠、亚军，这是女子马拉松首次进入全运会。

这一年，除了蒙、滇、鲁三路高手过招，稚嫩的学术界也力图全方位解读马拉松，膳食成为一个重要的研究方向。五运会提供了理想的取样机会，热能、糖、脂肪、矿物质和维生素，被认为是必不可少的能量之源。

1984　新物种

在思想大解放的社会氛围中，体育界开始寻求新的发展模式，北马作为一块试验田，发行了“奖券”，这是体育彩票的前身。

发展史人物｜曾朝学　专业运动员

1984

在马斯洛需求层次理论中，第一层次是生理需求，第二层次是安全需求，第三层次是归属与爱—社交需求，第四层次是尊重需求……

奥运会是全球竞技体育荣誉之巅，也是各国实现第四层次需求的重要场域。参加奥运会是所有运动员的梦想，新中国最早的几代优秀运动员盼着盼着就老了。

时光流转到 1980 年，中国已重返国际奥运大家庭，按计划是要参加莫斯科奥运会的，但由于种种原因，我们没有参加。

一晃又四年，1984 年洛杉矶奥运会来了。

这一年是新中国成立 35 周年，也是邓小平视察南方之年，出现了第一次“下海”潮，很多后来赫赫有名的企业家在这前后起步，包括张瑞敏、王石等。

人们兴奋地意识到，一个前所未有的时代就要到来了。

中国田径派出 22 名运动员参赛，但没有马拉松，因为无人达标。

从 1984 年起，奥运会成为中国的体育航图，马拉松也有了新的追求，但拿奖牌则是 20 多年后的事了。

许海峰实现了中国在奥运会上“零的突破”。关于这枚金牌的意义，有很多论文和专著进行了很好的研究，比较流行的说法是标志着将“东亚病夫”的帽子扔到了太平洋。

很多年以后，中国人体质需要更多提升，舆论忧心忡忡，而马拉松则成了主要手段之一。

北马在国庆大阅兵后的 10 月 14 日举行，运动员总数 201 人，其中外籍 43 人，创 20 世纪 80 年代外籍选手数量之最。

与后来的大连马、杭马和西安城墙马相比，北马最引以为荣的是，它自诞生之日起就依赖市场，而不靠地方政府的财政支持。

这条路无疑是艰难的。

外国人骤增，经费有点吃不消。

1981—1992 年，北马由中体服负责招商，头号客户是三得利，合同一签八年。

三得利全名三得利株式会社，1899 年创立，1929 年开始在日本倒腾威士忌，是日本进口酒文化的鼻祖。1963 年三得利进入啤酒生产销售领域，大获成功。1981 年又开始在日本生产和销售中国福建省特产——乌龙茶。

三得利以协办单位身份在北马亮相，使品牌快速与中国消费者建立情感联结，同时又通过 TBS 向日本实况转播，进一步打开了本国市场，构成完整的体育营销体系。

在中国，三得利最初卖威士忌，然后主打啤酒。

最早参加北马的一些人，完赛后总是感叹，三得利真好喝，甚至有人立下此生只喝三得利的“豪言”。

但三得利提供的赞助款，渐渐已无法覆盖北马的成本，中体服一筹莫展。

那时候，国内重大体育比赛渐多，国家体委也受困于行政拨款不足。同时，随着经济体制改革不断深入，思想观念大解放，通过体育彩票筹集经费提上日程。

这是体育领域新物种，北马成为第一个试水者，并以此载入体彩史册。1984 年北京国际马拉松赛奖券规格 12.5 厘米×7 厘米，正面印有七名运动员并排奔跑的抽象图案，这是中国体育彩票的前身。

《体育报》刊登的《北京马拉松公布售票办法及颁奖时间》显示，

发行时间为 1984 年 10 月 10 日中午 12 点至 10 月 14 日上午 9 点，开奖时间为 10 月 14 日上午 10 点。

“发展体育奖”奖券为传统型，散式，无面值，售价 1 元，总计发行 49999 张。

1985 年至 1995 年，为北马专项筹资的发展体育奖，共持续 11 届，保证了北马的正常运转。

客观地说，在马拉松大潮兴起后，北马的跑者体验未必总是最好的，北马曾屡受诟病，但在中国城市马拉松的发展历程中，无论顶层设计、制度变革还是细节执行，北马都创下多项第一。

在具体比赛层面，这一年，偏居云南的苏文仁祭出了他的新杀器，一举挽回了“滇军”一年前五运会上的颓势。

25 岁的曾朝学跑出 2:15:11，获赛会第三名，这是北马有史以来国内选手最好成绩。单长明成绩 2:26:28，名列赛会第八。

曾朝学也远超单长明五运会上的夺冠成绩。

赛会前两名是日本的喜多秀喜和伊藤国光，成绩分别为 2:12:16 和 2:12:20。

完赛后，曾朝学问教练，洛杉矶奥运会冠军的成绩是多少，苏文仁说是 2:09:21，自己还是差一些。哪个运动员能没有奥运梦呢？

曾朝学处在两届全运会之间的夹层，上一届稍嫩，下一届又显老，北马就是他的高光时刻。1985 年，曾又跑出 2:15:25，蝉联国内第一，赛会第六。

这是一个马拉松选手为全运会而战的年代，北马国内冠军无法成为明星，尽管曾朝学的名字登上《人民日报》头版。

曾朝学倒是学术界的热门研究对象，专家们对他的跑姿、步频和配速进行技术统计，并与日本濑古利彦、英国汤姆逊等世界顶尖高手一一对比，提出建议。

尽管自成一派独步天下，贵为“滇派”宗师，但苏文仁很有雅量，善于听取各方意见。

那么，曾朝学就是苏文仁精心制造的秘密武器吗？还不是。

此时，即使在明星代言上不惜重金、一路高配进阶的耐克，也还在投石问路。

耐克对奥运会官方运动鞋赞助商的身份觊觎已久，但面对 400 万美元的开价，打了退堂鼓。在这种情况下，它开始了自己长盛不衰的明星营销战略。

耐克签约女子马拉松选手琼·贝努瓦，并在奥运会主场地附近悬挂起她的巨幅海报。

下面这一幕值得被记录。

8 月 5 日，奥运会首场女子马拉松赛开始 14 分钟，选手们还没跑出去 5 公里，一个纤细的身影就冲出第一集团军，一骑绝尘，她就是 27 岁的贝努瓦。这既是令人无可容忍的挑衅，也是自杀式战法。

但她一路领先，直到撞线，2:24:52，比第二名的挪威瓦伊茨快两分多钟。

贝努瓦赢了！

耐克也赢了！

几十年来，投身于马拉松营销的跑鞋品牌各有所长，但论预判性的看人眼光，耐克的段位高高在上。

最后，让我们来到山东济南的“泰山杯”现场，看看中国女子马拉松的水平。

请研读下面的表格：

中国女子马拉松最好成绩进展表（1981—1984 年）[1]

成绩	姓名	赛事名称	时间	地点
3:18:50	王雅萍	全国马拉松赛	1981 年 4 月 1 日	上海
3:16:35	杨秀凤	北京市马拉松赛	1982 年 10 月 17 日	北京
2:48:29	吴金美	第五届全运会	1983 年 3 月 13 日	上海
2:48:04	马丽琴	全国春季马拉松竞走比赛	1984 年 3 月 11 日	上海
2:48:08	蒋周荣	“泰山杯” 女子马拉松比赛	1984 年 10 月 28 日	济南
2:44:08	于秋丽	“泰山杯” 女子马拉松比赛	1984 年 10 月 28 日	济南
2:43:51	谢丽华	“泰山杯” 女子马拉松比赛	1984 年 10 月 28 日	济南
2:43:9	肖红艳	“泰山杯” 女子马拉松比赛	1984 年 10 月 28 日	济南
2:35:50	温衍敏	“泰山杯” 女子马拉松比赛	1984 年 10 月 28 日	济南

数据透露出两个惊人信息：一是“泰山杯”集体狂破纪录；二是 18 岁的温衍敏将全国纪录提高将近 13 分钟后，成绩排亚洲第三。

温衍敏，山东肥城人，目标是第六届全运会夺冠。

① 国家体委文史工作委员会．中国田径运动史 [M]. 武汉：武汉出版社，1997.

1985

1985　城市马拉松“双轨制”

北马作为中国首个城市马拉松，最初组织模式是“在城市街道举行的专业赛事”，后发展出另一种模式，即在城市举行的大众性赛事，也诞生于北京。

发展史人物｜萨马兰奇　国际体育组织官员

一个重大人事变动毫无征兆地发生了。

在洛杉矶指挥女排实现“三连冠”的袁伟民，奥运会后不久被直接任命为国家体委副主任。从普通教练员到副部级官员，这是体育系统史无前例的一次提拔，他的个人禀赋和光环，契合特定时期的用人导向。

国庆节后第四天，中共中央发出《关于进一步发展体育运动的通知》，特别提到要大力加强田径和游泳等薄弱项目。抓田径的任务落到了袁伟民头上，这对他来说是新挑战，也是新机遇。

袁伟民在田径界的首次亮相，精心选择了天津市振兴田径运动工作会议，中顾委秘书长、国家体委原副主任荣高棠一同出席。

国家体委训竞三司田径处是具体管理田径的机构，也是北马的实际操作者，一般主张参赛运动员以专业为主，配少许业余绿叶，总规模两三百人。办赛目的还是出人出成绩，这是深具集体认同感的操作模式。

但突然有强人背后推了一把，马拉松的组织模式出现了意想不到的变化。

马拉松史上有许多重要人物的身影，萨马兰奇是中国马拉松大众化最早的推手。

西班牙人萨马兰奇1980年至2001年担任国际奥委会主席，他倡议在中国组织万人马拉松，以宣传奥林匹克精神和理念，比赛要向社会开放。最重要的是，国际奥委会将提供赞助。

这种形式和理念，最初被称为群众体育，以后的名字叫全民健身。

后来再回顾那段历史，我们仍不由得对萨马兰奇肃然起敬。

首场万人马拉松定于4月21日在北京举行，令大众跑者非常振奋。甚至到2008年，距参赛并夺得25公里组冠军已过去23年，李燕琨在接受《新京报》采访时依然很激动，“比赛那天的北京，晴空万里，阳光明晃晃的”。他还记得，路边有很多年轻的父母抱着孩子看比赛，“我也想着自己的孩子，第二天是他四岁生日，心里美”。

李燕琨是北京第一机床厂工人，史铁生的散文《我与地坛》中有他的影子。

比赛共有9个国家10333人参加，展现了中国人踌躇满志的风貌，一个国家朝着四个现代化的目标奔去。

这项由专业运动员和群众同场竞技的万人马拉松，一直持续到1990年，跑过的城市有成都、大连、洛阳、昆明和广州。

萨马兰奇先生已于2010年去世，他提议的万人马拉松模式后来发展为年逾千场的现象级事件，并成为中国体育产业增长、繁荣和创新的引擎。

北马10月13日举行，在日本赞助商、电视台的强烈呼吁下，颇有卖点的日本名将宗猛、宗茂兄弟联袂参赛。这对孪生兄弟同以2:10:23冲过终点，包揽冠、亚军，在书写佳话的同时，也完善了北马在日本的商业注意力链条。

国内冠军还是云南曾朝学，他在昆明高原闭关修炼了一年，以2:15:25获赛会第六，成绩较上一年略微逊色。

同为黄种人，中日选手之间去年差3分钟，今年差5分钟，中长跑界脸上有点挂不住。社会上有人忍不住好奇地问“为什么会这样”。

这时日本最优秀的马拉松选手是濑古利彦，两年前创造了2:08:38的亚洲最好成绩。

“都是训练强度不够闹的。”有人统计，日本运动员月平均训练量1000公里，我国运动员700公里；日本运动员35公里训练强度122分30秒，我国运动员129分30秒。

但当即有人反驳，美国萨拉扎尔在1981年创造男子世界最佳成绩（2:08:13）前，训练中最多的一次才32公里。

还有人说，是5000米和10000米的基础不够。

从那时起，日本马拉松就一直是我们追赶和研究的对象，但谜团至今无解。

在曾朝学连续两年北马留名的同时，1983年全运会季军朱树春则频频外战。

朱树春去年连续赴香港和伦敦参赛，今年再次参加香港国际马拉松，以2:18:34.27夺得亚军，并获1000美元奖金。

与香港相距不到200公里的广州，也在百事可乐的助力下乘风而起，不过它并没有对标旨在品牌国际化的港马、北马，只是单纯想举办一场赛事。

首届百事可乐杯马拉松赛，由广州市各单位组织报名，近2000人参赛。

这算不上广州马拉松的前身，因为两者不是同一个品种。

1986

1986　北马高光时刻

在勇攀世界顶峰的社会氛围中，马拉松也做出了自己的贡献。

发展史人物 | 朱树春　专业运动员

像女排的大松博文一样，中国女子马拉松的第一次高潮，也与一位日本教练有关，名叫竹内伸也。

一年前，竹内教授到南京讲学，一眼认定赵友凤是百年一遇的马拉松奇才，众人隐隐不信。

今年，20 岁的南京体院学生赵友凤作为交换生，东渡日本求学。

竹内的训练看似无神奇之处，不过是每天早晚各一次，每次 10 公里，一次在田径场，一次在高尔夫球场，另辅以 3000 米、5000 米和 10000 米训练。

业界最关注的是上海国际女子马拉松。总规模 118 人，有 10 名外籍选手参赛，包括大名鼎鼎的加拿大人嘉莉・艾杰，她的最好成绩为 2:28:07，排名是 1985 年世界第七。

嘉莉・艾杰非常傲气，见面会上只说上海很美，不屑谈比赛。

未料前 35 公里，由内蒙古马丽琴、山东王庆环和吉林谢丽华组成的中国方阵一直领先，她们最终分获第二、三、四名，嘉莉・艾杰使出浑身解数才得以翻盘。

在神圣的世界马拉松金字塔面前，中国姑娘由此而祛魅，这一点非常重要。

男子方面，26 岁的山东沂蒙青年朱树春又出场了。

关于他，要多交代一点时代背景。

没有经历过 20 世纪六七十年代农村生活的人，可能无法真正体会农家子弟对体育孤注一掷的热爱。1977 年，高考制度恢复前，当兵和当运动员是突破农民身份仅有的两个通道。

朱树春初中成绩不错，且因善跑小有名气，但大队拒绝推荐他上高中。

能怎么办呢？算了，这就是命吧！

好在改革开放拯救了朱树春的人生。上高中后，他很快在潍坊地区和山东省的越野赛中崭露头角，不久进入省队。

五运会上，朱树春和队友潘玉波奇兵突袭，超越了四运会冠军云南的许亮，却遭到内蒙古“黄雀”单长明“暗算”。

今年朱树春第三次参加北马，他赛前在河北兴隆基地备战一个月，周训练量达 200 公里。

因前两届水平不断提高，今年国际田联首次派出丈量员测量北马线路，英国人约翰·艾迪斯利向中国田协颁发了合格证书。这倒是有先见之名，因为北马真的“开挂”了。

第一名日本儿玉泰介 2:07:35，当年世界最好成绩；

第二名日本伊藤国光 2:07:57，当年世界第三好成绩；

第三名坦桑尼亚朱玛·依坎加 2:08:39，当年世界第十好成绩。

上两届国内冠军曾朝学超越自我，以惊人的 2:13:38 创造个人北马最好成绩，但朱树春比他更快，2:13:15。

朱树春在获得赛会第八的同时，也打破由许亮保持六年之久的男子全国纪录，不过他的纪录也只保持了五个月，云南新一代猛人即将披挂上场。

比朱树春还兴奋的是一对成都跑步兄弟，杨玉定和周维汉，他们的故事要从 1983 年讲起。

成都的跑步氛围已经很浓了，杨玉定和周维汉找到市体委，申请办一场马拉松赛，当然没被批准。从体委大门出来后，两人一合计，决定自己干。

他们没什么其他爱好，就是特别喜欢长跑，想有点仪式感。

办法是说有也就有的，60 名参赛者自愿签下“生死状”，每人还捐献一元钱做经费，红光电子厂又赞助 30 元，最后实际花销 60 元。

首届成都新蓉城马拉松赛于 1983 年 2 月 27 日举行，跑者自办赛事击穿了当时社会的想象力，比赛消息登上《人民日报》，轰动全国。这比国务院颁布《关于加快发展体育产业促进体育消费的若干意见》（简称 46 号文）取消群众性、商业性赛事审批，足足早了三十年。

蓉马坚持办到第四届时，来了一位贵人，中国人民的老朋友萨马兰奇。

这位国际奥委会主席在去年倡议并赞助北京万人马拉松赛后，有意以巡回赛的形式扩大影响，经国际奥委会执委、国家体委副主任何振梁推荐，蓉马有幸中选。

萨马兰奇以个人名义赞助 1 万美元，当时合人民币 34528 元，是一笔巨款。

蓉马一夜“暴富”的同时也被官方化，比赛更名为成都万人马拉松赛跑，由中华全国体育总会和成都市长跑协会共同主办，吸纳杨玉定为组委会委员兼办公室副主任。

成都是我国第二个举办万人马拉松的城市，比赛 4 月 21 日鸣枪，设全程马拉松、半程马拉松、10 公里跑和 5 公里跑四个项目，共 18000 人参加，包括 20 多名外籍选手。全程完赛选手超过 650 人。

成都第二场万人赛，则是三十年后的双遗马拉松。

一直走在改革开放第一方阵的浙江，不能再等了。

浙江省马拉松、越野跑比赛在长兴县举行，共 92 名运动员参加，其中全程 14 人。参赛的大都是专业选手，私议的话题则是杭州的大动作。

杭马，一个带着鲜明湖岸文化特色的赛事呼之欲出。

爱钻研的教练群体深陷学术困惑，比赛中该不该补水呢?

时兴的观点是训练和比赛中要谨慎补水，实践也证明越是成绩好的选手补水越少。而现代医学的观点则正相反。

一切还在摸索阶段，不可能有定论。

1986 年就在这样的疑惑中过去了。

1987　彩云之南

自 1975 年肖国明夺得三运会冠军起，“滇军”就是我国马拉松的一支骨干力量，也是最具典型性的地域性流派。它们恪守标准的师徒模式一代又一代复制，使“家族产业”绵延不断地传承，1987 年又是一个丰收年。

发展史人物｜张国伟　专业运动员

北马的带动效应在六年后显现，今年中国马拉松下了“双黄蛋”，大连马和杭马。

萨马兰奇倡议的万人马拉松由成都北上，大连马拉松含着金汤匙出生。南方的杭马同时起步，花开两朵，西湖桂花国际马拉松和中日友好西湖马拉松赛。

在万人马拉松巡回的所有城市中，大连是唯一将这项比赛当亲子养的，其他城市办完就扔。这座很洋气的城市，深谙从形象学到经济学的价值转向，马拉松是抓手之一。

首届大连马 5 月举行，论历史之悠久，仅次于北马。

首届西湖桂花马拉松赛，10 月在杭大路紫云饭店起跑，640 人参赛，一条横幅下鸣枪，三辆摩托护卫，郑加利获男子 20 公里 45 岁以下组冠军。

两周后，杭州又来了一场马拉松。为了纪念浙江省和日本静冈县缔结友好省县关系五周年，日方提出办一场马拉松，中方表示同意，命名为“中日友好西湖马拉松赛”。

此后悠悠三十载，大连马和杭马，各自沉浮，各有千秋。

在马拉松还是单纯竞技项目的年代，也有引发感情共鸣的励志典型，只是由于传播途径狭窄，影响没那么大。

一个例子是矿工郑加利。

郑加利 1978 年高中毕业后，到父亲工作的浙江省属长广煤矿当一线工人。井下作业三班倒，生活也不规律，但这个年轻人还是弄了训练计划。

他平时放弃坐小电车而独自跑步上山，是煤矿一景。

美好的日子持续了一年后悲剧来袭，1979 年 5 月，郑加利在井下作业时发生事故，导致小腿粉碎性骨折，住院 3 个月。

厄运还没走远，住院期间，郑加利的父亲因煤矿瓦斯爆炸殉职。周围人都在感叹天时艰难，他反而越挫越勇。

1983 年，他第一次参加全马比赛即获冠军，领导照顾他不再让他下井，安排他去开长途车。他车开到哪里，跑鞋就带到哪里，挤时间训练。

后来，郑加利不断代表浙江工人队和浙江队参加全国性比赛，最辉煌的履历是今年代表浙江参加六运会。

马拉松大潮兴起后，江湖位次屡有争议，但 1987 年大连马居杭马之前应予肯定，第一是比赛时间在先，第二是首先设置了全程比赛。

此后连、杭两马的不同走向，则袒露了城市的人文基础。

北马开赛前四个月，《人民日报》说，北马已成为首都体育活动中一个受人欢迎的传统比赛项目。还有媒体说，北马已进入世界马拉松“十大”之列。

作为北京新的社会文化现象，北马的时代和经济意义，要待日后才能体现出来，组委会的当务之急是从竞技视角出发，遍邀世界高手。

前一年儿玉泰介跑出世界最佳 2:07:35，这是要超越的标杆。

出乎意料的是，反响并不热烈。

原因也很简单，高手大多在备战 1988 年汉城奥运会，北马第二次陷入“奥运冷落症”。此前，1983 年的竞技成绩跟上年相比，就一落千丈。

连最热衷北马的日本军团，也只是由 1984 年北马冠军喜多秀喜领衔，而前一年被日本人拖垮的坦桑尼亚伊坎加卷土重来。日本人这一松劲，其垄断北马冠军的进程被打断，此后三十年仅两次称雄。

大出风头的果然是伊坎加(2:12:19)，不过埃塞俄比亚人尼加斯·杜比（2:12:49）差点把他逼疯。这是埃塞俄比亚人首次名列北马前三，而当今另一个中长跑王国肯尼亚还遥不可及。

跑圈初期的大神奥巴巴对今年北马有详细记述，那是他第四次参赛："比赛这天早上，刮起了西北风。从八点开始，短短一个小时，风力从三级一直增加到六级。这使我第二次冲击马拉松一级运动员的希望变得非常渺茫。"但他最终还是以 2:33:43 达成心愿。

奥巴巴冲线时，工体正上演激动人心的抽奖游戏。

发展体育奖来到第四个年头，一等奖是 JVC22 英寸彩电和录像机一套，价值相当于工薪阶层家庭两三年的收入。由于正逢工体改造，只有 2 万观众席开放，奖券的数量从 59999 张减少到 19999 张，中奖概率大大提高。

现场开奖真是相当棒的策划，当中奖号码在大喇叭里公布时，现场观众一齐发出集体叹息，旋即又是热烈的掌声和加油声。

搜狐体育有对当时的比赛场景做如下记述：

丹麦的伊库夫在距终点还有 20 米的地方体力不支突然摔倒，爬起来刚跑几步再度一头栽倒，脸都摔破了。有两位志愿者要上去搀扶，裁判大声喊："不能扶！一扶他的成绩就没了！"于是在观众的呐喊助威中，伊库夫艰难地走到终点，全场掌声雷动。

我们对马拉松、对竞技体育的认识，就是这样一点一滴通过具体案例得来的。

通过大众马拉松，我们认识到，维持社会秩序的运转更需要规则和凝聚力。

至今，大众马拉松仍然被一些人描绘得比较混乱，但理性判断已占主导位置，这令人欣慰。

全运会是超级名利场，第六届全运会来了。

内蒙古实力非常强大，单长明甚至跑出比四年前夺冠快两分多钟的成绩，但大赢家是云南，因为苏文仁麾下那个叫张国伟的孩子长大成人了。

张国伟是旷世猛人，早在 1981 年全国田径锦标赛上，就连夺 5000 米和 10000 米冠军，1983 年五运会又包揽这两项金牌。那么 1987 年的六运会他又该如何突破自我呢?

加一个马拉松吧。

苏文仁的这一决定，堪称中国马拉松史上的重大手笔，在此后“滇军”持续三十年的兴盛中，张国伟是承前启后的人物。

六运会马拉松比赛在天津举行，张国伟处子秀 2:12:17，创全国最好成绩夺冠，第二名是甘肃魏晖。

魏晖摘银是六运会大冷门之一，他的表现深植下甘肃马拉松的专业和社会根基，并在日后发扬光大。

一个项目在一个省份发展起来是需要条件的，只有“集中力量办大事”的首批队员拿到成绩，才会产生纵向传导效应。

甘肃应该好好记住魏晖这个人，还有教练杨建勋。

我们再来看看“滇派”的铁姑娘队。

教练罗为信出道晚苏文仁一个全运会周期，1965 年第二届全运会曾获 10000 米亚军和 5000 米第四，他的第一代弟子吴金美是五运会冠军，而集大成者则是钟焕娣。

钟焕娣在五兄妹中排行老二，家庭生活重压练就了她吃苦耐劳的美德，而爬山往返于家与学校之间，又练就了其一定的耐力和速度。

1981 年 9 月，云南思茅地区举行首届中学生田径运动会，17 岁的钟焕娣代表翠云乡中学获女子 1500 米冠军，随即被选入新组建的地区业余体校田径队。

四年后钟焕娣进入云南省体工队，她是马家军崛起之前中国最重要的女子中长跑运动员。她的强项不是马拉松，而是 10000 米。

与钟焕娣同期的马拉松第一高手是山东肖红岩，她也是山东女子马拉松的巅峰代表之一。除肖红岩外，还有王庆环、李秀霞、温衍敏，四人均闯入六运会八强。夺冠的肖红岩实力不如钟焕娣，但最后时刻钟焕娣认错分道标志，醒悟后狂追但为时已晚。

张国伟和钟焕娣是“滇军”第二代，1987 年的时候，“滇军”第三代悄然降生。

董国建出生于云南禄劝彝族苗族自治县。

杨定宏出生于云南腾冲市。

总结中国马拉松优秀选手的出身，可以断言，小时候没吃过那种特别的苦，是无法从事这项运动的。

厦门赶时髦地办了场“9·8 贸洽会”，后来著名的厦马与它渊源颇深。

十年后“贸洽会”升格为中国投资贸易洽谈会（简称“投洽会”），并一发不可收，政府决定另觅新址修建会展中心，这就是后来厦马的起、终点——厦门国际会议展览中心。17 岁的丁水波还不知道，自己的企业将跟这里产生重大交集。那是中国“家家点火、户户冒烟”的乡村工业初期，丁水波和两个结拜兄弟合凑了 1500 元，创办福建三兴体育用品有限公司，后改名“特步”。

1988 第一次高潮

在“兵败汉城”的阴影下，一个江苏姑娘异军突起，使中国马拉松具有了可想象空间，更被后来者以一个传奇来景仰。这个“中日合资”产品，也是最早的“走出去”的成功范例。

发展史人物 | 赵友凤　专业运动员

1988

奥运年，国家体委在备战的同时，祭出了具有战略价值的硬招。

由于六运会打破了马拉松长期由蒙、滇、鲁三分天下的局面，吉林、河南、甘肃也一齐爆发，国家体委因势利导，围绕“国内练兵、一致对外”的宗旨布局未来。

国家体委将云南长跑和山东女子长跑列入“七五”期间第一批重点项目人才基地。

云南被委以重任后十分兴奋，即刻宣布缩短战线，突出重点，并将压力传导至州、市，让它们签订协议。在经济体量与发达省份有显著差距的情况下，摁住长跑项目持续发力，对云南来说非常实惠。

云南路线图后来不断被其他省份复制。

在张国伟汉城奥运会前的系列热身中，有一场是海口丸红国际马拉松赛，于 2 月 19 日举行。

其时，海南正紧锣密鼓地筹备建省，日本丸红株式会社捷足先登，对海口马拉松提供赞助，全程前三名分别奖励 1000 美元、500 美元和 300 美元奖金。

这是继北马、杭马后，日本企业赞助的第三场重要马拉松，张国伟和曾朝学分别从昆明和青岛赶来，夺得男子冠、亚军。

比赛规格也非常高，海南省筹备组党政负责人全员出席，现场的两个热气球让观众大开眼界。两个月后，海南省人民政府在海口市正式挂牌。

与四年前相比，1988 年汉城奥运会的实际战绩与公众期待的相去甚远，5 枚金牌酿成中国军团所谓“兵败汉城”之说。

但马拉松算是发射了一颗卫星，主角是赵友凤。

一切来得有些突然。

三年前，一个明媚的上午，南京体院学生赵友凤像往常一样匆忙地上下课，传来了竹内伸也邀请她赴日留学的消息。

涉世不深的赵友凤犹豫了好久，一年后才动身东渡，她怎么也想不到会有机会代表中国参加奥运会。

竹内伸也这么做是为什么呢?

很简单，20 世纪 80 年代堪称两国关系的蜜月期，竹内伸也做了自己人生中的一个重要决定。

他也真是厉害，刚刚两年，赵友凤就在 3 月的名古屋国际马拉松上以 2:27:56 夺冠，成绩超过宫原美佐子 1 月份刷新的日本国家纪录。

5 个月后的汉城奥运会，赵友凤跑出 2:27:06，名列第五。

现场情景相当刺激，尤其是冲刺阶段，赵友凤有机会超越苏联选手波洛皮斯卡亚。

“波洛皮斯卡亚进入体育场后‘神志不清’，而赵友凤的步伐还很轻盈”，现场的中国记者只恨赛道不能更长。

与赵友凤的超级发挥相比，钟焕娣（2:36:02）、栗娟（2:53:08）、张国伟（2:22:49）及蔡尚岩（2:17:54）集体沉陷，在各自的最好成绩上大幅下降：

钟焕娣下降 3 分 49 秒；

蔡尚岩下降 5 分 46 秒；

张国伟下降 10 分 32 秒；

栗娟下降 21 分 24 秒。

这事严重了，媒体和学界纷纷发表看法。为中国马拉松留下许多重要史料的夏伟恩先生总结了赵友凤的成功之道：

自觉的刻苦训练；

严格的生活管理；

良好的心理素质；

合理的营养结构。

夏伟恩，江苏人，1940 年出生，北京体育大学毕业后自愿赴边疆工作，长期担任内蒙古体工队和国家集训队队医，能钻研，喜欢写文章。多亏他的爱好，早期的中国马拉松才没被历史洪流淹没了痕迹。另一个为马拉松留下重要史料的人是广东的梁田。

此时，夏伟恩说话已有一定分量，上述四条算是对国内马拉松训练的婉转批评。

夏伟恩的另一番话振聋发聩，针对比赛时钟焕娣正值生理期，一定程度影响了发挥。夏伟恩说，与其说是生理期的影响，还不如说是心理压力在起作用。“如何消除她们的忧虑，有关方面应从生理角度予以教育并有意识地安排她们在生理期参加比赛。对于个别痛经及其他特殊情况的女运动员，可人工改变生理周期，以避开比赛期。”①

至于张国伟、蔡尚岩和栗娟，说到底，那时候我国运动员的成绩模型通常都与比赛的重要性成反比，这是一个大难题。比如蔡尚岩，4 个月前在伦敦跑出 2:11:58，获第八名，同时打破全国纪录。直面并反思心理、赛前调整和比赛战术，才是关键。

而栗娟不可思议的失常震惊了教练王德显，他陷入了深深的矛盾之中。

从醒悟那一刻开始，这个沉默的黑龙江人注定要掀起巨浪。

这是第八届北马，埃塞俄比亚阿贝贝・梅克南平了两年前儿玉泰介创造的 2:07:35，以并列“最佳成绩”青史留名。

① 夏伟恩．从奥运会比赛看我国马拉松运动的努力方向 [J]. 山东体育科技 ,1989(2):4-10.

吉林刘文俊跑出 2:13:17 名列赛会第六，国内第一，在内蒙古、云南和山东之后，吉林开出稳扎稳打新一派。

刘文俊跟云南张国伟同期，六运会男子马拉松第七，成绩 2:15:44。

在代际传承上，“蒙派”始终领先“滇军”一步，这年单长明退役后，留在内蒙古体工队二大队执教，他招的第一个队员叫胡刚军，非常淘气。

胡刚军 1970 年 11 月出生于包头，小学毕业后进入包钢体校，今年在内蒙古自治区二青会上夺得 1500 米和 3000 米冠军。当时单长明没在场，事后他专程跑到包头一看，个头、身材像不像三分样，就要走了。

从大历史的角度来看，专业选手的发展兼具科举入仕和“门阀世家”色彩，没有好的师承很难出头。在这方面，少年胡刚军可谓运气好得爆棚。

今年是个体育大年，后来成事的马拉松女将扎堆而来：

白雪在黑龙江省齐齐哈尔市依安县出生；

贾超风在甘肃省兰州市出生；

何引丽在内蒙古自治区包头市固阳县出生。

汉城奥运会后，体育系统最具震撼性的事件是易帅，年底，国防科工委党委书记、政治委员伍绍祖接替李梦华出任国家体委主任。

还有一个小人物的命运也发生了改变，鞍山体校教练马俊仁被破格提拔至辽宁田径队担任教练。

对于媒体来说，可能后一件事更重要一些。

1989 繁花

从成绩角度来看，中国女子马拉松迎来集体性高涨，山东、云南、黑龙江、辽宁、吉林和青海都有高手，竞争激烈。

发展史人物｜张国伟　专业运动员

20 世纪 80 年代末，除在日本训练的赵友凤外，国内也是一派爆发前夜的欣欣向荣，山东军团有肖红岩、王庆环、李秀霞和温衍敏，云南有钟焕娣、许丽存和寸淑梅，黑龙江有栗娟、黎叶梅，辽宁有白春艳、阎玉莲，吉林有谢丽华和于秋丽，河南有侯菊花，青海有罗玉秀，至少 5 人接近世界水平。

作为一个非常罕见的现象，中国女子的集团力量似乎很难阻挡。

2 月，第七届横滨国际女子马拉松接力赛，中国队 2:18:33 夺冠。22 岁的钟焕娣当选“最有发展前途的优秀运动员”，国际田坛为之震惊。

9 月，巴西里约热内卢，在第七届世界女子 15 公里公路越野锦标赛上，中国队获团体冠军，王秀婷、钟焕娣分获个人冠、亚军。

在疯狂的马家军登上历史舞台前，吉林谢丽华是与赵友凤、钟焕娣齐名的运动员。

10 月，谢丽华第一次参加北马，工体的草坪微微泛黄。

谢丽华出生于 1965 年 7 月，以六运会马拉松第六出道，打入人才济济的第一方阵。1988 年上升为国内头号种子，并参加名古屋国际马拉松和汉城奥运会，但被斜刺里杀出的赵友凤遮住了光芒。

那年北马路线还是由工人体育场出发，途经天安门、钓鱼台、三环路返回，经广播大楼、和平门、崇文门回到工人体育场。第一次有女选手参赛，共 19 名，她们都有一种难掩的兴奋。

第一集团的谢丽华紧贴着朝鲜选手文敬爱和春金淑，不久起了大风，顶得她非常难受。谢丽华最终获得赛会第三、国内第一，成绩是 2:31:32，后面还有 5 位中国选手跑进前十。

北马首个杀入前三的中国女选手，这个标签已足以青史留名，她在 1992 年更进一步，夺得赛会冠军。

来自吉林的选手，让中国长跑界刮目相看，从刘文俊、谢丽华始。

张国伟不出所料地以 2:15:52 夺得今年北马国内第一、赛会第四。

没人会想到，这是他运动生涯最后一个马拉松冠军。

在此前 4 月份的伦敦马拉松上，张国伟跑出 2:12:03，继 1987 年六运会后，第二次打破全国纪录，只是一同参赛的蔡尚岩更快（2:11:58）。

一年后的北京亚运会 10000 米决赛，他在最后 1000 米拉伤右脚跟腱，伤情严重。

张国伟，这个统治亚洲 5000 米和 10000 米，并不时客串马拉松冠军的长跑王子，运动生涯戛然而止。

厚厚的冠军簿是对他运动生涯的致敬。

多年以后，在接受媒体采访时，张国伟一声叹息："我的一生，遗憾就在马拉松上。刚转马拉松没几年就把跟腱跑断了。做了手术又练，又断了。做了三次，断了三次，没办法。"

在今后的长时间内，他将投入培养下一代的工作，还将不断以云南队教练、国家队教练、俱乐部教练的身份出现在本书中。

在北马的高格调面前，"小兄弟们"似乎不值一提，但它们确实也在进步。

第三届西湖桂花国际马拉松赛悄悄将 20 公里项目延至 21.075 公里，成为规范的半程马拉松赛事。

国际奥委会赞助的万人马拉松赛来到昆明，设男女马拉松个人、男女马拉松接力、10 公里和 5 公里四个项目，共 12000 人参加。项目丰富性和多点联动的组织形式让人耳目一新。

1990　亚洲雄风

国际大型运动会首次在中国举办是一种象征，而马拉松运动员拼搏与坚持的形象也首次感动中国。

发展史人物｜赵友凤　专业运动员

中国体育改革后走向世界舞台，亚运会是一块必不可少的跳板，政治意义也非同寻常。

更何况 1990 年的亚运会在北京举办。

6 月，中国田径协会悄然换届，国家体委副主任、中国奥委会主席何振梁担任主席，另有楼大鹏等 25 名副主席。

顶层设计的力量似乎大大加强，但实际操作还是由国家体委训竞三司田径处负责，田径处的尚修堂、周冰冰担任中国田径协会副秘书长，水涛、杨善德任训练委员会秘书。

新班子的首要任务是 9 月至 10 月的亚运会。

在汉城奥运会勇夺第五名后，身在日本的赵友凤被视为亚运会女子马拉松唯一夺冠热门。

这是中国举办的首个国际综合性大型运动会，重要性非北马可比。

9 月 30 日，田径第四个比赛日，只比马拉松，男 18 人、女 9 人同时从奥林匹克中心体育场出发，比赛场面异常惨烈。

男子方面，汉城奥运会火炬手金元卓一路领先，半路突然腹部剧痛，韩国人那股玩儿命的血性激励着他，他用带子死死勒住腹部继续奔跑。当他以 2:12:56 第一个冲到终点时，观众都吓了一跳。

内蒙古的吉日木图跑出 2:20:42，跻身前六。

女子争夺更是惊涛骇浪，赵友凤左膝有伤，28 公里处被日本荒木久美和朝鲜文敬爱相继超过，但赵友凤在 38 公里处反超，并率先进入体育场。当她忍着剧痛挪动脚步时，荒木久美大踏步追了上来。

在那一刻，观众忽然觉得，日本姑娘尚有余力，八成会再度反超，但赵友凤咬着牙拼命坚持，还不断加速，她终于没再给对手机会，

2:35:19，荒木久美 2:35:34，真悬！

那是感动中国的一战，《中国体育报》评论道：“运动员的成功靠什么？是实力，更是一种一往无前的气势。”

历史对赵友凤的定位是：

首位在重大国际马拉松（1988 年名古屋）夺冠的中国人；

首位跑进奥运会马拉松（1988 年汉城）前五名的中国人；

首位获得亚运会马拉松（1990 年北京）冠军的中国人。

关于她，中日两国还有两个比较江湖的称号——“不明飞行物”和“亚洲马拉松皇后”。

谢丽华 2:39:55，取得第六，也打破亚运会纪录。

亚运会上，还有一位我们熟悉的马拉松名将，参加女子 3000 米和 10000 米，连夺两冠，她就是钟焕娣。

这一年对普通人也有其特殊性。多年以来，每当行车至北四环，一些人总会想到，因为亚运会，这段路的全线贯通时间足足提前了十年，而站在南三环赵公口桥上凝视阳光下的光彩体育馆，对个体劳动者的敬意会油然而生。

一个月后举行的北马，竞技成绩大幅下滑。

丹麦彼得·达尔以 2:14:55 夺得男子冠军，这是北马创办十届以来第二差的冠军成绩，仅高于 1981 年瑞典谢尔·埃里科斯塔尔的 2:15:20。

不过竞争还是很激烈的，中国选手刘文俊距冠军仅一步之遥，成绩 2:15:25，高金海 2:15:39，两人分获亚、季军。

刘文俊是北马前十届名次最高的中国选手。

夺得北马女子冠军的是黎叶梅，成绩 2:32:14，这是中国选手的第一次，阎玉莲 2:39:22 居第三。黎叶梅继栗娟之后异军突起，黑龙江人才群体备受关注。

又一批中国马拉松接班人降生，1990 年至少要记住这三人：

体制内选手的典型代表许王出生于辽宁庄河市；

由体制内转至体制外的李子成出生于山东枣庄市；

体制外摔打出来的草根选手牟振华出生于山东泰安市。

杭马与大连马并驾齐驱。今年杭马第一次有了冠名，全称“一洲杯”第四届西湖桂花国际马拉松，冠名商是香港一洲集团有限公司。此外，西湖电视机、青春宝、朝阳轮胎、中国人保、21 金维他、西湖牌手表、可口可乐等品牌也开始参与。同时期的大连马并不示弱，1990 年全日空航空公司开始赞助，并持续到 2015 年。

大连马的一大历史功绩是让人们时时想起万人马拉松的遥远风景。

万人马拉松赛的压卷之作于 11 月在广州举行，规模再创新高，总计 22566 人，其中运动员 3966 人，参与群众 18600 人。

萨马兰奇开启的大众马拉松模式，八年后被北马采纳，标志着中国马拉松新时代的到来。

萨马兰奇无愧于“中国人民的老朋友”称号。

1991

1991 “能人”出世

不拘一格用人，是改革的重要命题，在体育界，一些非主流能人进入了训竞主干道，辽宁马俊仁即是其中之一。不过，有的能人往往由于骨子里漠视规则，做事风格我行我素。

发展史人物 | 刘苏 业余运动员

蔡尚岩熬走了张国伟，他 1962 年出生，比张国伟小三岁。

作为鲁帮潘玉波和朱树春的接班人，蔡尚岩 1987 年出道后，从 5000 米、10000 米到马拉松，被张国伟全线压制。

六运会蔡尚岩夺得 5000 米第五和 10000 米第三，这两项外加一个马拉松，冠军都是张国伟。

第二年，蔡尚岩在马拉松上迎来翻转。汉城奥运会前，两人在伦敦单挑，蔡尚岩以 2:11:58 获胜，更是打破了一年前张国伟在六运会上创造的全国纪录。

汉城奥运会上，蔡尚岩也大胜张国伟，蔡尚岩 2:17:54 排名第二十六，张国伟 2:22:49 排名第三十八。但相比赵友凤，媒体对两人统统表示失望。

作为一对一的竞争对手，张国伟伤退让蔡尚岩心情复杂，更多的是怅惘，今年北马，他把两个老外拼到吐。

北马于 10 月 13 日举行，起、终点还是工体。

总奖金 48000 美元，冠军奖男子 20000 美元、女子 4000 美元，打破 2:07:35 纪录另奖 10000 美元，不限人数。

埃塞俄比亚人尼加斯·杜比为重金所诱二进宫，最后险胜儿玉泰介，但离纪录相去甚远。

蔡尚岩第三，2:13:49，这是前十届北马里中国选手的第二好成绩。

女子方面，黎叶梅获亚军，这是她第二次打入北马前三。

此时，马俊仁被破格聘为辽宁田径队教练已有三年，正当他为手下无人一筹莫展之际，王军霞来了。

马俊仁跟经验派苏文仁、单长明及学院派王德显有本质区别，当然事实证明，一个没有高级别实战经验也没正经读过什么书的人，未必不能出成绩。

王军霞 1973 年 1 月出生于吉林蛟河市的夹皮沟村，12 岁随父母迁回老家大连甘井子区。

因为家里不宽裕，父亲鼓励她跑步上下学，以省下一辆自行车的钱。每天两个来回整整 30 公里，就算没有任何天赋也能在学校出头了，那种在田径场狂甩对手的感觉让她很享受。

汉城奥运会开幕前，王军霞懵懵懂懂进入大连市业余体校，师从王世忠。她骨子里有一股强烈的求战欲，天生就是吃这碗饭的，但起步难免有死里逃生的惊险。

刚入队时，马俊仁手上没什么钱，王军霞查出有肝炎，治病是大投入，所以干脆送她回了家，后来想想又觉可惜，就跟王军霞的父亲王有馥约定，各出 500 元边治边练，居然治愈了。

马俊仁的训练强度大，管理严格，把训练当比赛。

很难想象两年后的第七届全运会，王军霞能够包揽女子 3000 米、10000 米和马拉松金牌。这仅是马家军大戏的序幕。

至 20 世纪 90 年代初，在专业队伍激烈拼杀的同时，业余跑者开始崭露头角，两者的对位关系，在一定程度上揭示了中国社会经济的发展状况。

21 岁的内蒙古体专学生张子国，给老师写下责任自负的保证书后，坐火车去天津参加 NEC 杯马拉松。

这是张子国恢复业余身份后的首场马拉松，半年前他还在内蒙古体工队，跟胡刚军是队友，两人 1988 年同时被单长明从包钢体校选入区队。

练了两年后，张子国惘惘不甘地因伤退役，说起来算是干过专业，但一次马拉松没比过，有点丢人，就义无反顾地报名参加津马。跑到35公里时，想起单老师“35公里是鬼门关”的教导，有点心虚，是观众的热情激励着他继续跑，最终以2:44:58完赛，排名第二十。

从此，他在业余马拉松界挂上了号。

津马让张子国认识到自己的价值，也找到了快乐，他很想参加北马，但北马只允许专业选手参加。几经折腾后，张子国今年才和四名小伙伴一起，代表内蒙古参赛，成绩2:43:31。

1994年，张子国在包头成立达欢马拉松俱乐部，旨在于精英主义之外构建大众同好者的心灵桥梁，是我国最早的民间俱乐部之一，五年后下海经商，百事缠身，俱乐部不了了之。2007年重操旧业，成立包头跑友汇，这就是跑团了。

同时期的军营跑者刘苏更猛。

刘苏无专业训练基础，是最早的优秀业余跑者，1987年首届大连马排名20公里组第三，第二届开始跑全程，今年第五届创造个人纪录2:17:52，排第七，获500美元奖金。

在大连马跑出名气后，刘苏游跑各地。一年后，蓉马全称“迎七运成都市第十届新蓉城环卫杯千人马拉松赛”，刘苏获男子乙组第一，成绩2:36:34，随后转战北马，2:27:55。

刘苏的事迹曾被《人民日报》《中国体育报》和《解放军报》等媒体同时报道，在部队上引起轰动。

他一跑三十年，长期保持大连马业余选手纪录。

大连人尊刘苏为“大连马第一人”。

杭马前身的一支——中日友好西湖马拉松赛，将“中日”改为“国际”，并首次设置半程马拉松，这个名字沿用到1998年。

在泉城济南，1983年开始的全国女子马拉松赛停办。

1992

1992　蝴蝶效应

很多时候，我们知道事情的结果却并不知道最初的起因，日本列岛的蝴蝶在拍打着翅膀，北马陷入“钱荒”。

发展史人物｜谢丽华　专业运动员

奥运会是竞技体育的终极战场。

巴塞罗那奥运会代表团安排了两名中长跑教练，罗为信带钟焕娣，马俊仁带曲云霞和刘莉。

马俊仁在巴塞罗那很是得意，曲云霞女子1500米摘铜，刘莉第五，中国中长跑首次在奥运会上升国旗。

如果说中国中长跑在巴塞罗那是初露锋芒，那么韩日大战则堪称惊天地泣鬼神。

男子马拉松，韩国选手黄永祚以2:13:23获得男子冠军，亚军是日本的森下广一（2:13:45）。

韩日在此项目上有血海深仇。在第二次世界大战前，韩国人孙基祯曾获1936年奥运会马拉松男子冠军，但国际奥委会将其国籍标注为“日本/朝鲜”，当时朝鲜半岛为日本侵占，颁奖仪式上升日本国旗奏日本国歌，这对勃勃好斗的韩国体育是莫大耻辱。

黄永祚以22秒优势战胜森下广一，而黄永祚的教练正是孙基祯。

对韩国来说，这是一场民族史诗般的胜利。

从竞技的角度来看，日本也没有输，森下广一之外，有森裕子获女子组亚军（2:32:49）。

世界马拉松稳固了近五十年的等级秩序，被韩日联手掀翻。

日本跑鞋品牌亚瑟士更是大赢家，它不仅是日本代表团赞助商，还是奥运会的慢跑鞋赞助商。

北马翩若惊鸿，开山之初，日企即趋之若鹜，慷慨赞助。

日本还给予各类技术支持，并选拔精英训练、参赛，一条龙服务热情似火。但十年之后，日本深陷经济停滞泥淖，企业日子吃紧，“连累”到北马。

富得流油的日本之所以突然气短，是因为美国于1985年强迫其签下“广场协议”，从此日本泡沫经济离实体经济越来越远。至1989年，日本无奈施行紧缩的货币政策，戳破泡沫，股价和地价短期内下跌约50%，银行形成大量坏账，经济进入十余年的衰退期。

日企泥菩萨过河，困境传导至北马，负责赛事招商的中体服“压力山大”。

这时，国家体委直属的另一家企业进入人们的视野，这就是中国国际体育旅游公司，简称中体旅，1985年注册，1986开张，是一家央级旅游公司。

中体旅主要业务是操办大型汽车拉力赛，有一定社会影响，比如：

1988年国际丝绸之路汽车拉力赛；

1989年北京－巴黎依塔拉老式汽车拉力赛；

1990年伦敦－北京汽车远征。

此时的中体旅，俨然是中国最大的赛事公司之一。

但接手北马让中体旅见识到，两条腿不仅比四个轮子跑得慢，挣钱也难。

中体服、中体旅及以后的长城国际、八方环球，本质上是北马委托的广告招商公司，赛事组织执行主体一直是中国田径协会。2010年中奥路跑接手后，北马才进入公司化运营期。

在马拉松商业化的道路上，中体服有拓荒之功，中体旅也有创新，其推崇的理念，比如马拉松是品牌放大器，可以让消费者通过比赛现场和电视转播了解品牌，促进销售，至今仍是马拉松营销的金科玉律。

中体旅找了很多中国企业谈合作，但当时的企业品牌意识都很淡薄，一圈下来几无所获，最终还得在日企身上做文章。

中国速度向中国质量转变，中国产品向中国品牌转变，中国马拉松由中国品牌赞助，还有十年的路要走。

评价马拉松的核心指标还是竞技成绩，北马以奖金刺激，男子平赛会纪录（2:07:35）奖 50000 美元，跑进 2:09:00 奖 10000 美元，跑进 2:10:00 奖 5000 美元。

10 月北马打响后，水平相当的一群女选手战力爆棚，最后时刻吉林谢丽华一马当先夺冠（2:28:53），黑龙江黎叶梅获亚军。中国女选手包揽前八名，中国姑娘由此开启了长达 22 年的冠军接力。

黎叶梅蝉联亚军，也创造了个人北马最好成绩。

北马并不是全运会、亚运会、奥运会那样的重要比赛，但避开辽宁中长跑的锋芒，把它玩成另一个人生大舞台，不失为一些教练精明的选择。

男子冠军日本泉宜广（2:11:29）没拿到成绩奖。中国内蒙古胡刚军第二（2:12:45），超越刘文俊 1988 年创造的中国选手北马最好成绩（2:13:17）。

这是胡刚军小试牛刀，他的使命是 1993 年第七届全运会。

北马期间，中国田径协会组织各地教练和科研人员在北京开研讨会，目的是总结和交流河北兴隆和云南呈贡夏训的经验。

胡刚军的表现让人兴奋，单长明的训练手段更深深刺激着同行，并引发集体围观。

夏伟恩总结说，单长明虽然是实战派出身，但肯学习、爱钻研，他的秘诀是在传统耐力和速度训练之外，特别强调力量训练，同时与科研人员合作，以数据来控制训练量和节奏。

没有谁的成功是偶然的，手下队员要出头，教练必须棋高一着。

以后我们还有篇幅来讨论胡刚军，他的时代刚刚开始。

有媒体称北马是继纽约、波士顿、伦敦、巴黎之后世界第五大马拉松。

比赛以工人体育场为中心，在北京核心区域，全线路交通封闭近四小时。外籍选手下榻昆仑、建国等五星级饭店，享受贵宾待遇。国内选手从 1987 年开始，集中下榻通州宾馆，这里环境静雅又临近通州体育场，利于休息和热身训练。比赛当日早晨 7 点，20 多辆豪华舒适的中巴车满载运动员，浩浩荡荡通过京通快速路，驶向工人体育场。

很多老资格的业余选手说起当年时，都会提到沿途市民对车队行注目礼的荣光，那时候他们参加北马，跟钱和手气都没关系，那是一种身份的象征。

尽管在组织形态上，北马仍是典型的竞技赛事，但十余年的情感联结，使北马越来越融入北京，初步具有城市运动节日的属性。

北马应改革开放而生，但国内选手一直按计划经济模式分配名额，并以省级行政区为单位参赛，外加解放军单独组队，1986 年增加计划单列市、行业体协和北京体育大学为组队单位。

那些酷爱跑步的社会青年，因为没有门路，参赛热情一时被泼了冷水。

1998 年前，跑者就一直处于这样很无力的境地，尽管后来组委会对社会开了小口子，包头国营 202 厂、青岛橡胶二厂和景德镇马拉松俱乐部成为幸运儿，但北马的供需矛盾依旧非常突出。

搞旅游出身的中体旅入伙，让北马和大众跑者意外获得了改变命运的可能。中体旅提出，只有把赛事规模做大，才好招商。

道理是这样讲，但直到五年后退出北马，中体旅也未能实现愿望。

撕开固有办赛模式，非有新的力量冲击不可，一个叫牛立新的人在悄悄积蓄能量。

1993 世界惊诧

中国女子中长跑“平地一声惊雷”,其烈度之强,为历史所罕见。几乎从一开始，围绕这一现象，社会和舆论评价就呈两面性。怎么看待一个历史现象，怎么评价一个历史人物，会随着时间的推移而变化。

发展史人物丨胡刚军　专业运动员

这一年的长跑给人兵荒马乱的错觉，世界冠军和破纪录的队员站一起有一个排。

4 月份七运会，女子冠军王军霞 2:24:07，排世界马拉松史上第六位，举国震惊。

二至四名同样不俗，曲云霞（2:24:32）、张林丽（2:24:42）、张丽荣（2:24:52）、钟焕娣（2:25:36）、马丽艳（2:25:46），均超亚洲最好成绩（2:26:26）。

以上，一至四名进入历年世界前十，前六名进入历年世界前二十，瓦解了固有堡垒。

而辽宁中长跑对国内同行的毁灭性打击，是场面上的，也是精神意志上的。

按以往战绩来说，黑龙江栗娟和黎叶梅、云南钟焕娣、吉林谢丽华、山东王秀婷和王明霞及内蒙古王咏梅，是七运会夺标热门，但战幕一拉开，她们就被彻底碾压。

后来有人总结说，这批二十出头的辽宁姑娘不按套路出牌，一出发就冲刺，5 公里后她们 8 人形成第一集团，30 公里后依旧保持队形。老将们在疑惑中渐渐体力不支，栗娟、黎叶梅最先掉队，钟焕娣和谢丽华突然发力意在打破节奏，但 39 公里谢丽华已无法支撑，最后两公里辽宁姑娘发起内讧型冲刺，全然没把钟焕娣放在眼里。

事情很快演变成一场世界范围内的地震。

8 月的第四届田径世锦赛，曲云霞、张林丽、张丽荣包揽女子 3000 米前三名，王军霞获 10000 米冠军并打破世界青年纪录，刘东获 1500 米冠军。

一贯以怀疑眼光打量中国的美联社称，这是“田径史上令人震惊的奇迹”，言语间还颇有赞许之意。

《中国体育报》田径记者邓学政笔锋一抖，立下马家军名号，这是我们民族骨髓和思维中对一支队伍的至高褒奖。

马俊仁很小的时候，村里老人就说他是条龙，现在他有资格狂狷于天下。

辽宁中长跑也引起了作家赵瑜的兴趣。

山西作家赵瑜以深挖内幕并理性分析见长，1988 年奥运会后，一部报告文学《兵败汉城》震动朝野。他不请自来，从马俊仁的外围朋友入手，步步为营，进驻基地。

单长明费尽心血布下胡刚军这枚棋子，当然瞄准的是七运会。

前六届全运会，蒙、滇两派轮番称雄，“蒙派”第一代张云程、刘一祥蝉联两届冠军，接着云南连坐两庄，刘一祥执教单长明在五运会上重夺桂冠，但苏文仁带出的张国伟旋即又抢了回去。

当时，“滇派”因张国伟伤退青黄不接，山东蔡尚岩不复当年之勇，七运会冠军舍胡刚军其谁，内蒙古人的心理预期藏不住。

但体育比赛实在太有戏剧性、太残酷了。

全运会上，运动员都面临巨大的心理压力，包括来自社会、体制的压力，以及对未来人生的安排。

为了纾解心理焦虑，运动员大都会内心设定自己的福地，天津对胡刚军就不薄，一年前他还没正经练马拉松，就在这里跑出 2:14:08，那场全国锦标赛，被他说得若无其事：“一直跟跑，快到终点时一个加速，别人都丢没影了。”

七运会比赛开始了，前 32 公里领头的正是胡刚军，甘肃小将董江民拼命紧随，而大部队还在 2 公里开外。

两个年轻人临时起意，飙技斗气，还越来越上火，35 公里处，董江民一头栽倒路边，被紧急送往医院抢救。胡刚军的节奏也乱了，渐渐放慢脚步，辽宁张福奎却快马疾驰，并在 36 公里处一举超越胡刚军。

接着又发生了非常骇人的一幕，试图反超的胡刚军在 37 公里处脚下一软昏了过去。

张福奎最终以 2:11:10 夺冠，天津吴奕旻第二（2:13:27）。传统强队内蒙古、山东团灭，云南勉强弄个第八。

这件事让张福奎建立起对胡刚军的心理优势，9 月份七运会的 5000 米和 10000 米比赛，两人都发挥一般，但张福奎总是刚好压胡刚军一头。

一个月后的北马，奖金小幅下调，男女冠军分别为 10000 美元和 3000 美元，另设成绩奖。

胡刚军第一，成绩 2:10:57，跑进 2:11:00，成为北马夺冠中国第一人，这也是新的国家纪录，原纪录由老对手张福奎在七运会上创造（2:11:10）。

对北马来说，胡刚军的疯狂表演才刚刚开始，这一过程差不多持续了十年。

巧合的是，北马女子冠军黎叶梅（2:30:36），也是七运会“失败者”。

马家军的负面效应开始显现。不少省市一看辽宁特别猛，再过四年这批姑娘一样能打，况且人家梯队建设也不错，干脆把中长跑一砍了之。

现在我们喜欢把北马的地位说得很夸张，其实在新世纪以前，它跟全运会并不是一个量级，黎叶梅 1990—1993 年四年内两冠两亚，但在七运会上跑崩还是“罪不可赦”。教练王德显也主动卷铺盖走人，没人挽留他。

他的下一站是火车头体协，在那里将经历人生巅峰与幻灭。

王嘉敏和黄广勤，是最早让北马组委会认识到高手在民间的人。

王嘉敏，成都地矿学校教师，曾获蓉马男子冠军，今年代表地质体协参加北马，跻身国内前十，国内男选手共 211 人，半数以上专业出身。次年再战，又进前十，王嘉敏跑出个人最好成绩 2:22:23，长期活跃在成都跑圈。

另一位黄广勤是辽宁本溪建行员工，下过乡也当过兵，1981 年开始跑步，1994 年通过银鹰体协参加北马，跑出 2:24:00，惊艳四方，1995 年又跑出 2:26:17，排名二十一，个人最好成绩 2:22:12。

这两人没碰过面，但同时引起业界极大兴趣，已担任西藏队教练的名将许亮甚至找到黄广勤，询问参加专业队的可能。

20 世纪八九十年代的业余跑者还非常传统，他们有一份体制内的正式工作，没什么生活压力，跑步纯属爱好。至于财富阶层向跑圈的大规模异动，则是新世纪才有的现象，经济是跑族迭代的基础动力之一。

西安成为继北京、大连、杭州之后，第四个不间断举办马拉松的城市，这与日本有着一定渊源。

唐代时，西安是世界经济和文化交流中心，日本派来的使臣叫遣唐使，前后共十九次，唐中宗到唐玄宗时代，达五百人之多，规模宏大，阵容严整，最有名的一个叫阿倍仲麻吕。

阿倍很能写中国诗，有一首《望乡诗》感人肺腑：“仰首望长天，神驰奈良边；三笠山顶上，想又皎月圆。”诗中的奈良是阿倍的出生地。

奈良 710—794 年是日本首都，称为平城京。恰逢唐朝开元盛世，716 年日本第九次委派遣唐使，阿倍仲麻吕作为留学生随行，此一来迷恋上大唐的生活和文化，再未返日。

两个古都惺惺相惜，1974 年结为友好城市，四年后在西安兴庆宫遗址合作修建阿倍仲麻吕纪念碑。去年西安市主要领导访日时，提议双方在古城墙上举办马拉松，年底奈良市长大川靖则回访西安，双方签订共办协议。

对于两市来说，举办马拉松并不是生意或产业，而是政治、经济和文化上继往开来的大事业，但无意间开辟了以特色文化资源为核心打造品牌赛事的路数。将此发挥到极致的，是创办于 2006 年的扬州半程马拉松。

1994

1994 “能人”之殇

马家军兵变是中国中长跑史上的重大事件，冲突双方不是绝对的对错关系，矛盾的焦点在于个人利益，这是体育界“包工头”制度的必然结果。

发展史人物｜王军霞　专业运动员

以一个人的智慧和能力，短期内训练出一批全球无敌的运动员，还要关心吃喝拉撒等琐事，对教练提出了接近于神的要求。

神秘气氛中的马俊仁就被认为是这样的人。

马家军这一年夺冠势头未减，广岛亚运会获女子800米至10000米金牌4枚，媒体的定性是“以马家军为主体的中国选手统治了女子中长跑项目”。男运动员也可圈可点，孙日鹏夺得3000米障碍金牌，穆维国有800米和1500米两枚银牌入账。某主流媒体评价道：看到了中国男子中长跑的希望。

关于马家军不可战胜的神话，内蒙古颇不以为然。

除了刘一祥、单长明这条线，内蒙古还有胡荣创造的另一脉。胡荣也是运动员出身，内蒙古女队变得强悍，是从其弟子潘金红开始的。

潘金红尚名不见经传，一想到北马有机会正面撼动马家军，就很兴奋。

10月30日，北京风和日丽，数十万北京人拥向街头，一睹马家军风采。

心事重重的马家军倾巢而出，王军霞、曲云霞、张林丽、张丽荣和马宁宁还是老战术，一字长蛇阵排开控制节奏，而潘金红寸步不离。

王军霞永远都忘不了，自己被潘金红缠得几度想放弃的情形。

到后半程，就剩两人，最后两公里，还是。

王军霞几次对自己说，拼不动了拉倒吧，但另一个声音告诉她，你是世界冠军，死也得坚持。

“比赛结束后，我几乎要瘫倒了，被一群人搀扶着，腿已经不受我的控制。颁奖的时候我几乎是爬上去的，当时真的觉得领奖台实在是太高了。这场比赛是我所有比赛里最累的一次。”王军霞多年后回忆道。

落后王军霞 9 秒撞线后，潘金红体力依旧充沛，没什么遗憾的，她的舞台是 1997 年八运会。

王军霞拿走 8000 美元冠军奖金，马家军男队的七运会冠军张福奎却被宿敌胡刚军甩得不见踪影。

从一开始，胡刚军眼里就只有埃塞俄比亚的阿贝贝 · 梅克南。

两人都曾获北马冠军，但夺冠绝对成绩相去甚远，阿贝贝 2:07:35（1988 年），胡刚军 2:10:57（1993 年）。当然阿贝贝也没那么自信，毕竟一晃五年过去，巅峰不再。

第一集团跑到 36 公里时，胡刚军一个加速超过阿贝贝百米有余，后者居然毫无反应，且直到冲刺也没能反超。胡刚军以 2:10:56 夺冠，拿走 15000 美元，阿贝贝 · 梅克南亚军。

较前一年，北马的奖金大幅上扬，男女冠军奖各增加 5000 美元。

判断一个赛事生命力的标准是至简的——奖金增与减，过去是，现在也是。

确实，北马的广告招商实现质的飞跃，跟中体旅的人脉有关，但更多的是北马社会声望和关注度提升，本质上则是 1992 年确立社会主义市场经济体制改革目标后，外资对中国经济潜力和空间的长期看好。

创立十四年后，北马全称 1994 利乐北京国际马拉松赛，意味着拥有了冠名赞助商，这是北马进化过程中的里程碑事件。

利乐总部在瑞典，是世界上最先为液态牛奶提供包装的公司之一，1991 年生产延伸至液态食品加工设备、厂房工程及干酪生产设备。

自利乐开始，外企冠名赞助北马此起彼伏，逻辑很简单，它们要进一步打开中国市场。

时间来到年底，12 月 12 日，这一天，是历史上西安事变的日子。

寒风中的大连马家军基地一派肃杀。

当夜，以王军霞为首的队员集体逃离基地。

这就是震惊中外的“马家军兵变”。

队员们的怒火有两方面，一是管理上老马“拿人不当人”，二是奖金分配不透明。

客观地说，为了控制运动员，教练代管工资奖金是业内通则，但这为不规范操作预留了极大空间。

比如这一年北马给王军霞的出场费是 50 万元，运动员、教练和集体怎么分这些钱，根本没有一定之规。

兵变本质上由教练与运动员之间具体的利益冲突引发。在巨大的荣誉面前，运动员的个人处境、利益诉求、理念取向的变化，都会导致他们做出不同的取舍。而当时，为了解放一线教练的生产力，主管部门往往罔顾内部利益协调机制缺失的风险。

马俊仁和后来的王德显，以及更多教练，由“包工头意识”导致的种种问题，是中国体育进程中的阶段性现象，也是中国体育崛起中必然要付出的巨大代价。

队伍一夜崩盘,是彻底离场,还是卷土重来,马俊仁当然选择后者，他手中的第二梯队董艳梅、姜波、兰丽新、尹丽丽等，在 1997 年八运会上再掀波澜。

年轻一代的跑者，可能对单长明和胡刚军、苏文仁和张国伟、马俊仁和王军霞不太熟悉，但想必对多布杰、管油胜和李芷萱不会陌生。他们出生了。

多布杰出生在西藏，管油胜出生在贵州，李芷萱出生在内蒙古。

当然，在登上舞台前，他们还得历经九九八十一难。

1995　体制外生存

市场经济写入宪法，一批民营企业家登上大舞台。在这种背景下，体育界的治理逻辑与思路也在转变，教练员被允许作为新的市场主体出现，运动员培养路径多元化。

发展史人物｜梁松利　教练员

6 月，国务院批准《全民健身计划纲要》。

“全民健身”，一个历史性的概念横空出世，三年后，将改变北马的颜色。

那时并没人想到，马拉松会成为全民健身最重要的抓手。

王军霞和马俊仁，较量无声。

如此重要的队伍，无论教练还是队员，都不能有失。

辽宁省体育局施以“抚”法，但主要是对王军霞做出妥协。

结果很简单，王军霞、刘东等划归毛德镇旗下，继续备战亚特兰大奥运会。

老马颜面受损，但做一些迁就，不失为恰当的态度。当然深刻反思也是必要的，他想明白了兵变的来龙去脉，并归责于意识控制不力。

认识上的触顶，决定这支队伍的基本气质和走向。

我们在前面分析过“蒙派”和“滇军”的源流，每一条线都很清晰，名师出高徒，高徒再成名师。

但论这一年北马男女冠军的家世，源头是竞走教练，显得很奇特。

北马增设 10 公里项目，并将奖励范围扩展到男女前十名，全程男女冠军分别为 15000 美元和 7000 美元。

男子冠军孟宪辉（2:16:20），是辽宁竞走名师张阜新的弟子，他于 1974 年 6 月出生在大连庄河市，14 岁时被张阜新发现并调入体校。

参加北马前，孟宪辉已在全国锦标赛上跑出 2:11:56 并夺冠。

北马跑到 5 公里时孟宪辉有点发蒙，内蒙古胡刚军、甘肃董江民和天津吴奕旻没跟上来，也没有外国运动员，而计时车又分明在自己眼前闪烁。到 10 公里还等不到人，他只能改变战术一个人往前冲，轻松获胜。

女子冠军任秀娟（2:30:00）也是辽宁人，她的教练梁松利也是竞走出身。

辽宁曾长期统治中国多个体育项目，“辽老大”包容开放的创业环境，正是中国金牌工厂的最大秘密。

梁松利当时的身份并不是辽宁田径队教练，而是大连棒棰岛啤酒田径俱乐部发起人兼主教练。他也是本书中第二个给领导写信的人，他和前面的张亮友，都深深地改变了命运。

梁松利两年前致信国家体委副主任袁伟民，请求开设个人投资的田径俱乐部，被批准，他成为国内首个田径个体户。

他改变的是一个群体的命运。

这条由民间资本投资培养运动员，“战时”受雇于各省打重大比赛的道路，后来成为诸多体制外教练、运动员的生存依托。最有名的案例是 2008 年奥运会女子 200 米蝶泳冠军刘子歌，她由教练金炜的个人俱乐部打造，后来代表上海参加重大比赛。

棒棰岛啤酒田径俱乐部具有中国马拉松史上的节点意义。

而梁松利作为马拉松教练也足够优秀，铁岭姑娘任秀娟能够出头，就是因为 1993 年碰到了梁松利。此前，她作为竞走名帅王魁的队员，参加过 1989 年二青会并获得两枚银牌，1991 年考入沈阳体院运动系读书。两年后梁松利到处挖人，瞄上了任秀娟。她决定退学跟他走。

任秀娟确实不一般，当时就一个念头，万一能参加奥运会呢。

训练半年后任秀娟被查出腰椎骨一节骨折，一节骨化，而竞走主要靠腰部力量，该怎么办？梁松利说，练马拉松吧。

这是改变任秀娟人生命运的决定，半年后参加 1993 年大连马，处女秀就获亚军，第二年夺冠。

凭借任秀娟，梁松利正式杀入马拉松江湖。

国家体委训竞三司召开田径项目备战奥运总动员会，向亚特兰大发起冲击。国家体委副主任袁伟民、徐寅生出席。

备战奥运总动员会确定1996年奥运会田径项目力争一枚金牌，一到两枚奖牌。徐寅生讲话时特别强调要加强团结，并提出要打破一些框框，这不是随口说说，而是极具针对性的。

辽宁是田径项目的重中之重，但由兵变引发的矛盾已公开化。一线对峙的是马俊仁和毛德镇，一个是看谁敢接我的队员，另一个是组织让我接我就接，能把我怎么样？

毛德镇实战派出身，跟内蒙古刘一祥、张云程及云南苏文仁、罗为信是同一时期的长跑名将，主攻10000米，一运会获第六，二运会获第五。退役后在大连体校任教，发现并培养出孙日鹏、张福奎等人。

由这些运动员的名字，就能体会到他和马俊仁之间复杂的关系。

国家体委的指示传达至辽宁，矛盾并没有被压下去，王军霞是在惊涛骇浪中完成奥运备战的。

1996

1996　奥运会上的辉煌与孤独

王军霞踏上奥运巅峰，是中国女子中长跑的历史性突破，但马拉松与世界顶级水平还有相当的距离，如果聚焦于梁松利师徒这条线上，是两代运动员的差距，从任秀娟到周春秀。

发展史人物 | 任秀娟　专业运动员

奥运会，国人四年一次的巨大期待，体育人努力的巨大动力。

1996 年，决战亚特兰大。

女子马拉松在马家军缺位后，形成新的平衡。

山东、内蒙古、辽宁和大连棒棰岛俱乐部的四方游戏，将产生参加亚特兰大奥运会的人选，比赛地上海莘庄可以闻到呛人的火药味。

为避免争议，国家体委从全国各地抽调精英执裁。4 月 7 日，奥运会选拔赛打响，16 支队 27 名选手参加角逐。

大连棒棰岛俱乐部任秀娟第一（2:38:06），山东王明霞第二，内蒙古潘金红第三。

大连体校教练毛德镇正式接手王军霞是去年 6 月，距亚特兰大奥运会还有一年。

毛德镇的主意很正，降低调门，欲擒故纵，但王军霞树大招风，全世界都在盯着。

王军霞威慑力太大了，她主攻 10000 米兼项 5000 米的消息传出后，产生滑稽效果，主要对手纷纷重新选项。

德国皮皮格放弃 10000 米转而参加马拉松，结果奥运会上名落孙山。

爱尔兰奥沙利文放弃 10000 米，报了 5000 米和 1500 米，奥运会上，前一个没赛完，后一个没及格。

埃塞俄比亚图鲁认定王军霞兼跑两项顾此失彼，只报 10000 米，最终奥运会也仅获第四。

也有得逞的例子，葡萄牙姑娘里贝罗奥运会 5000 米决赛前退赛，在 10000 米赛场以逸待劳恭候王军霞。

王军霞小组赛一个第四、一个第七，表现平平，代表团内部产生分歧，占上风的意见是放弃 5000 米，专攻 10000 米。

但王军霞说，还是想都比，团长伍绍祖拍板支持。

7 月 28 日晚，女子 5000 米开赛，两圈过后奥沙利文领跑，但她很快体力不支。剩下 8 圈时王军霞加速超过肯尼亚孔加，她只是试探对手火力，看肯尼亚人并无反应，很快又退回第二。

最后 800 米，国人所期盼的场面来了，王军霞一个大冲刺，14:59:88 轻松摘金。冲过终点后她不断向看台张望，一个叫沈忠民的中国留学生冲破警察阻拦，递上五星红旗。东方神鹿身披国旗绕场致谢的画面，永留史册。

而 10000 米决赛，狡猾的里贝罗夺冠，王军霞获亚军。

这场失利成为国人切肤之痛，王军霞说，“今后里贝罗报啥我报啥，非赢她不可”。

虽有遗憾，但王军霞实现了自己的梦想，在奥运长跑赛场，她是第一个带去中国式解读的人，让全球侧目。

有论者谓，毛德镇接盘王军霞是“躺赢”，主要论据是王军霞有 10000 米世界第一人的绝对实力。这其实是一种浅见，教练工作哪有那么简单。

对 1937 年出生的毛德镇来说，亚特兰大既是教练生涯走向巅峰的契机，也是后半生坎坷的开始。其间颇多疑团。2009 年 6 月，毛德镇逝于大连。

奥运会女子马拉松跟女子 5000 米决赛是同一天。

比赛在大雨中鸣枪，共 86 人参赛，任秀娟后半程加速，超过很多人，最终名列第九（2:31:21），但在体育竞技系统中，第九和第八有着天壤之别。

埃塞俄比亚罗巴夺金（2:26:05），上届冠军俄罗斯叶戈罗娃摘银（2:28:05），日本名将有森裕子获铜（2:28:39）。冲过终点后，任秀娟默默算了算，如果发挥出最佳水平应该是第二。

《新体育》记者张静莲写了一篇《独战马拉松》的报道。“独战”很传神，独苗和孤独这两层意思都有。

三个月后的北马，任秀娟跑出 2:27:13，放在亚特兰大铁定亚军。

20 世纪 90 年代，京沪的经济、文化中心功能毕现，直接竞争很激烈，北京有马拉松，上海必须也办起来。足球、排球，篮球，京沪贡献了很多经典战役。

9 月 28 日，首届上马起跑，全称“96 上海国际市民马拉松赛”。外国人和市民都可以参加。

但它只是“96 上海旅游节”四十多项内容之一。

上海旅游节由黄浦旅游节升级而来，此前已连办六届，内容包括文化艺术节、时装节、美食节、狂欢节、购物节和民情风俗节等，所谓节中有节、节节相扣、美不胜收。但旅游节也有苦恼，市民更愿意蹲在家里看电视，并不愿去现场“凑热闹”。

这种背景下的上马，没走北马的精英路线，上来就是 7000 人，设男女马拉松、半程马拉松、5 公里和 2.5 公里四个项目。全程线路从改造一新的人民广场出发，经浦西的西藏路、 南京东路、外滩，穿过南浦大桥，沿着浦东的杨高路、张杨路、浦东大道，终点设在著名的东方明珠电视塔。

线路选择上，浦东被“强调”，这一年是中央决定开发浦东的第六年，浦东新区成立的第三年。

后来坊间复活大上海“魔都”的称号，浦东开发的带动功不可没。“魔都”这个词，最早是指大上海不可思议的魔性，而在主流话语系统中，对上海的表述是国际经济、金融和贸易中心，关于马拉松与旅游的关系，关于马拉松与经济发展的关系，上马就是最大的成功案例。

有意思的是，日企在北马为退却徐徐图之的时候，却在上海高歌猛进。1997 年，日本东丽集团（TORAY）开始长期赞助上马。

北马报名人数创新高。特选运动员 33 人（男 27 女 6），一般运动员 37 人（男 33 女 4），国内特选运动员 28 人（男 14 女 14），国内一般运动员 360 人（男 215 女 45）。

有很多熟面孔，包括 1988 年冠军阿贝贝・梅克南、1992 年冠军泉宜广、1994 年季军那兹波夫，个人最好成绩在 2:13:00 以内的男选手 12 人，胜负难料。最终，肯尼亚恩德雷瓦 2:10:37 夺冠。

中国的胡刚军和董江民这对七运会“冤家”，又上演生死对飙，胡刚军 2:11:10 亚军，董江民 2:11:41 季军。

对甘肃的董江民来说，生逢胡刚军是职业生涯的不走运，就像后来 110 米栏的史冬鹏之于刘翔。

女子还是中国姑娘的独角戏，她们第二次包揽前三名，任秀娟卫冕成功，并创下赛会新纪录（2:27:13），山东郑桂霞第二，内蒙古潘金红第三。

换个角度来看，这一年最重要的事可能是“人事”。

出征亚特兰大前，中国田径协会举行换届大会，楼大鹏担任主席，段世杰、郑凤荣等 15 人担任副主席，尚修堂任司库兼秘书长，水涛、沈纯德、周冰冰等 8 人为副秘书长。

对当代马拉松发展起重要作用的人物渐次浮出水面。

不过当时最敏感的话题，不是协会换届，而是酝酿改制，国家体委计划将全部运动项目转为事业单位管理，长期隶属于训竞三司的田径处将变身田径运动管理中心。

这是体育系统管理体制的重大改革，运行模式及人事布局牵扯局内每个人的切身利益。

当然，中国田径协会本身在 2019 年与体育总局脱钩并实体化运行前的 65 年里，始终贴牌办公，即所谓一套人马两块牌子。

最早支持中国马拉松的体育装备品牌阿迪达斯和耐克，也迈出深耕中国市场的重要一步。

阿迪达斯以广州为桥头堡，步步为营，耐克注册于苏州则剑指上海市场。

耐克 1986 年即开始赞助中国中长跑，除了为比赛设奖，还资助部分运动员、教练和科研人员赴外训练学习，对其他品牌产生了示范效应。

1997

1997　体制大改革

体育改革的宗旨是由计划经济体制下的体制，向与社会主义市场经济体制相适应的体制转变。相比改革前的田径处，政事分开后的田径中心有了更大的发挥空间。

发展史人物｜潘金红　专业运动员

八运会马拉松赛与北马合二为一，于 10 月 4 日举行。

刚开始一切还算正常，但突然冒出一个云南王建芬，一时秩序大乱。

内蒙古潘金红毕竟老到，最后时刻奋力冲刺，摘金同时创造赛会新纪录（2:26:39），王建芬夺银，艾冬梅是真拼命，最后时刻挤掉内蒙古田梅和辽宁任秀娟，惊险获铜。王德显新收的徒弟孙英杰名列第十，那时她叫孙迎杰。

这枚奖牌保住了王德显的位置，其重要性在他以后呼风唤雨时会日益显现。

与女子相比，男子比赛更具历史意义，新纪录从内蒙古马拉松的母体中诞生。

与马俊仁、王德显这类“野生”教练相反，内蒙古和云南的教练群体，代际传承平静有序，内蒙古之前出过张云程和刘一祥、单长明两代猛将，马拉松像是家族产业，代代相传。

胡刚军势头正猛，他还有队友郝立军帮衬。云南也从张国伟 1990 年伤退的阵痛中恢复过来，柴家华、赵朝春野心勃勃，同时，受益于市场化资源配置，辽宁竞走出身的北马冠军孟宪辉代表火车头队出战。

业内参照互核，认为胡刚军国内第一希望最大。

赛前，胡刚军在海拔 1000 米的内蒙古队田径场，踩着泥土跑道，30 公里仅用 92 分零几秒，平均配速 3 分 4 秒（每公里），全程马拉松正常训练水平 2 小时 7 分多。

胡刚军处在黄金年龄段，身体状态、机能、经验等各方面都相当成熟。

果然是一只下山虎，比赛开始后，他先是跟随跑，感觉劲儿使不出来，到15公里实在憋不住，就冲了出去，大概3分钟一公里，一会儿过一个公里牌，根本收不住。30公里时，坐在车上的单长明瞪着眼睛大吼："给我保冠军！保冠军！"上届全运会玩崩的一幕绝不能重演。

2:09:18！

胡刚军将其他人甩开三分钟以上，这是我国男子马拉松最新纪录，也是我国男子首次突破"210"大关。

田协主席楼大鹏非常激动，说这是历史性的突破，标志着中国进入马拉松国际俱乐部。

多年以后，胡刚军还不无惋惜，说那天如果有非洲选手或日本人一起跑的话，肯定跑进2小时8分钟以内。

北马火爆场面背后，也有着深深的财务隐痛，负责招商的中体旅有点扛不住了。

日本经济衰退对中国马拉松造成了间接影响，北马本身也暴露出种种问题，中体旅深刻怀疑其市场号召力，决定合同到期立即终止。

今年是双方五年合同的最后一年，北马"裸奔"。

中体旅不干了谁来接呢？

这时，一个叫牛立新的人踏浪而来。北马举办前一个月，牛立新在北京注册长城国际体育传播有限公司，注册资金3000万元，简称长城国际。

那时中国尚无体育产业概念，牛立新被认为是这一行的开拓者。

牛立新人称老牛，跟体育界渊源极深，父亲曾是国家体委干部。牛立新大学中文系毕业后先在《中国体育报》工作，后参加中央讲师团去河北教书，1990 年辞去公职“下海”时引起巨大轰动，那年，他 30 岁。

牛立新是一心想干大事的人，要干前无古人的大事。在成为体育产业先驱的道路上，北马只是他的一道开胃菜。

老牛靠资源调度能力叱咤江湖。他当时最大的一单业务是跟福特宝合作，负责世界杯足球赛亚洲区预赛中国队主场招商。中国队与越南、塔吉克斯坦、土库曼斯坦分在第八小组，采取主客场双循环争夺小组唯一出线权。

中国队小组出线了，老牛赚足口碑，这使他充满理想主义的自信迅即升级，从长城广告独立出来单干，就是这种背景下的结果。

长城国际与中国田径协会签了三年协议，1998—2000 年，协议期满视情况决定是否续签。

跟中体服、中体旅一样，长城国际也相当于北马外包的广告招商公司，那时候距马拉松模式创新、总体运营甚至资本驱动，还很遥远。

长城国际是首个介入马拉松招商的民营企业。

基于强烈现实导向和问题意识的体育系统体制改革，在 1993 年开启后，向更广更深层面挺进。

11 月 24 日，国家体委宣布成立田径运动管理中心，简称田径中心，与中国田径协会同为一套人马。训竞三司司长段世杰被任命为田径中心主任。

这是在国家机构改革的大背景下进行的，1992 年，党的十四大确立建立社会主义市场经济体制的改革目标，国家重要领域通过分税制、单一汇率制、住房制度改革、国企改革等措施，大刀阔斧地推进。体育系统相对谨慎，1994 年走出第一步，将过去国家体委直接管理运动项目的工作，改变为间接管理，采用“运动项目管理中心”的名称，首批成立十四个，并将相关项目分解到相关中心。

今年，国家体委撤销训练竞赛一、二、三司和综合司，成立竞技体育司，将项目管理的具体职能划出，又调整成立了六个中心，田径中心是其中之一。

国家体委授予中心十条职责，概括为两大任务：一是实施“奥运争光计划”，推动田径竞技水平提高；二是实施“全民健身计划”，推动田径运动的普及。更接地气的表述是——一手抓奥运金牌，一手抓大众参与。

对于从体委机关大楼搬出来的这批人，最大的感受是“皇粮”减少了。文件上的说法是，中心要改变单纯依赖国家投入的办法，在国家体委的宏观调控下，依托社会，面向市场，形成有自我发展活力和后劲的体制与良性循环机制。另一种表述是，中心增加了企业职能，国家体委只负责编制内人头费和备战基本保障费，其他得由中心自己到市场上找。

体制改革，宏观上是机构重组，微观上是许多人的命运变幻。段世杰在动员会上说，要向国际田联学习，学习怎样找到钱。

需要肯定的是，作为中国马拉松发展的顶层设计者，田径中心一直走在深化改革的最前沿，在体制松绑、充分放权、公平竞争等方面堪称表率。

1998

1998 大众马拉松元年

田径领域机构改革落槌后，将竞技成绩作为唯一衡量标准的马拉松赛事评价体系也发生变化，直接结果是北马向社会大众全面开放，折射出一个变革时代体育价值观的深刻变迁。

发展史人物｜牛立新 赛事服务商

坊间传闻已久的体育系统的机构改革，终于定案，国家体委改组为国家体育总局，由国务院组成部门降为直属机构。

这是体育领域改革广度、深度和影响最大的一次。

后来的总局大院里，形容一个人资深，往往说，那是体委老人。很多事情要在这个大背景下才能看清楚。

越来越多的业内人士，在疑惑二代马家军选择性参赛的规律：

1995 年 5 月哥德堡田径世锦赛选拔赛，未参加。

1995 年 10 月全国城市运动会，姜波、董艳梅、崔颖成绩大幅提高，超过当年世锦赛冠军的水平。

1996 年 5 月亚特兰大奥运会选拔赛，姜波 5000 米预赛排第五，决赛放弃。二次选拔赛未参加。

1997 年雅典田径世锦赛选拔赛，参加，未达标。

1997 年第八届全运会，姜波超 5000 米世界纪录，董艳梅、兰丽新、尹丽丽包揽 10000 米前三名，成绩均高于亚特兰大奥运会和当年世锦赛冠军。

1998 年 3 月，北京公路接力赛夺冠并取得世界公路接力锦标赛资格，未参加。

1998 年曼谷亚运会选拔赛，未参加。

只有马俊仁知道为什么要这样做。

马俊仁在争议中升任辽宁省体委副主任，此时，距他获聘辽宁省田径队教练整整十年。

可以聊聊城市马拉松了。

上马更换了地标，作为 1997 年八运会主会场，宏大的上海体育场成为上马起、终点，虹漕路、延安路、虹梅路、上海体育场的环形线路一直用到 2000 年。

北马起点还在工人体育场，1983 年移到这里时，主因是天安门安保压力太大，涉及部门太多，一开协调会有几十个单位参加，个个不好协调。

有人动议，要将北马迁离城区，延庆为第一备选，但参会的中国田协副秘书长水涛拍了桌子，说那还叫北马吗？

后续很多情节超越普通跑者的生活经验，合纵连横的说服和疏通工作持续几个月，最终，北马起点于次年重回天安门。

北马这一路走来被城市管理者诟病，主要原因有两个：一是极少数人影响多数人生活，二是比赛跟城市形象宣传脱节。

段世杰一句话让问题迎刃而解：马拉松不能再局限于高水平，还要向更大规模发展。

于是北马剧烈变身，从仅限专业选手参赛扩展到向全社会开放，并增设半程、10 公里、小马拉松（4.2195 公里），报名年龄也降至 13 岁，关门时间则从 3 小时延长到 5 小时。

田径中心副主任尚修堂解释说，这是中国马拉松在组织上向国际标准和国际惯例靠拢的重大举措。

其实这一历史性手笔，也来自体制改革和市场倒逼，媒体惊呼：马拉松的新时代到来了。

此后，中国马拉松一支两脉——庙堂和市井。庙堂即专业，在奥运争光计划下，主打全运会、亚运会、亚锦赛、世锦赛和奥运会；市井即草根，参加城市马拉松，全民狂欢。

牛立新爆得大名，缘于后来跟美国人唐·金旷日持久的官司。唐·金是拳王泰森的经纪人。

长城国际正式接手北马招商，有志青年牛立新大包大揽地说，找赞助是他的拿手好戏。为了靠近国家体育总局，长城国际从宣武门迁址崇文门，入驻新世界B座9层，新楼巍峨，威风浩荡。

牛立新有能力也很自负，做事情节奏非常快，北马第二天，长城国际还要办武术散打拳击对抗赛；过一个月，还有一场中韩足球对抗赛。

鉴于上一年北马“裸奔”，在赛事包装上，田径中心也乐于听取老牛的意见。除了开放社会报名、延长关门时间，还在天安门广场搞太极拳表演，沿途和终点从全国调集20个热气球和若干飞艇、龙舟、风筝，以及一条长达999米的巨龙，烘托比赛气氛。赛事还推出会歌、会徽、吉祥物、招贴画、纪念邮票和纪念卡等。北马瞬间被重塑为大众体育节日。

老牛简单推导了一下，伦敦马冠名权值400万英镑，波士顿马值400万美元，北马也得值几百万人民币吧。但那得看甲方答不答应。

甲方对老牛提出的“马拉松与企业共成长”理念一头雾水，对所谓“有形与无形相结合、市场开拓与品牌占有齐头并进”也深感困惑。

北马又“裸奔”了。1998长城北京国际马拉松赛的“长城”二字，是非常无奈的现实写照。

次日的武术散打拳击对抗赛，却为老牛打开一扇希望之门，仅门票收入就270多万元，完全可以覆盖成本。社会上在疯传这个事情，形成热议话题，老牛下决心在中国干职业拳击赛。

老牛的商业敏锐与超前性，让同辈人自叹不如。但做生意，既需要勇气，也需要运气。

竞技层面，今年是全运会后的调整年，国内精英还要参加 12 月曼谷亚运会，对北马重视程度骤降。

国际选手最强的还是埃塞俄比亚的阿贝贝·梅克南，他已 34 岁了。

上一年跑出 2:09:18 的胡刚军 20 公里后退赛，阿贝贝 · 梅克南 10 月 8 日深夜抵京，10 日参赛，时差没倒过来，也表现不佳。夺冠的是朝鲜选手金中元（2:13:49）。

火车头队王艳荣以 2:28:50 获女子冠军，她的教练陶绍明以后将在特殊的氛围中站出来。

如果说北马成绩暗淡，那么曼谷亚运会则不啻滑铁卢。

专业选手都不太喜欢曼谷，一般女子很难跑进 2:40:00，但冒着 30 摄氏度的高温，日本高桥尚子却以 2:21:47 夺冠，打破钟焕娣保持的赛会纪录，超过王军霞亚洲最好成绩，与世界纪录差 1 分钟。

高桥尚子这个名字，当时略显陌生，但你知道她是下届奥运会马拉松冠军后，就会豁然开朗。

输给她不冤，关键是输多了，中国一号选手潘金红与高桥尚子相差 15 分 28 秒，教练胡荣脸上是僵硬的笑。

田径中心副主任尚修堂拉下了脸说，同一气候，同一条件，同一起跑点，热不是理由，成绩差距这么大，表明我们在训练方法上是有问题的。

有媒体指出，日本人的备战也值得学习，她们 11 月就来到曼谷，官员对赛道至少考察了三遍，而高桥尚子就住在起点大成府。

不仅女子马拉松，中国代表团所有中长跑项目一枚金牌也没拿到。

留守的马俊仁说他伤心地哭了。

前线战事吃紧，马俊仁这番言论很刺耳，亚运会代表团团部对此十分注意，某高级别领导直接通过媒体怼了回去：他为什么不早哭？

事实上，中国中长跑正在经历系统性切割，管理体系对马俊仁的疑虑与日俱增。

1999

1999“晋江帮”试水

体育改革步步推进，制度设计上不断给社会力量更大的参与空间，当然一切都处在探索阶段，还面临较大不确定性。

发展史人物 | 林世添　赞助商

与天安门一样，长城也是中国的象征。

北京东去100公里的天津蓟州区，中国最早的旅游型特色马拉松破土而出，赛事操盘手来自丹麦。

初春，“晚照黄崖”最美的时节，几个丹麦人越走越兴奋，他们是奥博旅行的特遣小组，为考察黄崖关长城而来。

奥博旅行总部设在丹麦,1986年起步,公司业务像电影《私人订制》的现实版，专门替人圆梦冒险之旅，其经营的马拉松赛事，都在天降神迹上举办，比如非洲五大猛兽马拉松、约旦佩特拉古城沙漠马拉松、北极圈马拉松和缅甸蒲甘千佛塔马拉松。

“渔阳鼙鼓动地来”的渔阳也被丹麦人看上了。

这里的旅游十分尴尬，1987年修缮完成的黄崖关长城，名气比不过北京的八达岭长城，还受近邻河北遵化清东陵的影响，根本抬不起头。

1995年全国第10届旅游地学年会上，当时的蓟县旅游局特意组织了一批专家写论文，为盘活旅游资源出谋划策，也没弄出啥名堂。黄崖关是被涉外体育旅游意外带火的。

那几个抱探险和猎奇宗旨而来的丹麦人，在北京做足了功课，他们认定这里是个好地方。

黄崖关本身独居三绝：一是既有青砖砌筑，也有大石垒建；二是千仞峭崖为天然屏障，长城在一些地段戛然而止；三是拥有戚继光建造的敌楼，上层烽火台，下层驻军囤粮。断头崖、鬼门关、八步险、龙扒谷和摔死马等险境看得丹麦人目瞪口呆。

可以说，这里集中国文化符号与大自然奇观于一体，非常符合外国人体验传奇与非凡的旅行诉求，而且离北京很近。比赛最终定名为中国天津黄崖关长城国际马拉松赛，参赛主体为国外游客，简称黄崖关马拉松。

5月，首届比赛鸣枪。

“赛道除了长城上的3700级陡峭阶梯，还包括附近的村庄、山野、堤岸，集刺激性、观赏性、文化性和安全性于一体，让马拉松爱好者在活动中感受底蕴深厚的中华文化。”一家媒体评价道。

来过的老外觉得，比赛背景是神秘的中国文化，内核充满英雄主义，情节又相当曲折刺激，赛事体验非常棒。

这个比赛，从创办到2019年，外籍选手参赛比例始终保持在90%以上。

小算一笔账，即可探知这桩生意的含金量，比如2019年共3000人参赛，报名费2480元人民币/人，仅这一项收入就有744万元。

奥博旅行拥有全球特色游客资源，按照隐形的闭环规则，“收割”一代又一代舍得花钱的马拉松游客，使这门奇绝生意通达四海，极其兴隆。

黄崖关长城马拉松是后来玄奘之路戈壁挑战赛的样板，后一赛事得益于中国中产阶级消费能力的井喷。

赛事的关键在于抓住目标客户，且让其欲罢不能。

王军霞的人生历程一直跌宕起伏，惊心动魄。

在夺得亚特兰大奥运会女子5000米金牌后，她深度卷入《马家军调查》旋涡。

困扰她的还有马俊仁和毛德镇的尖锐矛盾，王军霞选择深居简出，但6月25日，在爱乐中长跑俱乐部成立的新闻发布会上，她公开露面了。

一个社会体育俱乐部成立，规格之高根本无法想象，除了奥运冠军，国家体育总局一把手伍绍祖也亲临站台。

20世纪末正是我国体育系统改革的起步期，已升任体育总局副局长的段世杰开门见山地说：体育要改变仅有政府投入的方式，形成国家、社会和个人共同投入的格局。意思很明确，国家财政投入不会再大包大揽，但奥运争光计划和全民健身计划不仅不能缩水，还要不断加强，这意味着，体育必须抓住市场。

中长跑的第一个大客户是福建爱乐，隶属于爱乐集团，算得上安踏、361°、特步、匹克等晋江运动鞋家族的前辈。老板林世添是体育界的老朋友了，1984年受许海峰“零的突破”的启发创办体育用品公司。

本质上，爱乐中长跑俱乐部就是国家中长跑队，由中国田径协会与福建爱乐共办。

很多年后，体育总局一些项目中心艳羡于马拉松资源配置的创新和革新，像侦探一般孜孜不倦地寻找其成长奥秘。答案并不在马拉松，而是田径中心长期一以贯之的探索创新。

这一年的北马重装上阵，起点回归天安门。

一年前在长城国际推动下，北马新包装让社会耳目一新，今年值新中国成立五十周年，增加全程、半程轮椅马拉松，参赛人数增至2718人，其中全程马拉松758人，半程马拉松458人，电视直播也实现了直升机微波传送和航拍，宣传效果升级换代。

北马被从多个维度重新定位：

世界十大马拉松赛事之一；

我国规模最大的单项赛事；

天安门广场国庆盛典后的第一项大型活动。

北马不经意间还被赋予多重意义：

展示首都经济建设成就；

丰富首都文化生活；

促进全民健身运动开展；

提高马拉松竞技水平；

推动田径项目市场化。

所谓市场化，最直接的解释就是招商，但这对长城国际来说依旧非常头疼。

牛立新的人生太过顺利，他从没想过去年北马会“裸奔”，更悲摧的是，今年情景复现。北马遇到的问题非常典型，北京缺少世界级企业和全球性品牌，企业也尚未形成利用赛事提升品牌价值的观念。

作为对比，刚刚两岁的上马却正靠市场化改写命运，它遇到一家植根上海并辐射全国的世界级企业。

东丽，中国重大马拉松赛事最长情的朋友，从1997年开始，除2012—2015年意外中断，一直是上马的顶级赞助商。

东丽全名日本东丽株式会社，成立于1926年，是一家世界知名的综合型化学企业。20世纪七八十年代，随着中日邦交正常化，东丽开始向上海石化总厂出口大型成本设套技术，九十年代又开始在中国直接投资。

长城国际的表现让人大跌眼镜，牛立新那颗不服输、爬到顶峰的心也凉了。

他遇到拳击协会的一位高人后，决计换个赛道玩。

与职业拳击相比，马拉松是小巫见大巫，牛立新要找到美国人唐·金，一起干大事。我们的社会也对大胆尝试并且努力过但不成功的人给予尊重，老牛应该赢得掌声。

长城国际之后，另一个本土现象级民营马拉松推广公司是智美体育。

不过，任文霸唱天下，还要等十五年之久。

这是20世纪倒数第二年，北马男子冠军成绩略显沉闷（2:11:33，日本铃木贤一），而在世界范围内，马拉松并没有世纪末的颓废情结，成绩扶摇直上。

去年柏林马拉松，巴西人达·科斯塔跑出2:06:05，将男子世界最好成绩缩短45秒并突破2小时07分大关。今年芝加哥马拉松，摩洛哥坎努齐把世界最好成绩刷新为2:05:42，世界上2小时07分内的选手有五人。

女子同样成绩喜人。在去年鹿特丹马拉松上，肯尼亚洛鲁佩2:20:47改写克里斯蒂安森保持13年之久的世界最好成绩，首次突破2小时21分大关，比原纪录快19秒，今年洛鲁佩又在柏林将世界最好成绩缩短4秒，跑进2小时24分的选手也是五人。

世界马拉松金字塔顶端已被非洲人占领。

今年男女前五名中，仅日本大伏敬之不是非洲人。古老的马拉松运动穿越岁月尘埃，直抵人体本相。

至于成绩背后的原因，一是奖金刺激，比如洛鲁佩两场就获得25万美元，二是非洲朋友的耐力基因插上了科学的翅膀，坎努齐在美国生活训练七年，洛鲁佩在德国住了七年。

2000　不能说的秘密

在中国中长跑史上，马家军后期出现的央地关系失衡在悉尼奥运会前达到高潮，不断出现有令不行、尾大不掉的现象，其中原因，除根深蒂固的“绿林”作风，还有业务上的难言之隐。

发展史人物｜任秀娟　专业运动员

奥运会是中国长跑及马拉松发展最权威的鉴定师，但去悉尼前，国内的气氛有点不大对头。

在 7 月的一次飞行药检中，马家军尹丽丽和宋丽清尿检呈阳性，但消息秘而不宣，外界被蒙在鼓里。

越临近奥运会开幕，社会上要求马家军出战的呼声越强烈。

9 月初的一个早上，马家军突然终止训练，在蒙蒙细雨中从青海多巴基地紧急撤退。七小时前，马俊仁接到通知，队伍中有 6 名队员血检超标，将无缘奥运会。在做出决定前，体育总局与辽宁方面进行了激烈博弈，并惊动更高层。

三天后，媒体在参加悉尼奥运代表团的第二批名单中，发现马家军仅李季一人入选，顿时失去理性炮轰总局。此时的马俊仁是一副受害者的样子，他辩解说：世界上有一百多名科学家可以证明血检是不科学的，在高原上的任何运动员都可能超标。

媒体那种爱憎分明的态度，更符合当时社会的心理倾向和思维习惯，因而得到广泛的认同。

任秀娟第二次独战奥运会马拉松，跑出 2:27:55。

悉尼奥运会女子马拉松开挂，日本高桥尚子以 2:23:14 夺冠，第二、三名成绩为 2:23:22（罗马尼亚西蒙）和 2:24:45（肯尼亚切普楚恩巴），任秀娟的实力排不进前三。

这届奥运会给人的印象是，中国马拉松除马家军外，仅任秀娟一根独苗，但这种感觉是错的。

吉林石砚杰教练的新弟子魏亚楠和张淑晶，即将联袂收割冠军。

北马，魏亚楠就以黑马姿态收获个人首个重大赛事冠军。

这年北马线路又有变化，起点仍为天安门，终点则是朝阳公园。

负责北马招商的牛立新，已深陷职业拳击赛的激情中不能自拔，灾祸由此萌生，他急切地将北马甩给北京亚之光咨询公司，然后便消失于马拉松江湖。

老牛后来的主要故事是跟唐·金缠斗，经历了被蒙、被坑、被耍的全过程，2015 年郁郁而终，享年 56 岁。

牛立新生前故交比较一致的看法是，他虽然身已下海，但遇事找政府的体制内思维始终没变，在自己遇到困难时，总认为政府会救场。

他需要更务实的商业智慧和更耐心的态度，才可能解决所面临的问题。

临时接手的亚之光，招商策略很务实，也很有效。它只向那些体育赞助的熟客发起冲击，并重点瞄准云南红河，这是一家烟草企业。

红河品牌形象中的“刚毅、勇往直前、现代男人魅力”，与体育运动内涵颇为吻合。红河是最早涉足赛车运动的中国烟草品牌，也是最早冠名北马的中国本土企业。

在 2015 年《中华人民共和国广告法》实施前，烟草企业跟体育有很多合作案例，1994—1998 年，美国万宝路赞助（足球）甲 A 联赛，第一年 120 万美元，每年递增 10%。

遗憾的是，红河一年后又迅即从北马闪身。

时有时无的赞助，虽不至于动摇北马之本，但后果也很严重，20 世纪 90 年代，北马对国际高手的吸引力大减。

以 1995 年为例，孟宪辉（2:16:22）夺冠，是史上第二个最差冠军成绩，胡刚军和俄罗斯柯托夫名列第二、第三，媒体颇多诟病。公众不知道的是，当年的比赛差点黄了，直到赛前三个月才确定赞助商。

马拉松要做到世界顶级水平是很烧钱的，世界前十名选手出场费每人 3 万美元，选手注册协会另收每人 2 万美元管理费，这笔钱对北马来说很吃力。

更麻烦的是，由于赞助动荡，北马不敢提前邀请国际高手参赛，而按照惯例，顶尖选手要提前一年确定行程。

另外还有一个失算之处，一些国际高手拿了出场费后出工不出力。在媒体讨论中，有人提出首付款模式，也有人提出对名次奖设置成绩门槛。

一切旨在提高北马竞技水平的思路，最终都指向稳定的钱袋子，而国际化公关公司八方环球也在为搭上北马探头探脑。

双方历史性的牵手还需要再耐心等一年。

通过后来的发展，自然会很清楚，这一年田径中心安排的一次出国考察是非常重要的。

在悉尼奥运会上，王丽萍的女子 20 公里竞走金牌，稳住了田径中心的阵脚。北马结束后，水涛、沈纯德、胡新民和胡冰等人，借参加国际田联会议之机考察德国和意大利，重点对象是协会组织运行和项目市场化运作。

相比德国，中国田协真是穷人家的孩子。

《中国田协赴欧洲考察报告》披露，德国田协 2000 年收入 560 万马克，总赞助商是阿迪达斯，赞助商有富士、佳能、汉莎航空等七家。

另外，根据德国法律，协会属非营利性社会组织，盈利超过 6 万马克需要纳税，且协会性质也就发生了变化，所以德国田协于 1977

年成立了一家体育市场商业公司，并授予其商业开发权，公司股份德国田协占 51 %，其他 3 家占 49%，利润分配比例为德国田协 60%、公司 40%。[①]

欧洲之行还有一个重大发现：严肃的国际田联代表大会变成了大集市，运动员经纪人和体育品牌代表活跃出没。最典型的是日本，居然组团来推销自己的马拉松赛事，并当场和经纪人讨价还价，签订合同。

在市场经济日益发达、经济全球化的背景下，日本人的竞争和推广意识无处不在。

还可以用更全局化的思维方式来看待日企，它们赞助刚起步的中国马拉松，以及 1981—1988 年 TBS 深度辅助中央电视台，完成北马电视转播，也是着眼于全球产业竞争。

① 中国田径协会．中国田协赴欧洲考察报告 [J]. 田径 ,2001(5):9–11.

2001　常设国家队

悉尼奥运会前的教训不可谓不深刻，“府兵制”弊端暴露无遗。痛定思痛，马拉松新的练兵体制是常设国家队，由主教练组织各地精英长期集训。

发展史人物丨柏翊蕃 赛事服务商

在正常情况下，运动队的战略是国内练兵一致对外，这也是举国体制下的基本战略。但马俊仁早就窥破底蕴，走上了内战内行的独特道路。

北马与九运会马拉松合并举行，因马家军强横演出而江山变色。

从未正式跑过公路马拉松的宫科（2:10:11）和刘敏（2:23:37），一举包揽男女冠军。

那些目睹马家军表演的记者，有着同样的“毁三观”和“受教育”心理过程，用黑色皮夹克、黑色皮包和黑色秒表武装起来的马俊仁，散发着神秘莫测的粗粝之气。

马俊仁的觉悟和应对能力也大大提高，他说：这金牌算个啥呀，要到 2008 年还能拔个头，那才叫金牌呢。

他的个人经历和知识结构，决定了他的处世风格。

马家军小将刘敏北马跑出的 2:23:37，超出同年波士顿、名古屋、伦敦、纽约、东京等马拉松冠军成绩，而且她刚 19 岁。不过对于马俊仁和马家军，体育最高决策层自悉尼奥运会以后就变得非常理智，刘敏的成绩不足为喜。

在此背景下，以 2004 年奥运会为终极作战目标的国家马拉松攻关队，也未将马家军纳入考虑范围。

攻关队的组织形式是常年集中，要求雅典奥运会男子进前八，成绩在 2:10:00 至 2:11:00 之间；女子保八争牌，成绩在 2:23:00 至 2:24:00 之间。

一群教练角逐国家队大位，包括内蒙古单长明和胡荣、火车头队的王德显、吉林刘文俊和上海李国强等。

尴尬的是，他们的弟子无一人进入九运会马拉松前三。

由于田径中心班子换人等因素，马拉松攻关队最终变身中国田径长跑国家集训队，项目包括 5000 米、10000 米和马拉松，目标是雅典奥运会获得至少一枚女子长跑金牌。

被马家军冲得人心动摇的国家队，重归能上庸下、奖惩分明、良性循环的治理体系，这也意味着马家军即将收场。

上马的方向早已确定，深耕体育和旅游，直戳全世界眼球。

今年赛道起点重回外滩，这就像北马 1999 年起点复址天安门一样，也颇具深意。外滩才是上海地标，对面陆家嘴崛起和滨江大气磅礴，象征城市活力无限。

北马赛场也很火爆，但钱袋子依然特别吃紧。

要感谢日本电子企业先锋及时救场冠名。先锋历史可追溯到 1937 年，1997 年推出全球首款基于 DVD 的汽车导航系统，风靡一时。

北马 20 世纪 90 年代的困顿，根源于两个层次。在相对感知明显的第一个层次，负责招商的本土公司缺少全球化触觉和组织体系，讲故事能力也严重不足。在本质化的第二个层次，是喜欢马拉松营销的日本企业处境艰难。

不过今年，八方环球决定买断北马招商权，核心人物是中国区董事总经理柏翊蕃，他几乎一意孤行地跟中国田径协会签订了为期八年的合作协议，2002—2009 年。北马经济上的转折点来了。

这是一个打包合同，包括北马及中国田协年度其他赛事，八方环球每年支付 1000 万元。

从大的方面来看，中国加入 WTO，北马品牌化市场营销恰逢其时，八方环球有条件重塑北马营销体系。

非常戏剧性的是，今年受国内高涨的品牌热情鼓舞，丁水波也启动从产品到品牌、从外贸到内销的战略转型，初生的特步以“非一般的感觉”立足，引领体娱双轨差异化营销之风潮。

在未来特步品牌维护、延伸和忠诚度的培养上，丁水波选择了马拉松。

真正的企业家从来就是极具前瞻性的，而且决策果敢。

柏翊蕃和丁水波同时做出了正确决定。

2002

2002　北马招商承包制

中国改革开放的过程，也是不断学习、吸收国外先进技术和管理经验的过程。在构建城市马拉松商业运营模式上，北马引进八方环球是个重要起始点，从此北马旱涝保收。

发展史人物｜张昌平　地方政府官员

从国家队建设到北马运营，都洋溢着改天换地的气氛。

田径中心和中国田径协会班子也做了大幅调整。

国家体育总局副局长段世杰出任中国田径协会主席，田径中心主持工作的副主任罗超毅任中国田协副主席兼秘书长，田径中心副主任王大卫和沈纯德等19人任副主席，冯树勇、周冰冰、水涛、王楠等7人任副秘书长。

罗超毅和王大卫有很深的科研管理背景，沈纯德是田径处老人，而冯树勇则是一线教练出身。领导班子调整充实后，整体结构更加合理，如此布局，连2008年也被深深影响到。

客观而言，上一届班子的精英队员散养型治理逻辑，也算是一种尝试，至少释放出了地方体育局的动能。

但地方不听召唤是心腹之患，甚至迫在眉睫的2002年亚运会备战，田径中心居然调不动兵，各省着迷于内战，对国际舞台兴味索然。

新班子议决割除这种弊病，底气却不足，罗超毅搬出体育总局的文件为自己撑场：

第一，教练员要通过科学训练手段来提高队员成绩；

第二，我国反兴奋剂的态度非常坚决。

他真正想说的是，上面两方面的问题，已无法通过激活地方自主性来得到解决，唯一的办法是重建各项目国家队，并授予主教练从地方调人的绝对权力。

正是在这样的背景下，王德显和胡荣上任长跑国家集训队主教练。

国家队不仅意味着集中训练，还有科学的管理、保障、赛后恢复、营养补充，以及科研攻关的共同维护。

北马是中国田协的一块试验田，一切政策的出台均以北马为蓝本和先锋，直至今天。

八方环球以承包制杀入后，晃晃悠悠的北马商业命运逆转，过上了旱涝保收的幸福日子。这家公司开发力强劲，开辟了流传至今的市场运作模式，包括赞助商分级及权益回报等。

与更早入华的国际管理集团相比，八方环球最擅长赞助咨询，即为大型体育赛事进行策划和市场推广，中国田径协会旗下赛事（包括运动队）是其开拓的最新业务。

当然，它在北马营销中扮演的依旧是招商的角色，并不深度参与管理、执行和运营。

八方环球出手不凡，北马升级换代，韩企三星冠名，赞助商还包括斯沃琪、耐克、宝马和雀巢，非国际一线品牌，北马看不上了。这一年，八方环球还促成耐克签约中国田径队，并与崭露头角的刘翔签下个人赞助合约。

此后，八方环球的跑步类赛事客户还有杭马及北京国际户外耐力跑挑战赛。

北马受困于不稳定的赞助费久矣，终于翻身，但它并未提高奖金额度，冠军还是男子 20000 美元、女子 10000 美元。最明显的变化是规则和服务方面重塑，首次招募志愿者为赛事服务，并采用自动计时系统。

竞技方面，中国选手包揽男女冠军，男子李柱宏 2:13:09，女子孙英杰 2:21:21。比赛过程中发生了小意外，先于孙英杰冲过终点的魏亚楠，因兴奋剂被取消成绩和名次。

白雪 1988 年出生于黑龙江省依安县，家庭贫困，夺得县运会

800 米冠军后，被齐齐哈尔体校选中，师从陈卫国教练。

在所有体育项目中，最艰苦也最挑战人体极限的中长跑及马拉松，是留给贫困农家孩子的少数选项之一。

白雪加盟火车头队的牵线人是老队员艾冬梅。

艾冬梅回家探亲时，听说齐齐哈尔体校有个依安老乡条件不错，就动员她到北京发展。白家是举债供女儿上体校的，走出这一步，也是出于对老乡的信任。

另一名历史性悍将任龙云，也在开启新人生。

春天，青海省民和回族土组自治县中学生田径运动会上，读初三的任龙云被老师安排跑 1500 米并获第四名。此前他从未参加过任何比赛。

任龙云 1987 年 10 月出生，兄妹四人，父亲是木匠，母亲务农，家族没有体育基因。

以任龙云的名次和家族倾向，从事体育无疑是天方夜谭，但半年后他被选入青海省体校，师从李智教练。人生就是这么富有戏剧性。

2003 年 4 月，任龙云正式加盟火车头队。

让我们从国内外对比的视角来观察一下北马。

与北马同庚的伦敦马拉松，也 22 岁，但其出手之阔绰让北马气短，它先出资 30 万美元，邀请世界头号长跑选手格布雷西拉西耶，继而再甩 20 万美元，“利诱”本国世界越野赛女子长距离冠军拉德克里夫出场。

两人都没跑过马拉松，噱头火爆。

比赛最终演变成一场马拉松武林大会，男子参战的还有去年纽约马冠军基法尔（2:07:43），顶尖高手托拉（2:06:57），上届冠军穆阿齐兹（2:07:11），世界最好成绩保持者、美籍摩洛哥人坎努齐（2:05:42），伦敦马最好成绩保持者、葡萄牙宾托等。女子组则有上届冠军、两届奥运会 10000 米冠军图鲁，肯尼亚名将切普楚姆巴等。

比赛情节相当刺激，到泰晤士河时，男子第一集团仅剩格布雷西拉西耶、坎努齐和特加特三人。40 公里后，一路领跑的格布雷西拉西耶体力不支，坎努齐以强大的冲刺甩开特加特夺冠，成绩 2:05:38，将他保持的世界最好成绩缩短 4 秒，亚军特加特 2:05:48，季军格布雷西拉西耶 2:06:35。

坎努齐是去美国碰运气的洗碗工，1995 年参加一场 5 公里比赛时，与来自多米尼加的姑娘桑德兰同时退赛，两人认定这是缘分并坠入爱河，第二年结为连理。婚后，夫妻俩开起了马拉松训练营，坎努齐是训练营的唯一运动员，桑德兰则是唯一教练。

这是一个逆袭式创业的案例，1997 年，坎努齐首次在芝加哥出场，创下首跑马拉松世界最好成绩（2:07:10）；1998 年带伤再战芝加哥获亚军（2:07:19）；1999 年第三次来到芝加哥，前半程 63 分 07 秒，后半程 62 分 35 秒，创造世界最好成绩（2:05:42）。

双脚就是财富制造机，伦敦一战，坎努齐卷走 40 万美元。

女子方面，英国人放下看热闹的态度，一直为拉德克里夫担心，毕竟她刚刚参加完世界越野赛。这位 28 岁的老将没有给对手任何机会，跑出 2:18:56 夺冠。她是继肯尼亚恩德列巴之后，第二个跑进 2 小时 19 分以内的女性。更令人吃惊的是，在 10 月的芝加哥马拉松中，她以 2:17:18 创造了新的世界最好成绩。

今年的伦敦马还有一些数据可供参照：

参赛人数 33641，创历史之最；

最大年龄参赛者 91 岁；

最后一名耗时 5 天多到达终点；

组委会用于选手的出场费、差旅费、住宿费共 250 万英镑；

冠军奖金 55000 美元；

总奖金 295 万美元；

沿途观众超 600000 人；

志愿者 6000 名；

警察和安保人员 7000 人；

178 个国家和地区直播比赛；

除特邀选手外，报名费 25 英镑/人；

在某种意义上，正是伦敦马引导着北马的走向。

釜山亚运会是“一代枭雄”马俊仁最寒冷彻骨的记忆，也是中国女子长跑及马拉松的一道分水岭。

从 1993 年斯图加特田径世锦赛到釜山亚运会，从石破天惊到黯然失色，两代马家军为中国田径讲述了一个特殊的故事。

两年后的 2004 年，马俊仁年满 60 岁，从辽宁省体育局副局长的位子上退休。

在 2003 年厦门马拉松创办之前，北马一直独自绽放。

连马、杭马、上马和西安城墙马虽各具特色，但从全国来看，它们都是绿叶式存在，这给了厦马对标北马的史诗级机遇。

厦马源头是《厦门日报》上一封署名“马达”的读者来信，以及市人大代表陈永钦的提案。

核心推手则是市长张昌平，其格局及杀伐决断之魄力，尤为后世称道。

陈永钦是福建大通集团董事长，到国外商务考察时遇到马拉松比赛，为宏大的场面所震撼。12 月的人代会上，陈永钦提交了《把环岛路建成举世唯一的马拉松赛事基地》的议案，并在分组审议时力陈己见。市长张昌平和市人大常委会主任洪水世听了陈的发言后，击节赞叹，并当场在办赛建议书上签名。

当日，张昌平提议成立厦门国际马拉松赛组委会，亲自担任主任。

厦门人代会与中央经济工作会议日期重合，张昌平在北京参会间隙，拜访国家体育总局副局长兼中国田径协会主席段世杰，举办厦门马拉松的提议得到肯定。

十天后的 12 月 30 日，国家体育总局正式批复，同意厦门举办国际马拉松。

如果说北马出世，系国家竞技体育之需，杭马和西安城墙马，由中日文化交流催生，连马是萨马兰奇先生“万人马拉松”项目的延续，上马纯为城市旅游服务，那么厦马从一开始，就是中国城市马拉松的规则制定者和重要引领者。

北有北马，南有厦马，以及后来的春厦秋北，既是中国田径协会的特意安排，也是社会的客观评价。

从马拉松撬动城市运营的角度来看，厦马是中国当代城市马拉松的鼻祖。

2003

2003　新支点在南方

厦门作为中国首批四大经济特区之一，在城市马拉松上保持大步追赶者的姿态。厦马每一步都跑得更快，不久即实现跟北马并驾齐驱“一北一南”的愿望，这一格局一直维持到上马觉醒。

发展史人物｜孙英杰　专业运动员

让我们把目光聚焦于首届厦马女子冠军周春秀。

她在中国马拉松史上的地位，由 2008 年奥运会的马拉松铜牌奠定，而厦马是其起步之地。

周春秀 1978 年出生于河南省社旗县，1997 年由南阳市体校选拔入河南省体工队，2001 年因右腿股骨头坏死而退役，并以特长生身份前往苏州大学读书。

她在苏州遇到一个人，意外地改变了人生轨迹，也改写了中国马拉松史。

这个人就是行商式教练梁松利。

梁松利竞走出身，首个马拉松“作品”任秀娟，是唯一能比肩全盛时期马家军的马拉松运动员。她曾蝉联北马冠军，两次参加奥运会。

任秀娟退役后，江湖上开始有人对梁松利说三道四，最简单粗暴的评价是“人贩子”，说他的路数不过是挖辽宁的墙角补强他省，执教嘛，谈不上什么高深。

这个说法，既是利益纷争使然，也是对个体户教练的身份评价。

两年前，梁松利从广东流动至江苏，担任苏州田径俱乐部主教练。

大约 10 月，梁松利到学校看望周春秀，刚寒暄两句，周就说，梁导您带我继续练吧。其时梁也在苏州招兵受挫，有点苦恼，难得遇到一个痴心不改的孩子。那就试试吧。

跟当年的任秀娟一样，周春秀也是伤员。

而且，周春秀原来练 800 米和 1500 米，梁松利却要她改项马拉松。

只比周春秀大 6 岁的梁松利还举例道：上海有个男孩以前练跳高，后来改 110 米栏，只练了两年，前年全运会就拿了冠军。

梁松利做出这个决定，一是基于周的伤情，二是研究了她的心率、脉搏等生理指标。

3 月首届厦马，是周春秀首次正式参加马拉松赛，她以 2:34:16 夺冠。不久后，这对师徒由苏州市队升格为江苏省队。

在广东、江苏及上海等市场经济发达的省市，体育系统铁板式的管理体制最先松动，并成为人才自由流动的沃土。

新生的厦马，声势直追 23 岁的北马。

厦马的运营商是厦门日报社。因为报社广告部全盘掌握当地客户资源，还可以海量投入自家版面报道。

冠名商是夏新电视。共计 27 家企业赞助 1300 万元，基本满足赛事运转。

厦门人很会搞营销，操作手法也灵活，组委会请来 300 位中外记者立体轰炸。

传播力最强的还是电视，CCTV-5、厦门电视台、福建电视台、东南电视台，以及宁波、青岛、大连和深圳等地方台同时现场直播，收视率超过两位数。

让北马望尘莫及的是厦马的城市大造势。许多人还记得电视直播中插入的短片“现代厦门”“民俗厦门”“品牌厦门”和“人文厦门”，而为马拉松配套的博览会、汽车越野赛、美食节、风筝节等，也助推热度上扬。

有江湖的地方就有对比，一南一北、春秋交替的两个马拉松，形态差异源自城市气质和政府角色定位。北马长期由中国田径协会主办，北京市各部门配合；厦马则由厦门市政府主办，中国田径协会配合。

10 月，北马，孙英杰跑得很艰苦，35 公里时有些虚脱，但硬是咬牙挺住，稍稍放慢一公里后才缓过劲来。“我必须坚持到底，没有任何借口。”孙英杰赛后说。

她的成绩是 2:19:39，夺冠并创造全国纪录，也超过日本名将高桥尚子保持的亚洲最好成绩。排 2003 年度世界第二，世界史第六。

现在回头看，那不是中国女子的新起点，而是一条抛物线的制高点。四十年间，中国女子成绩以此为最。

田径中心明年奥运会的任务调整为争取两枚奖牌，力争一枚金牌。

在奥运争光计划下，体育总局各项目中心都有夺牌硬指标，完成任务皆大欢喜；如果放了空炮，后果也很严重。

体育作为现代社会的隐喻，体现的是人们对公平的向往，对突破极限的追求，但比赛本身有赌博的成分，领导用人也是。

学霸出身的罗超毅从科教司空降田径中心主持工作，正式头衔只是副主任，这种安排隐含考验意味。

一切将由雅典奥运会上的表现决定。

北马拥有八方环球这个稳定金主后，开始寻求刺激，重金邀请南非名将保安・西斯特出战，此人最好成绩 2:07:06，去年世界年度排名第十位。显然，这是为了打破儿玉泰介和阿贝贝・梅克南的纪录（2:07:35）。

西斯特不是水货，也很卖力，一心想拿破纪录奖，但环境也很重要。不到半程，比赛就变成他的独角戏。西斯特赛后说，天气不错，无风，跑得很舒服，但没有竞争氛围，太遗憾了。他跑出 2:07:49，是北马 1988 年以来的男子最佳成绩。有个高手一逼，可能就破了纪录。

第二名和第三名倒是咬得很紧，肯尼亚切洛诺 2:14:00，埃塞俄比亚迪万斯 2:14:03。

其实，好成绩往往离不开好策划，让我们来看看一个月前柏林马拉松的玩法。

先说结果：肯尼亚特加特突破 2 小时 5 分大关，把男子世界最好成绩提升到 2:04:55，

再看过程：特加特的队友科里尔和蒙吉为他领跑，半程用时 63 分 01 秒，过了 25 公里，特加特超越，但另两人不依不饶紧追不舍，科里尔冲刺时甚至还试图反超。

最终，科里尔也跑进 2 小时 05 分以内，仅比特加特慢 1 秒。第三名蒙吉 2:06:15。

北马首次使用芯片感应计时，这是中国马拉松技术史上的里程碑事件，从此每位选手有两个成绩，枪声成绩和净成绩。

芯片技术供应商是芝华安方，RFID（射频识别）技术由荷兰引进。

芝华安方三年前成立，是中国芯片计时服务的开拓者。其长期的掌舵者魏俊 2004 年加盟，服务的重头赛事包括北马、厦马、上马、重马、扬马等。

在体制内流传着这样一种说法，撑起 2004 年奥运会田径大局的是邢慧娜和刘翔。

邢慧娜，山东潍坊人，1984 年 2 月出生，启蒙教练是潍坊市体校的迟玉斋。她以九运会女子 5000 米亚军出道，去年出征釜山亚运会，夺得 10000 米季军。

有必要先给大家介绍一下“体校”这个存在，本书提到的运动员，绝大部分都由体校完成第一道“工序”，然后由省级体工队接棒，最后进入国家队。

运动员培养选拔的三级体系，源于20世纪五六十年代。

学生进入体校后，终极目标是省级体工队，然后身份转为国家干部，挣工资、算工龄。

从个人发展的角度来看，这是高考之外一条改变人生命运的路径，但成材率极低，且由于那时候忽视文化教育，学生走向社会后面临重重困难。

进入21世纪后，对青少年运动员的培养大多倾向于采用俱乐部制，体校在诟病声中或缩或撤，给中长跑等非时尚项目的选材带来巨大麻烦。

田径中心也开始布局北京奥运会。

班子分工上，罗超毅抓金牌，王大卫抓经营。

中国首次办奥运，更使体育界情绪高涨，各中心领导主动自我加压，体育总局提出，田径在2008年奥运会上要有较明显的突破。罗超毅阐释说，他的理解是要争夺金牌。

当然，迫在眉睫的雅典奥运会也不能放过。

2004

2004　首例公共事件

首次出现的猝死案例不免让人感到震撼，从寻找组织纰漏到探究法律责任，当媒体议程成为公众议程时，事件也会成为进步的起点。法律是底线，法律之上还有道义，这是后来业界处理此类问题的原则性共识。

发展史人物 | 黄力生　跑团团长

元旦，世界马拉松史上重要的一天。

国际田联宣布，包括马拉松在内的公路赛跑和竞走项目，告别只有世界最好成绩的时代，开始拥有世界纪录。

被像大熊猫一样重点保护的孙英杰，在跑步机上由于速度太快摔倒，导致右锁骨骨折，两个月无法正常训练，业内震惊。

在孙英杰参加哪几个奥运会项目的问题上，田径中心领导和教练组意见一致，舍马拉松保 5000 米和 10000 米，跟邢慧娜互相打配合。

3 月，第二届厦马期间，田径中心放出大消息，孙英杰被伦敦马特邀，出场费 10 万美元。

马拉松的世界竞争格局像金字塔，塔尖上的伦敦、纽约、芝加哥、柏林、东京等赛事，是成绩和财富联合收割机，也是运动员身价评定标准。

孙英杰因去年北马跑出年度世界第二好成绩，身价飞涨。

在厦门的低温和小雨中，她 2:28:31 名列第七，成绩不尽如人意。

希腊雅典，时间来到 8 月 27 日，这被认为是中国田径冲击 2004 年奥运奖牌最后的日子。

此前，重点项目竞走和女子链球已相继失利，田径中心身背的两枚奖牌任务眼看要泡汤，班子患上集体前途焦虑症，罗超毅凌晨四点即起床，关注女子 10000 米这最后一战。

中国队冒险变阵，主力孙英杰改打掩护，不知名的邢慧娜最后时刻冲出，一剑封喉。

这是中国田径绝地反击的一场大胜仗，从上到下，所有人都如释重负。

至于马拉松项目，中国队派出六人，重在参与，男子成绩最好的李柱宏（2:19:26）排名第三十一，女子张淑晶（2:34:34）排名第十二。

雅典奥运会一个多月后，孙英杰实现北马三连冠（2:24:11），收获 15000 美元，成绩居当年世界第九。

她被认为是“窝里横”，但这不是她一个人的问题。

日本人的表现正相反，高桥尚子、涩井阳子和大南博美离日本越远表现越疯。

学术界的普遍意见是出国机会少，经验不足。

办赛方面，北马在日本 TBS 推动下，实现分段计时，但同时陷入多事之秋。

新华社发专稿批评比赛场面混乱。运动员休息区未设垃圾桶，遍地都是空水瓶、香蕉皮、废纸屑。一些人领不到完赛证书，在终点吵闹不休。组委会解释说，5 小时内跑完全程的选手大大超过预判，完赛证书印少了。还有选手反映，22 公里后根本没有水喝，以及身体不适得不到及时救治，矛头指向北马规模扩大。

爆炸性的坏消息是两名参赛者猝死。

在检讨马拉松发展史时，这类问题十分重要，不应该回避。

10 月 17 日上午 11 时许，北京交通大学 2003 级学生刘红斌跑到 18 公里时仰面倒地，浑身冒冷汗，救护车约 10 分钟后到达现场，此时他脸色发紫、瞳孔散大。急救医生开放静脉通道，做心肺复苏和用强心药，随后刘红斌被送往海淀医院，经抢救无效死亡。

下午 2 时左右，年逾六旬的北京人胡守礼跑进奥体西门后突然倒地，鼻孔开始流血，等医务人员上前抢救时，他的心、肺、脑都已没了反应。救护车随即将胡守礼送到医院，经抢救无效死亡。

三小时两条人命，“跑马会死人”的消息震惊全国。

这是中国马拉松首次发生运动员猝死事件，由于未做尸检，原因很难确定，但一般认为不排除先天性病变，包括心脏、血管、肺动脉病变的可能，也可能是剧烈运动导致的。

死者家属得到消息后表示不能接受：好好去跑个步怎么会闹出人命？

中国田协承受着巨大的责任和道德压力，成为众矢之的。

王大卫和沈纯德的电话被打爆，两位副主席一方面诚恳表示，组织和服务工作尚需进一步改进，但同时认为解决问题要以“参赛声明”为依据。

对生命的悲悯，对人间的共情，决定了舆论并不支持中国田协的态度。很多媒体带着情绪炮轰组委会，《南方都市报》刊登的一封读者来信颇具代表性：

北京国际马拉松赛的参赛者，被要求事先声明，发生任何伤亡事故，家属、遗嘱执行人或有关人员均不能状告马拉松组委会，不能以此为由提出索赔要求。

这个事先由主办者规定好的签名者声明，实质上是一个要求参赛者必须遵守的“合同约定”。在这个约定中，主办者免除了两项重要义务：对参赛者的资格审查和协助办理商业保险义务。同时，又规避了一项重要责任：发生任何伤亡事故都可以免除赔偿责任。赛前就要求“不能状告马拉松组委会”，不能以任何伤亡事故为由“提出索赔要求”，是一种典型的霸王条款。从法律上讲，这样无视生命的生死合同，明显没有法律效力。但是，令人惊叹的是，这样粗野的“死亡之约”居然出现在一次号称是国际性的体育比赛中。①

某法律界人士则表示：

免责条款并不全然有效。参加马拉松需要一定的报名费用，这表明选手和主办方之间存在合同关系，作为提供有偿服务的主办方对选手负有安全保障义务。合同法第五十二条规定，造成对方人身伤害的免责条款无效，如果主办方因赛事组织、医疗保障不到位导致选手受伤、死亡，不能因先前的协议免责。当然，参赛者隐瞒身体状况，以不合格的健康状况参赛产生的后果由选手自负。②

以上意见可以看出社会对马拉松的态度。国人对马拉松的认识需要进一步深化。

从法律层面厘清马拉松赛事组织中主办方、运营方和参赛者之间的责权利是必要的，但马拉松毕竟是一项国际性赛事，有通行的国际惯例，签订“参赛声明”即是其中之一。

另外，参赛者猝死也是世界马拉松普遍面临的问题。《跑者世界》美国版有一组数据，平均每5万至8.8万名马拉松参赛者中，会有1人死亡。

社会应当有较强的承受力，不那么完美可能更加接近这项运动的本质。

维持马拉松赛事的秩序和运转，需要每一个个体保持理性和严谨的态度。应该说中国马拉松走过的四十年，既是政策和组织上的塑造过程，也是社会心理成长和成熟的过程。

基本上，组委会以现金补偿的方式给予死者家属以人道主义上援助和安抚，成为处理此类事件的基本方式。后来也有走上法庭的案例，但大多呈非典型性，被告并不包括组委会。

---

① 康劲．质疑北京马拉松赛的“自愿声明”[N]．南方都市报，2004-10-19.

② 徐小康，李思．聚焦马拉松“生死状”律师：免责条款并不全然有效[N]．检察日报，2004-11-30.

厦马去年一炮而红，但“戏红人不富”，今年赛事招商时居然有三成赞助商退出，赛事运营遇到麻烦，政府责成厦门电视台接手。

厦门电视台一位叫张思杰的编导出任厦马组委会市场开发部部长，一个最具挑战性的职位，也最锻炼人。

青春宝杯浙江省暨杭州市国际马拉松赛，在北马之后三周举行。

青春宝那时非常火，冠名赞助马拉松是一种社会责任，而杭马还有浓重的计划经济色彩。

新赛名系1998年由西湖桂花马拉松和西湖友好马拉松合并而来，两年后才改名为杭州国际马拉松，2015年去“国际”化。

上海体院附中的山东姑娘吴敏，兴冲冲跑到杭州，轻松夺得女子全程冠军（2:46:12），一周后又获上马半程冠军。这个杭马冠军对吴敏很有价值。十年后，她以杭马冠军的身份创办“吴敏健康跑特训营”，成为跑圈第一代超级“网红”。

匿名交流的网民，从石器时代的聊天室进入BBS。

BBS即中文的“电子公告板”，也称网络论坛。

各种主题的BBS风起云涌，大到国际政治，小到邻里相助。江苏昆山有个鞋企叫多威，今年发起多威跑友会，用于跑友互通消息，核心诉求是卖鞋。

这是商家自建类跑团的鼻祖。之后，几乎所有体育品牌都变着花样跟风。多威创于1996年，主打长跑鞋，一度是中国奥委会专业运动鞋供应商，一直也有不错的口碑。

多威跑友会搭建交流平台，聚合跑者资源，人气爆棚。

一年后多威跑友会迎来首个对手——上海人顾斌，他在跑完北马后，从个人经验出发，并受多威跑友会启发，于 2005 年创办跑吧。跑吧后来发展为有一定规模的路跑公司。

网络论坛由站长创建，并构筑通天塔状管理模式，除站长外，依次为管理员、超级版主、版主，级别与权限对等。而将总舵主、分舵主等称谓代入后，论坛成为划分跑圈江湖等级的道场。

常看到这样的帖子，总舵主某某到某地指导工作，分舵主某某陪同。每个城市的分舵，定期约跑，即是一个线下跑团。

多威跑友会、跑吧，及后起的跑步圣经，构建了中国最初的跑步大江湖。

多年以后，当中国田径协会完成实体化改革，遍布全国的跑团与路跑协会相通相融，成为治理体系中不可或缺的基层组织。

厦门大学体育教师黄力生组建的厦门公益跑团已名声在外，跑团平时训练，参赛时分为4:00、4:30和5:00配速组，黄老师自任4:00组“兔子”（领跑者），带着想提升个人最好成绩的人一块完赛，是一个充满体力和精神乐趣的过程。

跑团也组织种树、捡垃圾等公益活动，还曾为一个患白血病的马拉松女孩募捐，一个月内凑齐 58 万元帮她完成手术。

在跑团组织上，黄老师提供了一个榜样，但这类跑团，需要团长有专业技能。

在北京，中国工商银行总行（下称总行）的陈猛对北马跃跃欲试。

陈猛中学毕业于内蒙古海拉尔二中，1992 年绕道黑龙江大学和哈尔滨工业大学进京。为了对付自己的重度脂肪肝，他这一年开始跑步。

一年后，在跟几个伙伴参加北京国际长跑节时，陈猛突发奇想，扯起了“工行猛哥队”的大旗。

这是后来的猛犸纵横跑团的前身，跑团元老中的元老，也是中国首个行业跑团。

陈猛跑得猛，动员力强，跟按部就班的机关作风反差较大。

酸甜苦辣咸，一晃十余年，猛犸纵横跑团超过 5000 人，还频频为总行争得荣誉。

组织对他的支持渐多，不过直到 2019 年 7 月，中国工商银行组队参加中央和国家机关职工运动会田径比赛，猛哥被任命为领队，才算是组织上对他的真正认可。

说起跑团，陈猛情感复杂，2016 年，跑团获得“挑战 100 一起跑”全国总决赛的冠、亚军后，两座奖杯被团员明抢，他不断讨要。一位腕儿大，执意独占；另一位倒是寄回来了，不过是砸碎之后。

陈猛一声叹息，伤心落泪，这图什么呢？

久违的中体旅重出江湖，在海拔 3658 米的拉萨举办半程马拉松，起点设在布达拉宫。首届即有 2090 人参赛。

由于独特的地理环境及历史文化价值，这项比赛跟北马、西安城墙马、厦马一样，同样具有开创性。

拉萨马拉松还激活了蛰伏于藏族孩子身上的耐力跑基因，与六年后开启的中国田协“高原人才开发计划”共同催生出以多布杰为代表的西藏马拉松群体。

2005 “能人”魔咒

有些人无愧能吏之名，而过往的功绩无法为兴奋剂问题上的失足买单，作为教练员，王德显“末日”的来临，也是中国马拉松难以言说的忍痛转型之始。

发展史人物 | 张思杰　赛事运营商

又一个全运会之年，很多人的命运将被改变。

全运会是体育系统的重要指挥棒，它在很大程度上决定省级体育局领导及庞大利益群体的命运。

具体是这样的，全运会的成绩是衡量各省体育局官员政绩的重要标准，由此产生的压力，其传导效应直扑一线运动员和教练员。

今年十运会，很多省市开出的奖励价码超过雅典奥运会，一枚金牌奖励 20 万至 100 万元，另加汽车、房子，前三名运动员还有免试升大学的机会。教练员与运动员同等对待。

甚至为了地方利益，一些省市全力备战全运会而拒绝放人进国家队训练。无奈之下，体育总局决定，将去年奥运会前三名计入十运会奖牌数和总积分。

北马暨十运会马拉松赛开战前，硝烟弥漫。

江湖格局森然，敢于挑战的教练员不多，梁松利是其中之一。

在去年雅典奥运会上，周春秀很失意，第三十三名的成绩被刘翔和邢慧娜的金牌淹没，江湖上对她和教练毁誉参半，媒体帮忙开脱，说时差、气候、饮食影响了发挥，但梁松利知道这不是理由。

周春秀没找到存在感的确是发挥问题，去年厦马她跑出 2:23:28，远超野口水木雅典奥运会夺金的 2:26:20。

梁松利对周春秀说：你是个慢热的人，如果早去希腊适应一两个月，就不一样了；要相信自己，未来还有两场大战，今年全运会和 2008 年奥运会，一切以此为目标。

周春秀一愣，问：2008 年？我都要三十岁了。

但她决计听教练安排。

在江苏，为了在十运会上把“辽老大”拉下马，马拉松项目还从甘肃引进了马学忠和张庆乐师徒。

甘肃人可能有疑问，自家也参赛，凭什么支援东道主？甘肃只能怪自己打错算盘，它们手握大杀器李柱宏，觉得金牌已然落袋，怎会想到决战时被张庆乐反杀。

其时，梁松利和马学忠，周春秀和张庆乐，构成对位竞争的态势，气氛有点怪怪的。

但周春秀的直接对手是孙英杰。

3月，周春秀先去首尔，2:23:24，两周后完成厦马三连冠(2:29:58)。

8月，周春秀和孙英杰双双出征赫尔辛基世锦赛，这是全运会的火力试探，但两人避开同一项目，孙英杰10000米第七，周春秀马拉松第五（2:24:12）。

当孙英杰像一头耕地的黄牛按部就班地备战十运会时，她心里突然咯噔一下，女子马拉松和10000米在连续两天中进行。

随着比赛临近，业界议论四起。世界上从未有任何人能够同时在这样的魔鬼赛程中夺得双冠，孙英杰只能保其一，马拉松或者10000米。别人的机会来了。

然而，几乎没有人能在这个时候考虑放弃可能到手的金牌和带来的一切。

北马暨十运会马拉松赛，10月16日上午鸣枪，赞助商包括全日空、斯沃琪、丰田、耐克、中国人寿和可口可乐。这一届北马出现了一些新现象，比如开通了官方网站，中国人寿免费为所有参赛者提供人身意外险。

一切都很正常，除了甘肃的神操作，租借出去的张庆乐 2:15:06 名列赛会第六国内第一，为东道主江苏赢下首枚金牌，留在队里的李柱宏整整落后一分钟。

女子组，22 公里后只有周春秀死死咬着孙英杰，彼此都知道对方的心理，历史成就一个人需要旗鼓相当的对手。

孙英杰 2:21:01，周春秀 2:21:11。辽宁孙伟伟第三，但落后七分多钟。

多家媒体刊登了一幅孙英杰冲刺的照片，几步之外，还有一双脚入画，那双脚就是周春秀的。

一天后的南京奥体中心主体育场，周春秀将在 10000 米决赛中再次对阵孙英杰，奥运冠军邢慧娜则以逸待劳。

南京，空气中充斥着盐水鸭的味道。每一个资深体育媒体人，都会为这一年汹涌而来的混乱喧嚣所震撼——兴奋剂、黑哨。

孙英杰完成了极具挑战性的任务获得冠军，亚军是邢慧娜，季军是周春秀。这场万人瞩目的女子 10000 米大战中，业内还对 17 岁的白雪暗暗赞叹，一个月前，她已在田径亚锦赛上拿下女子 5000 米和 10000 米双料冠军。

师姐孙英杰如日中天，白雪俨然是火车头体协的头号接班人，也是未来国家队的顶梁柱。

五天后，太阳刚刚升起，孙英杰接到药检结果呈阳性并被取消成绩的通知。

结果似有前兆，新华社一位田径专项记者对孙英杰的神勇表示不可思议，业内更是议论纷纷。

和马俊仁一样，王德显的故事也是绝好的电影题材，他努力探究底层体育教练的生命力，直到登上世界之巅，但旋即又被兴奋剂拖入隐秘深海。

从 10 月 16 日到 17 日，从北京到南京，一夜之间发生了什么，依然是布满历史雾障的迷宫。

张思杰将自己的首秀说得很悲壮：“那真是被逼上梁山，没有退路。”不过不会就学，赞助商积极性不高也没事，换位思考，看它们需要什么，他很快就上道了。

厦马推出一赛两会模式，马拉松比赛、中国体育用品博览会和马拉松高峰论坛同时举办。新模式反超北马并一举改变中国马拉松地理格局。

在厦马攻势面前，坐享早起红利的连马、杭马甘愿固守二线。

上海媒体把北马、厦马、上马和连马摆在一起，提出四大黄金赛事的概念，但未获响应。

厦马还以量化赞助价值取信于赞助商，据厦门大学品牌与广告研究所评估，2005 年厦马品牌价值（赞助价值）为 1717.99 万元，2006 年增加到 2109.34 万元，高出近 400 万元。

本来对赞助回报心存疑虑的厦门建发，一年后跟厦马长期绑定，是次数仅次于日本东丽的大型城市马拉松冠名赞助商。

值得一提的是，为保住南方唯一代表身份，厦马也拼命在竞技成绩上较劲，今年厦马男子成绩首超北马。

马拉松像涟漪一样扩散，从厦门沿海岸线北上。

青岛举办第一届“海尔杯”国际马拉松，8360名选手参赛，257名选手跑完全程，但再举办已是12年之后的2017年。浅尝辄止是因为自2006年起，青岛全身心投入到奥帆城市的建设中。

胡新民曾任田径中心国管部主任，技术专长是马拉松赛道测量，去年9月，他作为国际公路赛B级丈量员，主持厦马赛道复查。

国际公路赛丈量员分A、B、C三级，亚洲仅日本有A级，中国有B级5人。A、B两级拥有颁发路线认证书的资格。

在跑步软件当道后，已很难想象用原始办法丈量赛道的情景，胡新民的记述特别具有历史感：

也许有人会说，测公路距离有什么难的？是的，如果粗量，用汽车一个小时就解决问题了。可是，这是涉及高至世界纪录精确度、可信度的大问题，就没那么简单了。为此，我于1994年在国际田联委托亚洲地区发展中心——北京整整接受了10天的培训。

七点整，复查工作开始！我蹬着一辆专用自行车，前边有警车开道， 后边有工作车扫尾。

我的车前轴安装了国际田联认可的并在使用前经过专门校准的专用计数器，连轮胎的新旧与型号都有严格的检验与测定， 十分精确。大家可以放心，我骑车技术平稳，决不会画龙与颠簸，当然这一切都与厦门警方的全力配合密不可分。

一路上没人争道，也没有红黄灯。警车按照我们约定的最佳工作速度（时速约十几公里）开道，我在后边小心翼翼地骑行，偶尔遇到沟坎，我还得刹车，防止轮胎脱离地面而造成测距不准。 每过一公里，后边的工作车都要在我测距表测定的点上先清扫地面，然后用毛笔刷上油漆画点。马拉松距离不算太长，但沿途我们要刷的点可不少，除起点、半程点、终点和每一公里的公里点外，每 5 公里的倍数设饮料点，每两个 5 公里之间是帮运动员冷却的用水点，所以基本上平均 1 公里要花上 10 分钟时间。[①]

马拉松赛道通常由举办城市自测，然后请国际丈量员复查，以防成绩不被国际田联承认。

“事故”也是有先例的。1981 年纽约马拉松，美国人萨拉扎尔跑出 2:08:13，但国际田联复查发现赛道少 148 米，所谓“世界年度最好成绩”无效。

上马也复查了赛道，误差仅 24.42 米，符合国际田联规定。

对国家体育总局来说，十运会闭幕意味着新一轮冲刺鸣枪。

一个月后，刘鹏局长在备战 2008 年奥运会暨 2005 年冬训动员大会上明确地跟大家说，北京奥运会，“全国人民对金牌、奖牌和名次的期望值会更高”。联系雅典奥运会中国列金牌榜第二的事实，不难理解局长心目中的实际目标。

中长跑本是一手好牌，田径中心年初宣称，中国女子已形成高水平群体，将是北京奥运会田径项目新的夺牌点。

王大卫具体解释说，孙英杰、周春秀、张淑晶、魏亚楠和李贺兰的成绩都在 2 小时 25 分以内，东邻日本蝉联最近两届奥运会女子冠军，“也给了我们信心”。

孙英杰的意外折戟，让田径中心压力骤增。

有人提出孙英杰可能系误服，可否考虑网开一面，刘鹏局长批示说：2008 年奥运会，金牌重要，但比金牌更重要的是中国体育的形象。

奥运会成绩是硬任务，但干干净净是荣誉和责任。

奥运会也是名利场，每个人都在构造自己的新故事。多年漂泊异

① 胡新民 . 马拉松赛跑路线的选择与测量（上）[J]. 田径 ,2005(8):21.

乡的梁松利和周春秀，将为新形势下的老目标发起冲击。

2006

2006　艰难重启

一个让业界抓狂的沉闷年份。胡刚军创造的男子最好成绩已保持九年，是自改革开放以来时间跨度最大的熊市，而以 2008 年奥运会为目标的战略布局，也在被突然掐断后重新调整。

发展史人物 | 曲向东　赛事运营商

日本，福冈市，世界越野锦标赛。心事重重的罗超毅招呼胡新民、胡荣和张国伟，连开了三天会。

这是特殊时期非同寻常的深度讨论，也是管理者对马拉松及中长跑发展的一次长考。胡新民时任国家队管理部副部长兼中国马拉松男队领队，胡荣是女队主教练，张国伟则是地方实力派教练。

四人小组临时构成马拉松权力中心。罗超毅反复强调“全运会做大，亚运会坐实，奥运会做强”的任务，不能放空炮。

这里的奥运会，特指北京2008年奥运会，是体育总局各项目中心真正的大考。当东道主向来都既有机遇也有挑战。

两个核心话题是谁来领军和怎么练。

国家马拉松集训队主教练人选，要德才兼备，既要严防兴奋剂问题，业务上还要有权威，能开拓新路。

罗萨是被提到次数最多的名字，这位意大利人是肯尼亚马拉松拓荒者，神奇教练。

当罗萨1999年去往非洲时，那里还一片荒芜，没人练马拉松，只有一些年龄较大和前途渺茫的人愿意尝试。他从改变运动员的思维方式和训练理念入手，并制订行之有效的训练计划，短短几年，肯尼亚马拉松成绩突飞猛进。

去年年底，罗萨曾应邀来华，考察指导国家马拉松集训队。

罗萨团队对运动员的专项技能和皮脂含量进行测试分析，并结合三天的训练情况分类：

第一类，韩刚、侯艳民、杜鹏远和马吉福，状态最好；

第二类，李建飞、卢韩雄、付明亮和李有才，最大摄氧量较高，马拉松成绩也可以；

第三类，李柱宏和陈明付，原成绩很好，但没练上来。

罗萨最为看好的队员是韩刚，预测他的成绩将很快达到 2:08:00。

罗萨还帮助国家集训队制定了去年年底至今年 3 月三个阶段的具体训练方案，他对跟随自己研究学习的北体大教师王林说，只要按照他的训练计划进行，完成 2008 年奥运会一枚奖牌的目标不在话下，男子成绩应该在 2:10:00 左右。

双方有意长期合作，但罗萨在肯尼亚还有一摊子事，走不开，于是颇具创意的“函授”执教成为首选项——罗萨列计划，中方教练张国伟负责执行。

此时，有一女子表现强劲，她就是梁松利手下的周春秀。她在首尔跑出 2:19:51 夺得冠军，接近年度世界最好成绩（2:19:36）。

这意味着周春秀继孙英杰之后，进入世界级运动员之列。

从 2003 年厦马夺冠到今年问鼎首尔，周春秀短短三年里将成绩提高了 15 分钟，背后是江苏商业化的土壤和开放的创业氛围。

烟花三月一声枪响，给我们送来中国最有名的半程马拉松，以及特色马拉松城市营销学。

一个以东渡闻名的唐朝和尚，作为中日文化交流丰碑和扬州文化标志，被嵌入新生的赛事名称。

扬州鉴真国际半程马拉松，瘦西湖风月勾连古今，中日友好主题鲜明，日本驻上海总领事隈丸优次、日本唐津市市长坂井俊之出席开幕式。又一个典型的中日友好型马拉松。

业界感叹，扬州“玩”得漂亮，此后风行的主题型马拉松，创作灵感多从扬马而来。

出生于1976年的任文，意气风发地推开历史之门，向我们走来，她的财富起点是汽车广告代理。

任文本名任国尊，2001年从中国传媒大学一毕业即注册公司，代理萌芽中的汽车广告业务。由于业务量大增，公司开始寻求更大发展，此后，按六年一大步的节奏迅猛扩张。

圈内也有人对任文的崛起不以为然，认为她不过是幸运地站在了风口。

历史地位跟任文并论的曲向东，出道于央视经济频道，是著名主持人。

今年，曲向东带领一批文化学者、经济学家、企业家和媒体人发起“玄奘之路”，穿行12000公里抵达印度，成员包括王石、冯仑、张维迎等，这是行知探索所有赛事的血脉之源和基本模式。

曲向东创立的玄奘之路商学院戈壁挑战赛，俗称戈赛，既是中国商界精英的意志炼狱，也是高端社交之地。

戈赛的生意说简单也简单，就是年复一年地将一批批商界精英置于荒凉与无助之中，苦其筋骨、砺其内心，感悟天地之大、人之渺小，靠日渐强韧的意志走出困境，起死回生，让弱小偏狭者强悍勇猛，大气雄浑。

可能是碰巧，也可能出于精心设计，这类赛事的知识产权反而是曲向东自己的，而城市马拉松的知识产权属于当地政府，运营公司不过是雇工的角色。

在戈赛带动下，玄奘之路的品牌不断延伸，形成体验式赛事、体验式学习、体验式旅行三条产品线数十个产品。

此后，云涌中的中国跑步版图形成了三个轴心，以总体规模和商业影响力排序，第一是中国田径协会，第二是曲向东，第三是中国登山协会。

曲向东的名人效应和人脉资源构成的影响力，常常表现为一种动员力。

曲向东的影响力还表现在，戈赛大幅激活商学院学员投资马拉松的欲望，并成为跑圈一股强大的力量。代表人物包括中国马拉松大满贯操盘手金飞鸿、广东新中体总裁任志刚、上海路越总经理陈玉增等。

顾斌的跑吧大红，原因是上海分舵舵主老曹打通线上线下，让缥缈的网友落地现形，影响真实而具体。

跑吧注册用户号称 20 万。

但台式机时代独霸马拉松流量入口的论坛，即将在移动互联网的冲击下步入黄昏。

一年后，发生了一件划时代的事情：苹果公司发布了首代 iPhone，这个仿佛来自未来的掌中移动设备开启了智能手机一统天下的时代。

耐克今年前瞻性地推出 Nike+，后经多次升级，从一个简单记录跑步里程的工具，成长为一个全球运动爱好者分享经验、进行挑战、相互鼓励的数字社区。

圈内都知道 Nike+ 是后来咕咚、益动 GPS、悦跑圈、KEEP、咪咕善跑的启蒙老师，但大家都不怎么在公开场合提这一回事。

无论怎样，跑步社交软件的百花齐放与逐步完善，都为马拉松运动在中国大地井喷埋下了伏笔。

耐克的竞争品牌李宁，借鉴并升级多威模式，号称“国内首家专业跑步互动平台”的李宁 iRUN 跑步俱乐部，在歌手潘玮柏的蹦蹦跳跳中登场。

iRUN 的意义在于，跑团首次有了自己的专业教练，开专业化一脉。

与修炼二十年、胸怀空明的北马相比，创立四年的厦马正处于热血沸腾的年龄，它极度渴望借此跟北马平起平坐，其发展也以市民热情参与为驱动。

厦门市统计局关于今年厦马的一项问卷表明， 到现场看比赛的市民占 59.06%，通过电视直播看比赛的占 33.76%，通过网络等其他方式了解比赛的占 1.85%，没看比赛的仅占 5.33%。当时厦门市的总人口是 140 万。

各路神仙后来用得极为顺手的“城赛一体”神器，首创权归厦马。

比赛引爆了厦门的旅游业、批发零售业、餐饮业和酒店业，外地参赛者和观赛者为酒店业带来 8379 万元的总收入。

厦马的另一重要贡献是文化建设，使得若干年后我们有可能探寻其背后的文化脉络和社会背景。同时，它的文化价值早已超越国界，成为中国马拉松符号。国际奥委会主席雅克 · 罗格在瑞士洛桑国际奥委会总部亲自主持仪式，将厦门市政府赠送的马拉松群雕中的两座，收藏于奥林匹克博物馆。

国家体育总局副局长兼中国田径协会主席段世杰，发现厦门上下是发自内心地想办好马拉松，而且会办，他对媒体说了这样一句话：厦马四年走过了北马二十年的路，前景非常看好，厦马已形成自己的品牌，接近世界三大马拉松赛水平。

资历仅次于北马和大连马的杭马也决心振作乾纲，引进八方环球运营包装，改名杭州国际马拉松，推出赛事标识、完赛证书和完赛奖牌。从这时起，杭马地位不断上升。

在中国马拉松格局基本成形的同时，波士顿、纽约、芝加哥、伦敦和柏林马拉松，五个世界顶级赛事于 2006 年正式结盟，推出马拉松大满贯系列赛，其富于刺激性的奖上奖体系，给那些为商业利益而奔跑的运动员以更大价值实现空间。

据大满贯系列赛规程，每个比赛的男女前五名获得积分，冠军 25 分，积分最高的男女运动员将分别获 50 万美元奖金。每名运动员两年内必须参加 3 次以上系列赛才有资格获得积分，但最多只记 4 次比赛成绩。如两名运动员积分相同，将根据他们在同一比赛中的排名决定名次，如未曾在同一比赛中相遇，则由五大满贯赛事的负责人投票决定。

大满贯系列赛是世界田联黄金联赛之外奖金额最高的比赛，跟奥运会和世锦赛并称世界马拉松顶级赛。

其评价体系和奖励制度也深深影响着中国人。

8月5日，天气还很热，郑州十几个网友暴走尚未完工的郑开大道。

王向阳当时的身份是河南中铁物资有限公司老板，做物流生意。郑开马拉松的诞生除了这次有名的暴走，还跟郑州和开封两市的政府、三级体育部门及河南主流媒体的支持有关。

这个比赛看上去是个传奇，事实上之所以能大步快跑，一个重要的时代背景是“郑汴一体化”成为河南经济社会发展的引擎，并最终上升为国家中原经济区发展战略，民意高度契合特定时期的政府诉求。

创赛大事记体现了政府部门热火朝天的干劲。

2006年8月6日，“半月大哥”王向阳在大河网发帖；

9月7日，赛事运营主体“河南世纪中原”完成注册手续；

10月，河南省体育局和旅游局表示支持赛事立项，并上报省政府；

11月7日，河南省体育局、郑州市体育局和开封市体育局召开新闻发布会，宣布赛事筹委会成立；

12月，开封和郑州市人民政府，先后向田径中心提交支持举办郑汴国际马拉松比赛的函；

2007年2月15日，田径中心复函，同意举办郑汴国际马拉松；

5月6日，首届郑汴国际马拉松鸣枪。

王向阳、刘斌等创赛人，在缺少厦门那样强大指挥系统的情况下，能够高效协调多级多个行政部门，确实堪称奇迹。

从这个角度来观察河南对领军中部地区发展的渴望，应该更真实。

从第二届开始，一马连两城的郑汴国际马拉松改为郑开国际马拉松，实际操盘人是刘斌。

但郑开马是中国马拉松的一个孤例，其实质性主办主体是河南省体育局，而不是两市的政府，这为办赛经费短缺及 2018 年郑州再立门户埋下伏笔。

2007

2007　领导们的烦恼

男子全国纪录被打破并不足喜，因为北京奥运会迫在眉睫。抓关键少数还是最顺手、最现实的办法，梁松利和周春秀师徒被赋予特殊使命，对他们来说，这也是不可多得的人生机遇。

发展史人物｜任龙云　专业运动员

北京奥运会倒计时一周年。

中国男子马拉松队一行14人奔赴肯尼亚，进行为期40天的集训。教练是云南张国伟和青海时伟元，运动员包括云南邓海洋和李有才、解放军侯艳民、青海苏伟等。

相比男子110米栏，马拉松不像是能为国争光的项目，因为肯尼亚像一个巨型标杆，威严地矗立在那里，高不可攀。

尽管埃塞俄比亚名将格布雷西拉西耶在柏林跑出2:05:55，创造去年世界最好成绩，但与肯尼亚人特加特保持的世界纪录（2:04:55）相比，还有1分钟的距离。

这也是世界江湖格局的写照。肯尼亚一骑绝尘，埃塞俄比亚偶露峥嵘。

又抢先了一大步，厦马套办AIMS世界大会。

AIMS中文译名为国际马拉松和公路跑协会，1982年成立于伦敦，总部设于雅典，是跟国际田联并行的全球性组织。厦马三年前加入，并取得今年年度世界大会主办权。

继大型展会之后，厦马通过承办国际会议，敲开另一扇通往并驾北马的捷径之门。

欢迎晚宴上，博士出身的罗超毅扮演了偷火种的角色，他信手拈来的一组数据震惊全场：2005年与2000年相比，我国19岁到22岁学生的肺活量平均下降192毫升。

这只是冰山一隅，综合2005年中国教育部、日本文部省和韩国文化观光部的调查数据，忧从中来。

平均身高是身体形态最具标本意义的数字，在11岁年龄组男生中，中国144.7厘米，日本145.3厘米，韩国149.1厘米；在11岁年龄组女生中，中国 146.1 厘米，日本 147.2 厘米，韩国 150.3 厘米。韩国人最高，日本人居中，中国人最矮。

身体素质以 50 米跑成绩平均值为例，在 11 岁年龄组男生中，中国 9.40 秒；韩国 9.40 秒；日本 9.00 秒；在 11 岁年龄组女生中，韩国 10.10 秒、中国 10.00 秒，日本 9.20 秒。日本人最快，中韩不相上下。

基本结论是，我国青少年身体形态方面与日本、韩国存在差距；身体素质方面，明显落后于日本，和韩国不相上下，但有些项目，不如韩国。

罗超毅从田径领导层角度给出技术答案，他说，长跑运动对提高肺活量和耐力十分有益，因此值得推广。当时，还没人认识到马拉松对国人健康意识的启蒙价值。

操办拥有三百多个成员单位的 AIMS 世界大会，让厦马国际声名远播。十三年后，厦马操盘手张思杰在兰州如法炮制，举办国际田联路跑会议，特别为兰马做了加持。

对赛事运营公司来说，江湖上没有不败之地，但段位决定胜率。

创赛十四年的西安城墙马陷入困境。

西安市政府派人到厦门取经，直接端回了厦马市场开发部团队独家运营，合同一签五年。

这是中国马拉松史上首例团队异地运营。主办权和运营权实质性分离的新模式，催生出多家全国性马拉松运营公司。

厦马团队为西安城墙马带来的第一个外地客户是特步。

这时候的丁水波，格局今非昔比。晋江鞋企扎堆，没有两下子是很难出头的，除特步品牌标识已深入人心外，赞助马拉松无疑是无数场营销大战中的定势之役。

这时，耐克赞助北马已进入第六个年头。

特步去年赞助了中国业余篮球赛、大学生排球联赛和全国体育大会。今年拟定的赞助对象是篮球、极限运动和综合性运动会，在厦马营销团队的努力下，丁水波答应试水西安城墙马。

特步和多威是率先赞助马拉松的本土企业，随后在愈演愈烈的赞助市场战局中，特步因先手棋而甩开主要竞品。

虽然一年后特步在香港上市，至今坚挺，但当业内寻找这家企业发展的关键节点时，2007 年尤胜 2008 年，特步是中国马拉松经济异军突起的一个缩影。

20 岁的任龙云勇夺今年北马男子亚军，并打破胡刚军保持十年之久的全国纪录。

参加 10 月份北马前，任龙云连吃两场败仗。3 月份厦马，他和教练从山海关经北京飞厦门，误了既定航班。当他们辗转抵达时，等待多时的另一名教练脸色铁青，正眼不瞅他俩：“是来玩呢？”背转身又扔下一句：“肯定玩完。”

仓促上阵跑不过以逸待劳的外国高手，任龙云都不好意思提自己的名次。

8 月日本大阪世径赛，任龙云首次出国，航班晚点耽误了一堂至关重要的赛前训练课，早餐又只分到一块三指宽的面包和一根香肠，还没起跑就脚下发虚，脑袋发晕。2:35:22，名列第四十九。

今年北马，任龙云正式训练才三年，临阵还毛手毛脚。虽然去年北马跑出 2:15:13 名列第八，但没人把这个每月工资 1000 元的小字辈当对手。

从训练支撑体系来看，任龙云注册于青海，教练却是火车头队的，很明显，如果没有火车头队的大局观，他将沦为相互扯皮或死掐的牺牲品。

当任龙云站在奥体中心的北马临时起点时，他并没想到，自己将改写中国马拉松历史。

起跑后，任龙云一直在第一集团，并在 33 公里处与肯尼亚名将金亚特上演交替领先二人转。最后时刻，在任龙云的死缠烂打中，金亚特勉强领先撞线，成绩 2:08:09。

亚军任龙云 2:08:15 的历史烙印，深深刻在中国马拉松的骨子里。此后十余年，两代运动员一直为接近这一数字耗费青春。

被任龙云遮住的季军韩刚，2:08:56 的成绩也相当漂亮。

任龙云身上还发生一段插曲，比赛过后两个月，他因违规遮挡号码被罚款一万元。苏伟、张莹莹和白雪因同样问题被分别罚三千元。

对于发展中出现的新问题需要宽容和耐心，但平心而论，有意无意遮挡赛事赞助商标识，涉及对赞助商的不尊重，也许还有个人利益诉求。一纸处罚，体现了中国田协的态度，也推动了业界认识深化。

也有跑者爱混家乡民生论坛的，4 月，河南焦作市园林局工程师李晓栓，化名“夏天的杨树”在山阳论坛发帖“别睡懒觉了，起来跑步吧，我叫你”，并将自己的手机号公布于众。

这个倡议极速发酵，由电话铃声聚起的晨跑团队，后来被命名为黎明脚步。

这是中国第一个全国性大规模线下跑团，因创新性获各级奖励无数，更受到《人民日报》等主流媒体的关注。

李晓栓真实而淳朴，长期困顿于队伍管理，心力交瘁，尤其是各地跑团纷起，不断侵吞黎明脚步的江山，他的焦虑感日重。

像黎明脚步这样的跑团如野草般生长，说明社会变革的契机不仅仅在庙堂，还在社会的肌理中潜滋暗长。

创纪录那天，业内最关心的是任龙云成绩是否达到奥运 A 标。

今年中国田径协会换届，权力体系没怎么调整，体育总局副局长段世杰继续担任主席，二十一位副主席中起实际作用的还是田径中心班子，罗超毅任副主席兼秘书长，王大卫任副主席兼司库，冯树勇任副主席。

五位副秘书长均为田径中心中层干部，分别是办公室主任王楠、国管部主任胡新民、竞赛部主任周冰冰、训练部主任黄炜和开发部主任陈雷。

罗超毅在报告中将马拉松发展列为全民健身主要政绩，除成功举办 26 届北马外，厦门、上海、大连、天津、杭州、西藏、南宁也相继举办全马或半马，“全国范围内掀起长跑及马拉松运动热潮”。

报告最后，罗超毅说，面对 2008 年奥运会，田径事业面临着极好的发展机遇，也面临着严峻挑战。这句话一层又一层地包裹着一个四顾茫然的事实。

田径界怎么都想不到，雅典奥运会仅两年后，显赫的王德显会一头栽倒，孙英杰和邢慧娜的人生劫数也藏于教练的江湖沉浮中，无法独掌命运。

年近三十的周春秀独自一步步走向舞台中央。

去年首尔马拉松，周春秀以 2:19:51 成为世界上第七个跑进 2 小时 20 分的女将。随后在伦敦，她又以 2:20:38 夺冠。路透社说：一位新的超级明星已经诞生。

此前中国女子伦敦马的最好成绩是 2:29:31，由赵友凤在 1990 年创造。

9 月份的大阪世锦赛，周春秀再获马拉松亚军，成绩 2:30:45，仅落后冠军恩德雷巴 8 秒。

在北京奥运会备战前期，梁松利是一个积极活跃的人，但自从媒体开始宣传“除了刘翔，我们还有她”，他便尽量低调，奥运会真不是闹着玩的。

田协副主席王大卫直言，女子马拉松奥运夺金并不现实。

任龙云也很冷静，奥运会是一个残酷的竞技场，每届比赛成绩因气候、路况不同，也没有可比性。在绝对实力上，他与世界顶尖水平还有两分多钟的差距。另外，任龙云由于年轻，外战外行。

综上所述，田协的奥运队伍，尽管规模庞大，但真正靠谱的只有 110 米栏刘翔，女子马拉松现实的目标是夺牌。

一金一铜？这个预判堪称专业，但这只猜对了一半。中国田径将重回奥运无金时期。

接手孙英杰训练的陶绍明和前任有着本质区别。

陶绍明 1989 年从上海体院毕业后，被分配到铁路系统工作，先在南昌华东交大教学，后上调火车头队当教练。

在火车头队的布局里，陶绍明跟王德显平行，他的弟子王艳荣 1998 年北马曾夺得女子冠军，成绩 2:28:50。

本是大路朝天各走一边，陶绍明却因王德显被终身禁赛不得不出手救场。孙英杰禁赛两年，两年后复出时 28 岁，尚可一战，但这无疑是烫手的山芋。

陶绍明性格温和，不像一些教练那样怀着江湖英雄梦想，所以当组织上找他谈话时，他一直犹豫不决，而孙英杰也在进退之间摇摆，还被讨薪官司弄得失魂。

两人正式合作已是去年年底，目标北京奥运会，但孙英杰完全收拾不起心情。

未能拯救孙英杰的陶绍明，在十一运会后，以市场眼光和精明计算发现另一条路，在马拉松经纪领域打造出一场历史性的个人秀。

小孙英杰 8 岁的白雪，在震荡和焦虑中暗暗成长。

白雪的亮相甚至是以被禁赛三个月作为开场的，去年 10 月，她抵达北马赛场后，收到一纸处罚，原因是更换训练地点错过飞行药检。当时，许多人总是要问一句：白雪是谁呀？

两个月前，白雪在田径世青赛上刚刚获得女子 5000 米第四。再往前追溯，2003 年北马曾获第 8 名，成绩 2:37:07。

在教练被师姐们群起诉讼并被社会嘲讽的时期，白雪依然选择相信。

2008

2008　荣耀北京

从历史的角度来看，2008 年和 2009 年以奥运铜牌和世锦赛冠军占据了中国马拉松制高点，在一定意义上，这是能人时代的最后一缕斜阳，系统性和重构性变革即将真正开始，而探索期将是漫长的。

发展史人物｜周春秀　专业运动员

北京奥运会是中国体育史上的里程碑，也是中国乃至全世界的重要事件，它对全球经济政治格局的影响，随着时间的推移越来越明显。

在马拉松领域，一个新组织悄然登台，中国田协路跑委员会成立了。

路委会应“马”而生，旨在吸纳社会力量，在顶层设计、发展规划、标准制定等方面群策群力。去年一项调查显示，62% 的人选择健步走和路跑为主要健身项目。

首届委员会成员包括 16 个省市级田协、11 个马拉松赛事、8 家体育公司和 2 个俱乐部，王大卫当选主任。

这是中国田协首次为单一项目设立专项委员会，标志着马拉松站上新的历史起点。路跑委员会曾改名马拉松委员会，但内在的逻辑线始终未变，并延续下来。

春日的中原大地，杏雨梨云，让人有想飞的冲动。

郑开马仅比东营马大一岁，但在“一北一南一中”话题的刺激下，迫不及待地向北马和厦马发起冲击。

第二届比赛改“汴”为“开”，经省政府协调，河南卫视动用看家底的亿元设备，投入横跨两座古城的卫星电视直播，使赛事影响和话题度飙升。

这场马拉松也是郑、开两城塑造共同价值的第一切入点。

这一天，前来观摩学习的各路诸侯印象很深，现场很多人关心经费问题，并质疑将群体活动搞到如此规格和规模，尤其是动用电视直播，有奢靡之嫌。

这种态度对马拉松城市造成了巨大心理压力，段世杰回应说：“电视直播有助于推广城市，促进城市的文化、文明建设，同时也能让无法参加的民众更直接感受马拉松，更好地倡导马拉松坚韧、顽强的精神。”

多年后，人们更清晰记得的是段世杰另一句话：搞活动不要怕花钱。

体育界高层这一决策思路，给地方政府卸下了包袱。

不能不说，在争议出现的时候，只有段世杰这样级别的领导才有一锤定音的权威，而纵观他在马拉松领域的为政内核，一是超前地想，二是大胆地干。

积累一定财富后，一些国人开始出国跑马。

不过对 1969 年出生的北京人袁小林来说，4 月参加伦敦马拉松，只是单纯地不想被视为团队另类。

袁小林中学就读于北京四中，酷爱体育，1988 年考入外交学院，毕业后进入外交部。三年前辞职加盟英国的 BP 集团，常驻伦敦。

年复一年，跟北马同龄的伦敦马，有三四万人从家门口跑过，但袁小林不觉得跟自己有什么相干。直到去年公司团建，他发现自己和另一位同事是仅有没跑过马拉松的人，内心受到冲击与震颤。

为了能够跟上趟，他开始跑步，每周 4 次，每次 10 公里，周末有时能跑到 20 公里，大半年后就站在伦敦马起跑区了。

袁小林是早期财富精英中极个别跑马的人，这是超脱于中国时代经济背景的独特现象。从财富角度来观察，2008 年中国人均 GDP 为 3467 美元，距 5000 美元的体育消费快速增长线还有相当距离。事实上直到 2015 年，全球完成世界马拉松大满贯的也仅 567 人，中国 10 人。除中签率低，六场赛事花费 20 万元人民币更是一道坎。

袁小林完成六大满贯的最后一站是波士顿马拉松，是在 2017 年。他因加盟吉利控股并操盘收购沃尔沃蜚声业界，同时作为六星跑者，又因沃尔沃赞助成都双遗马和上马在跑者中多了一层光环。

北京奥运会脚步临近，国民情绪像逼近沸点的热水，在所有献礼和助力行动中，香港毅行者是非常耀眼的。

48 岁的香港消防总队总队目陈国强，与另外三名毅行者从香港上水出发，以每天一个全马开始“港京耐力马拉松”。

毅行者全名乐施毅行者，是始于 1981 年的香港规模最大的远足筹款活动组织，活动参加者四人一队挑战体能极限，必须互相扶持，一起冲线。

筹得的善款主要用于赈灾。“港京耐力马拉松”肩负为汶川筹款 100 万港元的任务，相比纯粹的助兴奥运会，陈国强等人的公益精神是更高级的社会活动。

公益慈善事业的发展水平是一个国家文明进步的重要标志，作为最大的全民参与型赛事，马拉松的贡献有目共睹。

从构建马拉松历史格局的视角看，今年，奥运铜牌之外的另一大收获，是齐鲁第一马速战速成。

黄河口（东营）马拉松，坊间简称东马，无名小城办赛扬名的先行者。

东营位于山东省东北部，坐拥黄河入海口和胜利油田，自然禀赋和造富能力超群，人均 GDP 长期雄踞山东第一，连青岛和济南都不是对手。

这座诞生于芦苇荡和荒草坡上的地级市，其实 1983 年才挂牌成立，比北马还小两岁。

东营最缺的是文化底蕴和知名度，7 月，东营市八运会开幕式后，市委主要领导召开座谈会，称他个人非常赞赏马拉松在提高城市知名度上的作用，并建议市政府充分论证，认真研究，力争当年尝试举办全国性马拉松比赛。

从这一刻开始，东马就注定快马加鞭了。

分管市长多次召集会议论证研判，并迅速进入实操阶段。定档 10 月，以邀请赛形式举办。

比赛需向体育总局报批，田径中心正忙于备战奥运会，但班子还是抽出半天时间集体办公，专门听取汇报，并当场拍板同意。

从一开始，东营就将赛事定位于城市营销，跟厦马、扬马的路数如出一辙。“黄河口”的地理概念被特别强调，在文化和旅游领域，这也是被广泛阐释的东营意象，饱含打造文化地标的炽热期待。

“科达杯”第一届黄河口马拉松全国邀请赛鸣枪，全程和半程选手共 310 人，来自 18 个省级单位。开幕式还是综合性运动会风格，各代表队举牌列队入场。

此后，东马一直居于国内顶级之列，是最早的双金赛事之一，地位跟北上广等一线城市马拉松同样显赫。

草创期实际操盘者张利华，于 2012 年 5 月卸任体育局党组书记、局长。

首届东营马让业界震惊，内蒙古张振龙跑出 2:14:23，他的教练就是后来江湖上大名鼎鼎的殷长喜，两年前通过竞聘入职内蒙古体育职业学院。

殷长喜是内蒙古传承链条上的新标本，属于第三代教练，其授业恩师是冀成文。跟殷长喜同期的教练还有刘宝、包峰林，这三路人马被称为三驾马车。

十年磨一剑，1998 年进入南阳体校的周春秀，扬眉剑出鞘。

中国马拉松四十年史，就是半部奥运奋斗史和半部城市营销史，江湖恩怨随风而逝，唯奖牌长留。周春秀有幸站在奥运史最高点。

依照惯例，媒体由去年大阪世锦赛窥探今年奥运会金牌走势，在降调减压大背景下，大家都聚焦于刘翔蝉联金牌，为其他项目留足退路。

但还是有人沉不住气，一个叫茅鹏的江苏文弱书生提出马拉松“金牌必争”说，这正是领导们秘而不宣的心里话。

元旦刚过，一级备战中的田径中心戒备森严，副主任冯树勇以游击战应对记者的采访要求。突然，他宣布了两件跟周春秀有关的事，一是因伤退出厦马，二是婉拒伦敦马拉松邀约，众皆失色。

此后数月，周春秀的伤情和状态神神秘秘。

北京赤日炎炎，最热的新闻是中国奥运代表团成立。田径队阵容最为庞大，共 114 人，罗超毅任领队，王大卫和冯树勇任副领队，长跑及马拉松选手包括任龙云、李柱宏、邓海洋、周春秀、张莹莹、白雪、朱晓琳、陈荣和张淑晶，教练员张国伟和梁松利。

教练的选择既是一种平衡术，也是对某特定运动员期望值更深意义上的表达，梁松利是后者。

周春秀感到如山的压力，江苏省领导、田径中心领导，还有媒体，最后时刻突然露出真面孔，对她的期待直指金牌。

中国队的两个拳头项目“背靠背”举行，8 月 17 日上午女子马拉松，次日男子 110 栏决赛，直到奥运会落幕，媒体才蓦然发现，这还算是幸运女神的眷顾，让刘翔“闪崩”在后而不致满盘皆输。

女子马拉松共 81 名选手角逐，起点天安门。

两个多小时后，当周春秀和宿敌恩德雷巴并肩冲进鸟巢时，冠军已被一路领先的罗马尼亚老将迪塔所获，两人在 9 万名观众的狂喊中上演百米飞人大战，周春秀落后 1 秒获铜牌（2:27:07）。

那幅她跟第四名朱晓琳（2:27:16）共披国旗谢幕的照片，可以作为周春秀个人写真的压卷之作。言笑晏晏沉淀所有人生经历，没有什么不能接受，或者值得尖叫。

这是北京奥运会上中国田径仅有的两枚奖牌之一，也是中国田径在奥运会上的最高峰。此前是赵友凤 1988 年汉城的第五名（2:27:06），已然过去 20 年。

奥运年也是体育科技丰收年，51 枚金牌（后因兴奋剂减为 48 枚）背后有 3600 人次科技人员保驾护航，仅体育总局“奥运科技专家组”就由 1000 多名课题组成员、36 支国家队科研团队和 60 名国内知名专家组成。

女子马拉松攻关小组，用从德国和日本重金购买的先进设备，为教练组提供运动员的实时技能状态监控。

对于周春秀，非常重要的检测结果是，她具有较好的心脏功能和较高的有氧能力，对于心脏系统的恢复，高原训练好于平原训练，而对于神经中枢系统的恢复，高原训练不如平原。

在梁松利之前，马俊仁成名成家有他的历史发育环境，那时社会上倾向于相信不传之秘，神秘主义还有市场，到梁松利，则已将科研攻关和科技服务作为重要手段，纳入训练支撑体系。

就女子马拉松项目而言，北京奥运会是典型的老将运动会。

前三名的年龄排序和名次一致，罗马尼亚托梅斯库 38 岁，肯尼亚恩德雷巴 36 岁，中国周春秀 29 岁。前八名三十岁以上的选手还有俄罗斯季莫菲耶娃（38 岁）、英国玛拉·山内（35 岁）和罗马尼亚西蒙（35 岁）。而在北京奥运会上大失水准的世界纪录（2:17:18）保持者拉德克里夫，也已 35 岁。

让人感动的是拉德克里夫在北京的表态，她说：只要腿不断，就一定参加四年后的伦敦奥运会。周春秀也在央视《荣誉殿堂》中说：只要条件允许，就会一直跑下去。从现实的角度来看，周春秀明年全运会必须再战，奥运铜牌很重要，但江苏还需要她做更多。

直到伦敦奥运会后，周春秀才结束自己鏖战四方的长跑生涯，她用忠诚无悔告诉我们，什么才是一个运动员的本分。

北京奥运会三年后，男子马拉松冠军万吉鲁殒命家乡，为世界留下一道谜题。

2008 年 8 月 17 日，万吉鲁在北京酷热阳光的照射下，一路领跑，并不断加速，以 2:06:32 创造新的奥运会纪录，将保持 24 年之久的原纪录提高近 3 分钟。中国邓海洋 2:16:17 第二十五，李柱宏 2:24:08 第五十一。

万吉鲁可能是马拉松界最夸张的一夜暴富——他为耐克和一个日本保健品品牌代言，就轻松赚得 1000 万美元。

悲剧发生于 2011 年 5 月 15 日，万吉鲁躺在自家阳台下面的地上，午夜时分死去。警察随后发表声明，称他死于自杀，并称他被妻子发现在家跟另一个女人在一起，然后跳楼。

美国《体育画报》一篇名为《跑向天堂跑向地狱》的报道分析说：在美国体育界，城市街头篮球运动员在废墟中成名的故事耳熟能详，而东非大裂谷两边的高海拔地带，相似的故事正在马拉松选手中间发生，只是它发展的方向更危险，也更容易令人迷失，万吉鲁算是一个典型案例。

海南渔民张建民的一场个人理想主义试验，于夏天达到高潮。

北京奥运会闭幕两天后，耗时54天、全程3500公里的“海南小神鹿万里长跑迎奥运”活动来到天安门广场，主角是8岁女孩张慧敏。在父亲张建民骑车引导下，她每天一个全马，从海口跑到北京。

显然她迟到了。

沉溺在为女儿和国家构筑2016年奥运会梦想中的张建民，被中国田协泼了一盆冷水，张慧敏不满18周岁不能参加全马，北马拒绝为她开绿灯，而他原本以为会特事特办。

从张建民离开田协办公楼时那可怜楚楚的目光中，记者们终于感受到纠错机制对个人英雄主义的约束。

张慧敏三岁起就被父亲安排长跑训练，极端时凌晨一点跑到五六点。六七岁时每天练40公里以上长跑、1000次击拳、400次跳高和800次踢腿。

去年海口元旦马拉松，张慧敏不满8岁，就以3:28:45完赛并获女子组亚军。此后，又用17天完成800公里环海南岛极限长跑。接着在厦马和郑开马也顺利完赛。张慧敏正在成为当代小神话。不过厦马是市领导特批，而郑开马组委会并不承认她的参赛资格，单独签了免责协议。

当时大多数人对马拉松没有概念，只是简单地觉得如此高负荷运动量对孩子成长不利，张建民则固执地认为孩子是自己的，而且他这么努力地为国家训练 2016 年奥运会人才，大家有什么理由不支持?

在做客央视《新闻会客厅》后，张慧敏现象成为媒体争议的大话题，赞赏和质疑声各占一半。

一年后，张建民又陪女儿从上海跑到拉萨，但轰动效应不再。

张建民本是苏北睢宁小镇的股级办事员，月工资 23 元 6 角，业余时间养珍珠鸡、兔子、热带鱼和中华鳖补贴家用。受到领导批评后，张建民在一个月黑风高之夜带全家远走天涯，专业养起了热带鱼。

临高县城距海口 85 公里，张建民一家落脚在城乡接合部一个 20 平方米的低矮平房中，常年阴暗潮湿。来自年少时的长跑经验和现实生活压力，可能是他苦练女儿的隐形动力。

但直到后来张慧敏“消失”，对张建民的行为也难有定论，这恰好构成历史叙述的复杂性和丰富性，而且人生本就是一个不断摸索、不断开悟的过程。

有关“马拉松神童”的最后一次公开报道，是《体坛周报》记者张远 2015 年的临高之行，张家正忙着盖房，上下两层三四百平方米，要建设“全球最具特色的热带鱼养殖观赏基地”，张慧敏已上初中，寒暑假到酒店打工挣钱。

此后，张慧敏和马拉松江湖悠然两忘。

奥运会之后一个引人瞩目的事件是白雪大战孙英杰。

当体力透支的白雪艰难地向北京奥体中心东南门冲去时，北辰西路辅路拥挤的人流中一台现代途胜悄然发动，随后缓缓消失在刺眼的阳光中。车上坐着她的教练。

历经禁赛和奖金风波的孙英杰跟小师妹白雪在北马同场竞技，这是一场复杂的新老交替仪式。上届冠军陈荣、季军白雪和魏亚楠交替领跑，20 公里后白雪确立领先，最终 2:26:47 夺冠。头号人物周春秀尚在奥运后的休整期，而禁赛复出的孙英杰仅 2:57:00。

孙英杰对成绩莞尔一笑，她的故事因个人经验不同而呈现不同颜色，或者励志而温暖，或者残酷而忧伤。竞技体育就是这样，既可以把一个人送到另一个世界，又必须让其经受地狱般的非人磨炼，这种张力让每一个当事人都对它爱恨交加。

这个炎夏，在中国代表团取得空前成就的映衬下，田径界心里拔凉，同时还有对连锁效应的忐忑。

三个月后，田径中心召开伦敦奥运备战工作会议，一把手罗超毅说，希望伦敦能打个漂亮的翻身仗。舆论场认为这是压力传导下的积极表态。

在 2019 年各单项协会实体化改革前，体育总局下属的项目中心本质上是行政机构，而我国竞技体育的运行模式和考核体系，是以金牌为导向的，金牌多少，往往与主要官员仕途、运动员前途、教练员奖金等直接挂钩。

田径中心没拿到金牌，是极个别没完成任务的单位之一。会后两周，手曲棒垒中心副主任杜兆才，被提拔至田径中心担任主任，罗超毅平调体操中心。

在北京奥运会上，中国女曲创纪录地勇夺银牌，是中国代表团在球类集体项目上的最佳名次，杜兆才是曲棍球项目领队。

罗超毅在田径中心执政六年，历两届奥运会，从上一任的单一竞走夺金到超级英雄刘翔登场，还复兴了女子10000米跑项目，自1984年以来首次构建起中国田径的多元谱系。

在马拉松领域，这六年霸气横溢，当代“三座大山”任龙云、孙英杰和周春秀，都是在那时创下历史纪录的。

至于受重用的教练一头栽倒，历史回响犹如一声沉重的叹息。

在人们的脑海里，有些教练的形象历久弥“深”，他们有着深厚的底层背景和底层意识，不怎么按套路出牌。

本质上，马俊仁等人是改革开放后因身份制度松动冒出来的社会能人。

废除铁椅子，任贤选能，是改革开放送给竞技体育的最大礼物，成王败寇则是竞技体育的终极真理。至于兴奋剂，更是一票否决。从这个角度来评价教练，会比较公允。

如果说体育行政部门一心想的是奥运会奖牌，那么企业考虑的则是跑步商业化。

最早发现跑团商机的是多威。

多威跑友会注册会员已达7万名，假如从每人身上赚100元，就是700万元。

多威连接更多社会和商业资源，将跑友广泛融合，成立北京多威路能体育管理有限责任公司，从交流平台上升到全方位运营，包括赛事组织、报名等。

多威是第一个尝试以公司运营跑友的平台，但跑友没那么好运营，这条道上还有很多前赴后继的投资人。

北马赞助商耐克对具体的跑团不感兴趣，而是利用自身的跨国优势，发起全球 25 个城市联动的“Nike+ 赛跑全人类 · 10 公里挑战赛”，中国上海参与其中。

2008 年奥运会，对登上金牌榜首位的中国体育具有里程碑意义，更被广泛认为是大国崛起的象征。

金牌体育继续引领社会前行，职业体育提供丰富的精神消费，而即将兴起的全民体育则致力于打造个人全新的生活方式，在改变每一个人的同时改变一个国家。

很多年后，当大众健身蔚然成风时，人们往往将理念的源头追溯到 2008 年。

2009

2009　四人榜

继任龙云、孙英杰和周春秀后，白雪登上封神榜，十余年来干戈寥落，众音收声，是浮世风景中袅袅的安魂曲。

发展史人物｜白雪　专业运动员

在全球金融危机背景下，位列世界五大营销公司的八方环球，对中国市场产生严重误判。

当时，八方环球旗下有 800 多名运动员，全球代理招商和运营的赛事超过 5000 场，市场份额仅次于 IMG（美国国际管理集团）而领先于盈方。

八年来，这家公司依靠全球资源和规范的市场操作，与中国田径协会的合作相得益彰，但也不是没有分歧。在 2009 年商谈续约时，田协提出将北马和其他项目的赞助营销拆分，以便判断马拉松的独立市场价值，八方环球则希望继续维持原有模式。

田协表现得很坚决。八方环球被深深震撼，反复开会评估，最终内部报告认为，虽然北马商业价值八年翻了五倍，但在金融危机背景下，无法预料能否找到足够客户抵销增加的成本。

尽管如此，负责项目执行的亚洲体育赛事部依然倾向于续约，是美国总部投了否决票。

这一决定带来两个重大后果：一是像 IMG 失去中超一样，八方环球也退出了中国马拉松市场；二是田协有了自己的赛事运营公司，中奥路跑于 2009 年 7 月成立。

大名鼎鼎的八方环球也罢，呱呱坠地的中奥路跑也罢，关键是，中国田协对中国经济的走势判断对了。

当全球深陷金融危机泥淖一片悲观时，中国出台了庞大的产业刺激计划，多方力量勾连呼应，形势很快反弹，汽车业更是一马当先，两年后，北京现代冠名北马。

当北马开始筹备时，中奥路跑首任总经理孙立平带领团队参与其中，为次年独立运营练手。这批生力军加入，将中国田协从赛事执行的压力中解放出来。

对孙立平来说，与北马的缘分交织是命中注定的。他 1989 年从北京体育大学研究生毕业后，入职中国体育服务公司，该公司当时正为北马招商。二十年聚散离合后，气象万千的北马和他的人生再度并轨。

中奥路跑及其母公司中体产业培养了大批能征善战的赛事运营猛将，堪称业内黄埔军校，除孙立平和续任的王简、戴启军外，还包括：

中国田协产业发展部主任高山；

北京体坛华奥总经理万骊华，操盘“全民健身挑战日”和多个路跑赛事；

智美体育总裁宋鸿飞；

北京南天星总经理郭子辉，运营中国山地马拉松系列赛；

李书福麾下铭泰投资集团副总裁孙晓东，业务以赛车为主，包括国际汽联 F4 中国锦标赛、中国方程式大奖赛、警察汽车锦标赛、木兰菁英赛和吉利杯超吉联赛等，同时也有宁波国际马拉松这样的路跑赛事；

万达体育赛事运营中心副总经理刘岳；

北京中锐总经理刘晓磊。

在赛事运营领域，中奥系和曲向东开创的戈赛系，是具有明确身份认同的两大派别。中奥系善于博弈复杂的各类资源，而戈赛系则更相信市场力量。

每一个马拉松市场的资本玩家和每一个不服再战的创业者，都不由自主地选边站，非此即彼，没有第三条路可走。

作为中国开年第一马，今年是厦马的第七个年头。

过去六年里，厦马采取高举高打的媒体宣传和多重配套活动，声望和关注度直趋北马，亦引发市民狂欢，认可度和支持度高达 97%。其孜孜以求的京厦轴心格局，由国际田联一锤定音。

去年，国际田联首推路跑赛事标准评定系统，分金标、银标和铜标三级，北马和厦马荣膺中国首批金标。厦马按捺不住心中狂喜，今年一口气推出“三三”制活动内容，其中国际马拉松城市市长论坛系首创。

面对新起的厦马和老到的北马，上马在国际田联评级上追平，是 2012 年的事，由此定下北南东三足鼎立之格局。至于西和中，尚待有心城市填补。

特步丁水波为什么血拼 361°，一定要赞助厦马?

他在赞助西安城墙马中尝到了甜头。

这是特步发展史上最重要的决定之一。这一年，丁水波在巩固娱乐时尚主阵地时，顺手扩大在马拉松赛事上的影响力，而从长远来看，后者更具战略意义。

晋江陈埭镇丁氏众鞋王的崛起史，也是一部家族兄弟攀比史。如果不是安踏丁志忠的刺激，特步不会改弦易辙。

当安踏 2000 年凭孔令辉一句“我选择我喜欢”驰名大江南北时，特步的前身三兴还埋头于海外订单贴牌加工，但仅七八年后，特步已成长为港股上市公司。

特步发布 2008 年全年业绩，股东应占溢利 5.08 亿元人民币，较 2007 年同比增长 129%。

39 岁的丁水波神色温和，但他的打法独步天下，今年湖南卫视《快乐女声》刚落幕，特步就包揽前五名选手签下代言，形成与港台当红艺人谢霆锋、蔡卓妍、蔡依林和潘玮柏的“4+5 格局”。

同时，与西安城墙马合作两年后，对马拉松商机的超级解读能力，使特步赌注愈重。

看重路跑市场的不仅是特步，世界体育用品巨头阿迪达斯也在第二年入盟北马。耐克裂衣掉头，2012 年与上马签约。这样的情形有点魏蜀吴三分天下的味道，声势上特步登顶一线。

现在，当我们谈起 TNF（The North Face）的时候，必须加以赛事品牌或装备品牌的解释，因为在中国，它们都是高口碑之作。

4 月，中国户外越野赛事重要源头之一 TNF100 诞生。

作为户外装备品牌，TNF 被中国人称为北面或北脸，北面的说法源于山上最冷、最难攀爬的北坡，代表着探索最难最险的户外精神。

TNF 与宝马、柯达和皇冠酒店一样，都是八方环球的老客户。当北马八年之约和杭马三年之约进入最后一年时，八方环球公司内部士气低迷。TNF100 作为可能的替代产品被提出，但替客户办赛这种事儿，并不符合八方环球的调性，因此争议激烈。

最后，亚太区市场负责人拍板定案。最终定名 2009 The North Face 100 北京昌平户外耐力跑挑战赛，简称 TNF100。

戚军是狂热的户外爱好者，也是较早一批非专业马拉松高手，连续参加两届北马，他爆得大名缘于 2010 年 4 月调任中国足协这个风口浪尖。

首届 TNF100 定于 4 月 25 日举行的消息在社会上激起涟漪，但最终总规模 3200 人的赛事，100 公里组仅 100 人参加，这已极尽北京户外人才。

昌平某医院 46 岁护士邢如伶获得 100 公里女子组冠军，耗时 8:42:14，这是一个从单纯锻炼身体出发而成长为户外大神的故事。

日本人镝木毅获 100 公里男子组冠军。

深度参与 TNF100 创赛并见证八方环球与北马缘起缘灭的崔英善，2012 年 5 月注册橙光线，继续与中国田协合作，为北马规范化操作服务。

不温不火的大连马已是第 23 届，“中国体育彩票”与全日空航空公司并列顶级赞助商。

这是很有意义的现象。继北马之后，大连马率先享受体彩福利。

中国体育彩票跟马拉松渊源极深，其雏形是 1984 年为北马特设的“体育发展奖”。1997 年，国家体委公布《中国体育彩票收益金管理暂行规定》，明确收益金用于补充大型运动会举办经费不足和实施全民健身计划。

体彩销量已达 568 亿元。

靠这笔财政预算外收入，各级体育部门上演经费逆袭变奏曲。但一般来说，马拉松不是优先资助对象，那些影响力小但必不可少的贫弱项目，会被优先资助。

在马拉松领域，体彩主要为县级赛事雪中送炭。

5 月的一个上午，烈日高照，拉萨市达孜区 15 岁初三学生多布杰，参加西藏自治区体校选材测试，3000 米排名第一，被认为很有天赋。

多布杰偷瞄一眼长相有些凶的教练，就是未来跟他同步成长至国家队的格桑。已准备初三毕业回家种地的多布杰听说上体校可以安排工作，就跟格桑走了。

格桑是西藏自治区首批国家一级运动员，他的雄心和多布杰的潜力，踩准了中国田径发展战略的步点。田径中心 2011 年推出“田径高原人才开发计划”，并于 2012 年年底将格桑教练和他的八个徒弟纳入保障体系。

这是中国耐力项目新战略的新起点，继蒙古高原和云贵高原后，青藏高原人才群体急剧隆起。

中国城市马拉松家族已扩至九个，北京、厦门、杭州、大连、上海、扬州、郑州（开封）、东营，另加一个西安城墙马。从源流上看，大连马、杭马、扬马和西安城墙马均由中日友好关系开花结果，上马则是上海旅游节的标配。唯北马、厦马心向专业，各具所长。

在白雪的记忆中，今年是最为阳光明媚的一年，而在马拉松史上，堪称白雪之年。

从2005年亚锦赛5000米、10000米冠军到今年世锦赛马拉松冠军，白雪跑了四年。

她的柏林世锦赛之扬，以北京奥运会之抑为铺垫。

去年年初，白雪虽在厦马跑出难以置信的 2:23:27，但田协经过艰难研判，还是决定由周春秀、朱晓琳和魏亚楠跑马拉松，白雪则参加女子 10000 米比赛。

取代白雪的魏亚楠 1981 年出生，吉林名帅石砚杰弟子，注册在解放军队。田协选择魏亚楠是选择了稳健，而白雪在 10000 米决赛中被冠军迪巴巴套圈，则不亚于耻辱性打击，最终获第二十一名。

多年来，梁松利甘演配角，他在王德显出事后扮演主角，在北京奥运会上达到声望高峰。

梁松利、周春秀师徒都在体育总局的表彰名单上。

梁松利的人生态度极为洒脱，在那个时期的教练群体里，其履历和风格是如此独特。

在马拉松界，梁松利和陶绍明都是绝顶聪明之人，思维活跃，又洞悉体制内外各种人事机微，身份在教练员、经纪人、投资人之间闪换。梁松利由竞走而马拉松，并很早圈地盖训练中心，时代让他两次做出选择，不经意间他都赌对了。马拉松人口和土地价格，都以几何级数飙升。

生逢中国史上空前的创富时代，从挣钱角度来看，梁松利和陶绍明算是最成功的教练。对于同行，他们从不会妄加评论，但能从别人的悲剧中得到教益。

很多年后再提当年创业史，梁松利颇有不堪回首的感慨。

最初大连棒棰岛啤酒厂支持 10 万元启动资金的慷慨，大连艺术学院全方位保障的仁义，他个人教练兼司机、厨师、教师和医生的忙碌，带队员卖羊肉串和捡白菜帮子做酸菜的苦楚，依然历历在目，所幸岁月未曾蹉跎。

梁松利虽已担任国家马拉松队总教练，但他建议分散训练，个人工作重心还是周春秀。他对白雪也很关注，认为她先天条件好，农村孩子又能吃苦，练出来是早晚的事儿。

8 月，白雪和周春秀、朱晓琳一起，站在柏林勃兰登堡门前，沿途还将经过夏洛滕堡宫、舍恩贝格市政厅、德国国会大厦和凯旋柱等地标建筑，这里的一切都让她们感到陌生。

北京奥运第三名周春秀和第六名朱晓琳代表国家竞争力，21 岁的白雪代表未来。

前 30 公里三人都在第一方阵，周春秀和朱晓琳曾交替领跑，但

35 公里后领先集团仅剩白雪一个中国人。

高潮出现在 40 公里处，日本选手尾崎好美突然加速，白雪一把摔掉遮阳帽，嘴里不知嘟囔了句什么，紧紧追上去。场面瞬间变成二龙戏珠，最后一公里，白雪超越并第一个冲线（2:25:15）。

这是中国选手首次在田径世锦赛马拉松比赛中获得金牌。

现在，柏林烟云很遥远了。白雪跟孙英杰、任龙云、周春秀组成的四大天王，依然光耀史册：

孙英杰 女子国家纪录，2:19:39 ，2003 年 10 月，北京。

任龙云 男子国家纪录，2:08:15，2007 年 10 月，北京。

周春秀 唯一奥运会马拉松奖牌获得者，2:27:07，2008 年 8 月，北京。

白雪 唯一田径世锦赛冠军获得者，2:25:15，2009 年 8 月，柏林。

在专业角度上，王德显被诟病甚深的是伤病，任龙云、白雪都因此早早退役，这恰是梁松利的过人之处，弟子任秀娟和周春秀都是伤退复练。

城市马拉松的规模超出学界想象，马拉松顿成显学。

中国田协和中国体育科学会联合主办的马拉松论坛，于北马前一天在清华大学举行。

任海、鲍明晓、胡光宇、郝勤和徐济成均是各领域权威，他们站在自身的研究领域，以超然的态度为城市马拉松发展提供方案和补充。

唯一的生面孔孙立平，发言题目是《中国马拉松赛事赞助平台及营销影响》，这是他首次以中奥路跑总经理身份正式亮相，等于官宣八方环球退场。

论坛的现实意义是请学术界为马拉松站台，以赢得更多城市的支持，为进一步发展铺路。

全运会是金牌至上政绩观的集大成者，重要性并不输于奥运会，白雪还在为白雪之年继续加码。

10 月，北马暨十一运会马拉松。在六级大风中，新科世界冠军白雪登顶（2:34:44），辽宁张新（2:34:49）和朱晓琳（2:34:55）分列二、三名。周春秀以 2 秒之差无缘奖牌。梁松利略显尴尬地回应熟人的安慰，一遍遍地重复“技不如人”，一周后是 10000 米决赛，还有机会。

戏剧性一幕再度上演，白雪 10000 米决赛中遥遥领先夺冠，周春秀宿命般再获第四。

随着白雪声名鹊起，白家经济状况也受到更多关注，火车头体协扭曲的经济分配链条二度曝光。

火车头体协的诱人密匙是体制优势，全国铁路一盘棋，地方铁路局出名额，火车头体协看中的人才被纳入正式编制，户口进城甚至进京，对运动员构成巨大吸引力。

但管理上的“包工头”模式必然产生利益分配纠纷，运动员工资、津贴和奖金要由主教练掌控。白雪夺得十一运会冠军第二天，在老家种地的父亲白文喜说，白家在世锦赛后没收到火车头体协一毛钱奖励。那么，钱去了哪？

中国顶尖高手都是市级体校出身，此后面临省级体工队和国家队选拔，这些三级训练选拔制度的优胜者，诚然是天赋、努力和国家保障的结果，但在家庭层面，则多以父母含辛茹苦和兄妹自我牺牲为代价，王军霞、孙英杰、周春秀和白雪均可作为例证。基于此，家庭对回报也有朴素的期待。

火车头体协模式，意味着一名教练的功利心和道德感必须双修双成，这要求有点高了。

如果以男子成绩为标准，内蒙古教练胡荣（刘一祥、单长明和胡刚军这条师承主脉的支系）门下的韩刚有力弥补了胡刚军退出江湖后的“蒙派”空白。此前，胡荣的代表作是八运会女子马拉松冠军潘金红。

韩刚 1978 年 11 月出生，内蒙古巴彦淖尔人。1995 年入内蒙古体工队，2002 年年初闯江湖获北马第十八，成绩 2:18:10；2003 北马第九，成绩 2:17:49。2004 年雅典奥运会后销声匿迹，三年后再战江湖，凭借北马打破全国纪录，只是被任龙云强悍压制。

韩刚没放过全运会翻身的机会，今年以 2:12:36 夺冠，任龙云第六（2:16:49）。韩刚是“蒙派”男子最后的光亮。

靠着一篇我证我的霸气论文——《2007—2009 年韩刚北京国际马拉松赛前训练安排的研究》，韩刚拿到北京体育大学硕士学位，随后入川，征战十二运会又获一枚银牌。

人生就像一盘盲棋没有棋谱，选择无所谓对错。

中国有了两种马拉松，专业马拉松和大众马拉松。

北马首次以官方身份推出草根跑者，并花心血包装、赞助他，这个人叫苏勤生，东营胜利油田工人，当年 56 岁，从 2003 年开始，已参加 50 多个马拉松，几近癫狂，在小范围内享有“阿甘”之名。

老马月收入 2000 多元，妻子也只在一家干洗店打零工，还要供女儿上学，他每年跑马花销要 40000 元。这是草根跑者内心挣扎的真实写照，清贫家境与内心挚爱展开激烈搏斗。

赞助商华堂表示，他们看重苏勤生身上的体育精神，同时也看到了大众跑者的商业价值。

几年后，跑圈“阿甘”越来越多，大众跑者有意识寻找生财之路，尤其是埃塞俄比亚农民，纷纷放下锄头，加入淘金中国的大潮中。

牵手北马八年的八方环球，被视为中国马拉松营销体系规范专家，其开发的视觉识别系统及包括媒体、商业推广等在内的全面市场营销策略和计划，是写进培训教科书的案例。它在官网上自我评价道：“从2002年到2009年，北马从一个参与人数有限、媒体曝光缺乏、几乎零商业利润的赛事被打造为拥有众多国际知名赞助商的、亚洲地区的标杆性马拉松赛事。”

八方环球是专业的，但也不能忽视中国经济成长的史诗级机遇。

告别时，它留下了北马2009年的基本数据。

参赛人数：26768人；

运动员年龄分布：21岁以下25%，21～30岁52%，31～40岁17%，41～50岁5%，51～60年1%；

受教育程度：研究生18%，大学学历44%，大学在读25%，高中学历5%，高中在读8%；

参赛者月收入：1～4999元60%，5000～9999元25%，10000～14999元10%，15000～19999元2%，20000元以上3%。

朝阳门附近的八方环球北京办公室，有一股淡淡的忧伤，两年后，总部任命了新的中国区副总裁。

出现在济南奥体中心的几个人相视一笑，这是十一运会男子万米决赛现场，任龙云、董国建和李子成，他们的共同的梦想是奥运会。

若干年后，三人选择了实现人生价值的三种路径，任龙云大隐学界，董国建固守“滇军”徒承师业，李子成自我放飞南下定居。演变过程应了那句话：一切皆有可能。

首次参加全运会的董国建紧张得一夜未眠，他和代表解放军队的杨定宏同出于张国伟门下，是继邓海洋之后的“滇军”主将。

董国建输在最后 90 米。河南田梦旭以一个不可思议的冲刺拿走冠军，董国建和杨定宏分列第二、第三。李子成第五，任龙云第七。

数据显示，2009 年的中国网民数量达到 3.84 亿，超过了日本和美国的总和。习惯电脑端浏览新闻的跑者，聚集于跑吧和跑步圣经两个论坛，它们各自的注册会员接近 10 万。与主流媒体相比，这里提供了更多真实客观、观点鲜明的信息内容，成为最大的马拉松舆论场。

网络也渐渐成为马拉松最大的监督力量。

今年上马结束后，一个叫“d-runner”的网友，在跑吧论坛发布名为“可疑之极！”的帖子，称一批山东选手表现异常。

组委会经过核查，第二年年初在官网公布仲裁决定：

“我们查阅了 2009 上海国际马拉松赛成绩册前 100 名运动员的成绩，同时查看了终点录像和终点裁判员原始记录表以及运动员通过折返点时裁判员的记录用表，发现：2898 号、2725 号、3137 号、2845 号、2846 号、995 号，在不同时段分别存有作弊行为。”组委会同时宣布取消 6 名选手的成绩。

多少年，中国马拉松唯一不变的是网民的监督热情，从替跑、蹭跑到“递国旗事件”，都起到了端倪乍现时扎紧篱笆的作用。作弊总是和成长如影随形。

年底，北京下了一场小雪，跟很多传统媒体一样，位于东花市大街的体坛传媒也在睁大眼睛，寻找新的利润增长点。一封驻意大利记者王勤伯的邮件在一定范围内被转发，内容是建议创办一本马拉松杂志，并列出法国、日本和美国的潜在版权合作商。

这仿佛一块石头砸进一潭死水中，掀起了一阵波澜，但建议还是被搁置，没什么人相信一本教人跑步的杂志会在中国有所作为。但这正是 2012 年世界跑步圣经 *Runner's World* 落地中国的先导。

渐渐地，在中国的综合体育杂志上，耐克和阿迪达斯的广告悄然转向，其跑步产品线专员开始不断光顾编辑部，他们是跑步之春来临的使者。

久违的马俊仁又上头条了。他养的一条藏獒获全国总冠军，价值 3000 万元，是当年北马收入的三倍。

马俊仁 2004 年退休前，即已担任中国首家藏獒俱乐部主席，总部位于北京大兴，紧邻藏獒交易重地廊坊，他同时还是中国畜牧业协会犬业分会副会长。

人们记忆中的那个大杀四方的中长跑教练，华丽转身为中国藏獒代言人，把一个宠物故事讲成财富科幻故事。最初的藏獒交易市场也很反感马俊仁横插一杠抢生意，但看他的商业逻辑是跟圈内人一起发财，就愿意配合了。

在马俊仁等人的推动下，全国畜牧业标准化技术委员会通过了“藏獒标准”。

藏獒被描绘成具有熊猫般珍稀属性且讲究血统纯正的忠诚神犬，为期十余年的藏獒经济热达到高潮。

被奉为獒界权威的马俊仁，满血复活十五年前狂略中长跑世界冠军时的风采，在大兴基地，他麾下一批身着迷彩服的姑娘，牵着大狗遛来遛去，随时准备登场比赛。老马精神头十足，逢集日三四点就起床装车，赶到廊坊交易。

形势在2013年下半年逆转，由于供大于求和频频引发社会问题，藏獒神话破灭。楼塌宾客散，空留倾家荡产者的眼泪在飞。

2010　中奥路跑模式

田径中心成立后，在培育市场环境方面始终先行一步，主要做法是将城市马拉松的部分权限分散给地方政府和运营公司，以充分激发市场活力，更多类型的市场主体跃跃欲试。中奥路跑开启了运营公司总“统”赛事的先河。

发展史人物｜孙立平　赛事运营商

在长期以市场为导向的努力中，中体服、中体旅、长城国际和八方环球之于北马，始终扮演的只是简单的招商角色，赛事的整体运营主体还是中国田协。中奥路跑入场，标志着赛事公司打包运营时代的开启，一切以赛事有关的事务，包括组织、执行、招商和传播，均由运营公司总“统”。作为主办单位的中国田协和地方政府，定位于政府资源的协调和配合，这一模式渐成主流。

马拉松人红是非多，“作妖”升级了。

尽管2007年北马有20名跑者因携带两枚芯片受罚，但堪称潮头故事的厦马，还是出现了性质更严重的群体作弊事件。

厦马赛后第一天，《厦门日报》一如往常，选择跟自己强关联的特别案例报道，一个叫杨威风的人入选，因为他全马成绩是2:30:14，排名二十八。编辑们可能不知道，这个成绩对业余选手意味着什么。

较真的厦门大学教师黄力生，以“美女忽悠”的网名在《厦门日报》百家村论坛发帖，试探性地提出疑问：

杨威风身穿4593号红色战袍，成绩2:30:14；而本届厦马女子冠军贝萨·爱赛德的成绩是2:28:53，女子亚军中国队孙娟娟的成绩是2:34:12。杨威风的成绩在这两人之间，电视直播应该是很清楚的啊，怎么就是找不到他呢？

黄力生怀疑，杨威风把芯片绑在专业运动员脚上，请人代跑。

那时候厦马已是不容置疑的城市名片，黄力生找的几家媒体都不敢报。但黄力生不放弃，直接拨打市长热线，最终令杨威风消失于榜单中。

其实，意在淡化不良影响的处理方式无异于放纵，这是有先例的。一年前，网友“鹭岛三角梅”曾举报72岁吕姓老人成绩异常，组委会经查证后取消其成绩，不想今年吕先生卷土重来，还以 2:29:54 名列第二十六，超过国家一级运动员标准（2:34:00）。

当我们关注马拉松的规模、规格、卖点时，体育比赛公平公正的逻辑起点及与之配套的技术手段往往被忽视，问题都是从放松规则开始的。

从跑者的角度来看，通过作弊使成绩更好，能够产生俯视的快感，但动机可能远不止于此。

马拉松还有可能为个人高考助力！

国家一级运动员是高度“敏感”的身份，因为在经省级体育部门和体育总局各项目管理中心审核后，由体育总局科教司推荐，他们可免试进入高等学校学习。这条路非常拥挤，全国每年不过 1000 人。

网友“厦门光辉”在跑吧发布 “2010 厦马 3 小时以内打假分析报告”，称来自“山东省济南体育工作大队”和“山东省东方中学”的两组人马有组织性作案的嫌疑。

组委会、网民和跑者以不同心态关注事态发展，权威媒体的介入，使舆论监督升级。《人民日报》发表了《跑马拉松居然也作弊》的报道，《中国青年报》安排得力记者到闽、鲁两地深度调查。

真相随着调查逐渐清晰，这是一起试图走高考捷径的有组织、有预谋的操作，组委会官网取消了三十一人的成绩。

千里之外的齐鲁大地，一个小群体的侥幸心理顷刻坍塌。

对于城市马拉松发展中出现的各种问题，要针对具体情况采取具体措施，也要坚持用全面、辩证、长远的眼光来看待。

天下大事必做于细，大追求需小细节来落实，一件件“小事”被网民导入公众议程，为马拉松技术和管理进步提供了契机。

互联网时代，网友搜集、分析和使用公开信息的能力超乎想象，赛事的每一步骤和环节都在网民的监督之下。对组委会和个人来说，老一套路数走不通了。

世锦赛和全运会双料冠军白雪风头一时无两，厦马请她站台，并约定象征性跑5公里助兴。她来到厦门，点燃了火炬，但一步没跑。

白雪和教练都有点小情绪。

去年11月，国家马拉松队竞聘主教练，按照徒贵师荣的游戏规则，她的教练基本可以内定，但因兴奋剂间接牵连而落选。田径中心领导电邀梁松利带白雪，梁不愿蹚浑水，推说江苏这边百务缠身，实在没精力。

由于一直没有好的办法，田径中心被迫变通，让白雪继续在火车头体协训练，但保障上享受国家队队员待遇。

另外，田径中心组织了一批队员到肯尼亚投师罗萨。

罗萨，意大利人，本职是医生，但以马拉松经纪人闻名。

罗萨1999年到肯尼亚选了一批人，并从欧洲聘请专业教练执教，随着旗下弟子在奥运会、世锦赛称雄，其训练思路和理念也受到追捧。

罗萨去往非洲这一年，韩国人金昶佰来到中国，执教女子曲棍球。这是中国体育“请进来”力度加大的标志。

后来，为备战2008年北京奥运会，更是有大批外教被聘用，堪称世界级名帅的有女垒迈克尔·巴斯蒂安（美国）、男篮尤纳斯（立陶宛）、花样游泳井村雅代（日本）、赛艇伊戈尔（美国）、水球胡安（西班牙）、自行车莫雷龙（法国）和佩剑鲍埃尔（法国）。

马拉松也不甘落后，2005年曾请罗萨制订训练方案，由张国伟负责落实，队员包括李柱宏、韩刚、苏伟等，但“函授”训练效果一般。

去年年底，罗萨正式出任国家马拉松队主教练，并经多次观察，选拔朱晓琳、孙伟伟、贾超风、常金雪等6员女将赴肯尼亚训练。从此，国际化成了马拉松训练双行道之一，“非训”也成为延续至今的重要传统。

这支队伍的领队，是后来担任中国田协副主席的田晓君。罗萨在当地安排一名黑人选手领跑。

罗萨那时在肯尼亚是红人，建有海拔2100米和3000米两处训练基地，并经常组织当地越野跑赛事。杜兆才对队伍首次走出去特别重视，亲自赴非督训一周。

在国内教练圈子和学界看来，罗萨还是有真本事的，他独创的9天小周期训练法很有新意。

陶绍明对经济现象素有兴趣，并有自己的方法论，他决定在非洲开办 Tao Camp，“生产”并经纪黑人运动员，两三年后在中国市场形成垄断之势。

模式永远都会被模仿，面对跟风，陶绍明以国内国际市场双线齐发应对，并与中国田径协会深度合作国家队“非训”，占领制高点。毕竟在这个时代，谁拥有更多顶级资源，谁就拥有更大市场。

在经纪人圈子里摸爬滚打十年后，这位喜欢戴墨镜的前国家队教练，彻底变成另外一个人，坊间的定位是头号马拉松经纪人。

他与孙英杰的短期师徒之谊也演变为长期商业合作，2016年，两人注册英陶国际体育赛事管理（北京）有限公司。

郑开马来到第四届，是中部地区的首选赛事，一个镜头温暖了无数人。

赛道上，肯尼亚选手杰奎琳基普利莫为中国断臂跑者任耀递上饮料。网友评论说，这世界最大的善良就是不动声色，愿每一个我们，都能有一颗安然向善的心。

2017 年，这一幕在池州马拉松重演，女主角换成埃塞俄比亚选手蔡涵英尼诗，男主角还是任耀。

任耀，中国速度最快的残障跑者，1988 年出生，安徽宿州市萧县人，9 岁因触碰变压器致残，两年前参加上马，以 2:41:19 完赛，今年郑开马成绩提升至 2:39:53。

任耀是赛道上的特殊符号，演绎着动人的励志故事，而赛道上的爱心亦弥足珍贵。

心理学上有灰色中年的说法，也称“男人四十综合征”，美国人玛丽福至心灵，发明了“戈壁长征”疗法。

戈壁长征是中国沙漠耐力跑鼻祖，由玛丽的跑遍地球公司创立，首场赛事于 2003 年 9 月在敦煌举办，赛事报名费高达 3000 美元。

运动员 7 天横越 250 公里戈壁荒漠，有如炼狱，但据说效果上佳，有 1/3 完赛者灵感顿悟。如此几届后，赛事名声远涉重洋。曲向东借题发挥，圈定大火的商学院，创办了自己的戈赛。

两个戈赛，客户群体有别，井水不犯河水。

戈壁长征做到第六届，在新疆达坂城，一年前自造号码蹭赛的那个渔民又来了。

他就是陈盆滨。

陈盆滨 1987 年 3 月出生，浙江台州玉环市人。

玉环是全国 13 个海岛县之一，陈 13 岁随父出海，人生定数一生捕鱼。每次出海 6 天到 8 天，一天 4 次潮水，拉网、收鱼、再撒网，不知不觉九年过去，没赚着钱，倒练就一股神力。

在时运和造化作用下，陈盆滨人生逆袭，2000 年，乡团委举办春节趣味赛，他一口气做 438 个俯卧撑拿走 600 元奖金。陈盆滨成为公认的玉环第一大力士，赛场人人闪避。

陈盆滨不光力气大，耐力同样惊人，温州举办的电视吉尼斯，他扛着 40 斤重的水桶绕圈疾走 75 公里夺冠，耗时 14 小时 21 分。另一次比赛，他脚穿赞助商提供的皮鞋以 2:30:00 跑完全马。这实力摆明砸场子，温州从此罢赛吉尼斯。

夜深人静的时候，陈盆滨有所顿悟，吉尼斯式成名是唯一适合自己的道路。

从 2004 年开始，浙江灶具研发制造商苏泊尔，赞助陈盆滨参加各种耐力赛，三年拿了多个人迹罕至区比赛的冠军。

2009 年，陈盆滨慕名前往新疆，找到极地戈壁长征组织者玛丽，要求减免报名费后参赛，被一口拒绝。

陈盆滨不管三七二十一，自缝号码簿也要参赛，他请一个维吾尔小伙骑摩托私补，居然连续三天第一个撞线。第四天，组委会招来警察，以扰乱赛场之由将他驱离。

今年陈盆滨正式报名参赛，一举夺得季军。

戈壁长征这个鼻祖型耐力赛，随着马拉松潮涌渐被媒体遗忘，2016 年后悄然离华，成为嵌入跑圈集体记忆中的符号。

以太原为原点到北京和郑州，皆四百公里有余，北马和郑开马风头遒劲，使这座重工业城市蠢蠢欲动。

山西田径队原队员师维平扮演了关键角色。

在中国田协的一次专业会上，师维平提出要推动太原办马拉松，现场赞和者甚少，因为太原给人的印象是“到处飘煤黑，空气污染重”。但师维平说干就干，立即邀请马拉松国际丈量师张东风现场考察，并得到肯定。

那时候，太原正绞尽脑汁落实省领导“把太原建成具有国际影响力的区域性大都市”的指示。市体育局认为，马拉松是提升城市形象、丰富城市内涵和扩大城市知名度的简单而实用的抓手，这跟找上门来的师维平一拍即合。

师维平名下博维体育和另一家叫磬石体育的公司，因积极推动赛事申办，被授予招商推广权，约等于运营权。

几乎像汾河流水哗啦啦一样就走完了各种流程，市政府 4 月正式批复同意举办太原马拉松，国家体育总局田径中心 6 月下达批准函，7 月召开新闻发布会，宣布每年 9 月第一个周日举办太马。

太原市领导对马拉松的重视程度非同一般，他们真诚地认为这是建城 2500 年以来的盛事，更对赛事联通太原与世界寄予厚望。

首届太马国内男子冠军是青海尹顺金（2:20:14）。

尹顺金，云南人，1985 年出生，2005 年跨省进入青海省体工队，比任龙云大两岁，但出道稍晚，同期还有苏伟，三人构成青海马拉松三剑客。

2007 年全国马拉松冠军赛，尹顺金跑出 2:24:52 获亚军。2009 年厦马更有 2:16:56 的不俗表现，其最高成就是 2013 年十二运会马拉松冠军。

太马的定位非常清晰，政府也敢投入，诞生之日就是国内一流赛事，且表现超级稳定。甚至号称“赛事运营 + 内容平台 + 智能硬件 +

互联网服务”的运营商乐视体育，在2017年陷入困境甚至散伙后，太马运营团队依旧坚挺。

太马是乐视体育留给中国体育唯一的优质资产。

初次接手北马，中奥路跑努力创新：启用全新识别系统，赛事更名北京马拉松，从刻意强调“国际”三十年到弃之如敝屣，除自信心爆棚外，也有自我打气的考虑。

北马一向是风向标，但这次突然变身，跟风者寥寥。各地心有千千结。

第一，改名是系统工程，弄不好会影响赞助热情；

第二，绝大部分地方还需要“国际”二字来表达自己的“不够国际”。

倒是北马今年的中国城市马拉松营销战略高峰论坛，开一代被模仿新风。

总体而言，这时候水已烧开，国际品牌对中国马拉松市场判断趋于乐观，只是金融危机还在发酵，对投入真金白银畏缩不前。中奥路跑希望得到北京市更大的支持，王大卫和孙立平在论坛上一唱一和，说北马要成为国际知名赛事，需要更大投入。

阿迪达斯老到，重金牵手北马，为日后与特步、耐克“三国杀”奠基。

北马风雨交加，在非洲双“亚”（肯尼亚和埃塞俄比亚）面前，中国男子不堪一击。

女子，白雪、周春秀和朱晓琳在备战一个月后的广州亚运会，河北小将王佳丽抓住机会获得女子冠军（2:29:31）。

中共中央、国务院《关于深入实施西部大开发战略的若干意见》落地，有人感叹：浩瀚西部，还没有一场全马。

西部地区占国土面积约 60%，但全国人口约 94% 在黑河 — 腾冲线以东。形成经济地理中心，缩小东西部发展差距，是国家战略性任务。

重庆和兰州同时吹号，但重庆动作略快。

在北京天坛饭店一个房间里，重庆南岸区体育局局长李伟与五个同伴，马不停蹄地考察了马拉松高峰论坛、北马体博会和北马比赛后，激动得彻夜难眠。

用现在的眼光来看，北马套餐不过是马拉松的庸常操作，但那时已穷尽基层体育工作者的想象，在论坛上，李伟等人还近距离接触了央视著名主持人张斌。

自京返渝后，李伟花一天时间写出兼具思考和建议的报告。后来有人说，重马身上一直有北马的影子，李伟觉得不算错。

报告最核心内容是经费，李伟以北马和厦马为例，解释前期办赛资金应以政府性投入为主，逐步过渡到市场化运作，最终实现盈利，但没有具体时间节点。他也夸下海口，说三到五年媲美北马、厦马，跻身国际金牌赛事之列。

重马是继杭马和上马后，长江流域第三个重要马拉松赛事，但其更大意义是填补谱系上的西部空白。它最初着力于同兰马角逐西部第一，颇有争锋对决之意，2017 年西马和成马强势崛起后，西部进入“四大天王”时期。

为期半年的世博会在上海闭幕。

一北一南中国最大的两个城市，在全世界注目下，各携奥运会和世博会登场，“帝都”和“魔都”花开两朵。

上马在世博会闭幕一个月后举行，起点设在南京路世纪广场。当两万名跑者拥入复兴路过江隧道后，宏伟壮观的世博园引发集体惊叹。

这是大上海新地标。

比赛终点东方体育中心，也一举成为魂牵上海跑者的圣地，比肩北京奥森（奥林匹克森林公园）。

22198 号选手以 2:11:49 获赛会第二、国内第一，创当年国内最佳成绩，但电视解说员迟疑半天才找到李子成的名字。

李子成，山东枣庄人，10 岁进市体校，16 岁进山东体工队。凭上马冠军跻身一流高手之列，也是他此后十年以“大众”身份纵横江湖的最大资本。

跟李子成同时出道的董国建，因 4 月大连马跑出 2:13:23，得以参加 11 月广州亚运会，获第四。从此，李、董龙虎斗长期霸屏。

世界马拉松是东非的天下，肯尼亚力压埃塞俄比亚一头。

荷兰鹿特丹马拉松，肯尼亚玛卡乌和穆泰难分伯仲，分别跑出 2:04:48 和 2:04:55 的成绩。

中国与世界的差距接近 7 分钟。

在世界前 40 名中，肯尼亚 24 人，埃塞俄比亚 14 人，摩洛哥 2 人。

多威跑友会、跑吧和跑步圣经三大论坛的区域版主，纷纷将论坛网友拉入 QQ 群，区域类跑团诞生。

在上海，跑吧和跑步圣经还有一场“互撕”。

跑步圣经上海版版主史志刚，人称金刚狼，创立的沪跑团有万人之众。其发展路径也具代表性，从约跑到赛事服务，再到主办赛事，是典型的早期跑团商业进化样本。

大批理工男纷纷走上技术创业之路，一个叫申波的成都电子科技大学研究生，在辗转上海贝尔、思科和一家新加坡公司后，又于前年辞去诺基亚西门子中国架构主管一职，决定用游戏化、社交化和碎片化方式做跑步可穿戴产品。申波骨子里有创业基因，读研时就成立公司研发电子存包柜，后因资金压力而放弃。

申波在成都创办咕咚，开发的首款跑步产品叫健身追踪器，MP3播放器大小，夹在衣服或卡在皮带上，将监测的运动数据传到咕咚网上做分析。这比单纯计步器有很大进步。其独门绝技“咕咚运动+”App正式发布，则是两年后，此举开辟跑步社交手机软件新时代，技术红利一直持续到现在。

咕咚及后来的益动GPS和悦跑圈，这些怀揣技术和远景的科技企业，在以技术革新带动跑步消费升级的同时，也成为继装备制造后最大的创富平台。

跑步App崛起，给跑步论坛一击重锤，多威跑友会、跑吧、跑步圣经，三大论坛日渐式微。

根据欧美发展经验，当人均GDP达到3000美元时，观赏式娱乐兴起，将带动电影产业腾飞。2008年中国内地票房43亿元，综合收入84.33亿元，大幅创新高，验证了规律。体育界关注的是另一条线，人均GDP达到5000美元时，体育产业会井喷，任文判断，门槛最低的路跑将会成为国民运动，是资本新风口。

国家体育总局也在酝酿并推动全民健身和体育产业新政，在地方，已破天荒有 29 个省（区、市）将全民健身写入了政府工作报告。

资本市场枕戈待旦。

任文第二年出洋考察，发现美国马拉松近千场，不由心潮澎湃。回国后，她对股东们只说了一个字：干。

智美奥成放弃赖以发家的汽车广告和汽车赛事业务，转身马拉松，就此大快朵颐。

2011

2011　新使命

国务院颁布的“全民健身计划”，使身兼奥运争光、全民健身和体育产业三重职能的城市马拉松的“配比”发生根本性变化。

发展史人物｜杜兆才　体育系统官员

隐身在体育总局训练局大院的田径中心及前身田径处的另一个名字叫中国田径协会，从 1981 年首创北马算起已三十年；而大力宣传和推动城市马拉松，从 2003 年厦马算起也已八年，其旨在让中国人跑起来的努力，受到社会的普遍认可。

国务院颁布《全民健身计划（2011—2015 年）》，要求各地加大经费投入。

将历史的时间线放长，这是中国体育的一个重大转折点，也是改变中国人生活方式的重要节点，并为 2014 年年底国发 46 号文（《关于加快发展体育产业促进体育消费的若干意见》）的出台埋下重要伏笔。

以前一直有人说，马拉松是不是跑偏了，集中精力拿金牌才是正道。现在，大家终于明白什么才是正道，一个金牌大国，更需要其国民拥有强健的体魄和健康的人格。

身为体育总局副局长和中国田径协会主席，段世杰推动马拉松发展可谓不遗余力。

一年中，厦马、扬马、大连马、东马、郑开马、重马、兰马、太马、北马和上马，还有一些偏远地区小型赛事，他都不厌其烦地奔波站台。

段世杰被业界称为马拉松最高权威，他的行动当然带有象征性，至少让地方官员觉得，全市动员并投入经费和资源办马拉松赛事是正经事、是大方向，不仅没有风险，还应该被褒奖。

他不开口则已，一开口就能高屋建瓴地揭出事情要害，且言辞时尚潮流，听者无不惊佩。

奥运会金牌依旧是高悬在项目中心领导头顶上的达摩克利斯之

剑。

抓后备人才培养本是体育界常识，而官员任期往往短于人才培养周期，所以有些人更喜欢急功近利。

接替罗超毅指掌田径中心的杜兆才，做了一个影响深远的精英人才培养布局，算是从娃娃抓起了。

在后面的内容里，我们将会看到，这个著名的“高原人才开发计划”是很多名将的起点。

早年间，中国马拉松人才大多出自内蒙古和云南，后来又有山东、辽宁和黑龙江群体。世居西部高原的少年擅长耐力项目已有定论，但始终没有战略性抓手。国家西部大开发政策加持和中国体育彩票资金支持，使这一计划得以推出，最初涵盖云南、贵州、青海、甘肃和西藏，后扩至九省区。

7 月，杜兆才来到耐力跑历史重镇昆明，主持第一届田径耐力项目高原地区对抗赛，660 名少年进行了中长跑和竞走测试。

在这里，拘谨的多布杰获得 5000 米第八，米觉尼玛第五。一脸格桑花般灿烂笑容的努增旺姆获女子 3000 米和 6000 米冠军，她当时 15 岁，来自西藏阿里地区噶尔县，2009 年从孔繁森小学毕业后进区体校训练，此前已连夺两届拉萨半马冠军。

这次对抗赛是中国耐力项目向西部倾斜的冲锋号。

2007—2010 年是马拉松的多事之秋，北马、上马相继有麻烦，厦马作弊案则形成自 2004 年北马猝死案以来最严重的舆情。

中国田协和市政府领导多次过问，国际田联也在关注，业界目光聚焦鹭岛，厦门市体育局和厦门广电集团压力重重。

作为应对，厦门市政府办公厅发文，增补四名组委会办公室副主任，以加强组织领导力量。政府领导要求各岗位人员务必恪尽职守，否则将以渎职论处。

对中国马拉松产生深远影响的整肃措施出台了。

被查实采用冒名顶替、抄近路和佩戴多枚芯片等违反规定方式参加比赛的共 48 人，均被取消成绩，并在全国范围内禁赛两年。

调查结果还显示，作弊者大多为青少年，他们为实现高考加分或特招，请专业运动员代跑，以获得国家二级运动员（3:10:00）甚至一级运动员（2:34:00）资格。

在此背景下，厦马今年首设年龄门槛——20 周岁以上才有资格报名参加全马。

厦马被现实逼出来的诸多做法，包括 20 周岁参赛、专业选手单独检录和成绩公示 15 天等，不久被写入《全国马拉松赛事管理规定》和《全国马拉松赛事组织实施管理细则》，推向全国。

在厦马组委会召开最后一次协调会之时，一群寡言少语的肯尼亚男女正在飞往厦门的航班上。

第二天，肯尼亚人基普罗普在安静的清晨中醒来，他被碧海白沙、一望无际的环岛路和 4 万美元的冠军奖金深深吸引。这笔钱是他上一年收入的总和。

组委会不仅将全程冠军奖金增加了 1 万美元，还设打破赛会纪录奖 1 万美元，且成绩每提高一秒再加 500 美元，一场非洲人的激烈内战不可避免。

见过大世面的基普罗普仍然被厮杀场面惊呆，他只瞄着埃塞俄比亚的多拉不放并伺机超越，最终得逞，拿走 7 万美元。

天降横财的肯尼亚人热泪盈眶，他真诚地说：很爱这个比赛。回去可以好好改善一下生活了。

河北王佳丽所处的时代，是乱中有序的格局，火车头队白雪和梁松利嫡传周春秀各擅胜场，再加上辽宁姑娘朱晓琳，三人组合堪称一时之选。

在培养出钱红、郭晶晶、庞伟的河北第一体育重镇保定，2006 年，王佳丽和陈荣随启蒙教练一起进入河北省体工队，在相对固化的马拉松江湖上扮演新势力，两弟子并称“河北双姝”。

由于白雪、周春秀、朱晓琳缺席，今年厦马是河北双姝对阵非洲军团的苦战，2007 年北马冠军陈荣正值低潮，王佳丽在第一方阵被三名黑人选手“包围”，最后获第三名（2:32:00）。

陈荣运动生涯运气不佳，北京奥运会扮演“替补”，两年前全运会严重受伤。王佳丽则十年屹立不倒，是白雪隐身江湖和周春秀淡出后，名头最盛的马拉松女将，曾获北马、郑开马、大连马冠军。

在黄河上游古城兰州，马拉松被反复谈论，但因各种问题逡巡不前，直到今年元旦，体育局局长龙富国一行登上去往厦门的航班。

厦马操盘手张思杰赛后才有空接待远道而来的客人，在他快节奏讲述的催化下，2007 年一幕重演，兰州人取经变搬兵，厦马运营团队继西安城墙马后受邀异地运营兰马。

国家大开发战略下的西部马拉松，兰马高调出击，与重马形成遥相呼应的两大支点。

3 月，田径中心批复，同意举办兰州马拉松。

4 月，兰州举行新闻发布会，龙富国摩拳擦掌地宣布，兰州市要修造一条全长 42195 米的兰马黄河风情赛道，言语间颇有兰马将打破现有一南一北一东格局的雄心。

在厦马团队带动下，一批闽商也迅速西进，晋江系“篮球帮帮主”中乔体育首届就投入 400 万元赞助，开启马拉松营销厦马外溢效应之路。

当时晋江系 361°、安踏、匹克、特步在香港上市，乔丹在 A 股上市，鸿星尔克在新加坡上市。晋江 GDP 总量 1000 亿元，在国内县级市中首屈一指，占全省 1/19，其上级市泉州长期压制福州和厦门，雄踞福建榜首。但晋江系也面临库存激增和利润萎缩的压力。

厦马是晋江系跑步产品通往全国、全球的桥头堡，为抢占山头，特步与 361° 殊死一拼。两年前特步终于惨胜，将 361° 连续三年的全球顶级合作伙伴及唯一指定运动装备提供商身份据为己有。

失手厦马后，361° 曲线进军金门马拉松，并北上郑州开辟中原市场，安踏则赞助 9 城联动的第 24 届奥林匹克日长跑。

丁水波的心情有些复杂，因为长期出没于世界各大马拉松的老手阿迪达斯，精心策划的“免费足部测试”广受欢迎，还组织跑团在厦马亮相，大出风头。

这是去年阿迪达斯牵手北马后，马拉松文化渗透战略的一次试水。

一直力主马拉松产业化的段世杰则感到欣慰。

他说马拉松的社会价值正在凸显，蕴藏的无限市场潜力有待进一步发掘。

微观层面，偏居西北一隅的兰州，中乔体育兰州直营店在两届兰马过后，总销售额增长 50%，跑步产品占总销售额的占比增长 112%，中乔体育快速成为甘肃省市场占有率第一的运动品牌。

风景秀丽的历史文化名城扬州，与上海和杭州，组成一个大致等边三角形，是抗衡上马和杭马的江苏总代表，从第一届起，赛事组委会就由副省长压阵。

在商家必争之地中央电视台，扬马赛事宣传片一周内播出了 129 次，中国最棒半马渐渐褪去中日友好主题，变成城市营销活动，同时赛事的专业性也明显提升，今年男子前三名均打破赛会纪录。

扬马独撑江苏的格局，因 2014 年粉红锡马登场江山变色。

在田径记者一度如过江之鲫的大连金州区，举行了一场令人新奇的签约仪式。

田径中心一把手杜兆才和大连艺术学院董事长王贤俊在深入会谈后，两家确定互为伙伴。这是马家军败落以来金州区最大的田径事件。

大连艺术学院是一家民办本科院校，一年前马拉松游击队长梁松利精锐部队集体入校，成立田径俱乐部。在合作模式上，国家队教练梁松利还是侧重于轻资产，名下苏州奥星输出品牌，负责训练、运营，并分得收益。大连艺术学院出项目资金，但借此获得教育部批准，建立起田径高水平运动队并开始招生。这是很智慧也很经济的双赢策略。

大连艺术学院不仅有了中国马拉松队合作伙伴的显赫身份，老板王俊贤年底还出任中国田协首位企业界特邀副主席，有机会与田径界各路代表共商大计。

大连艺术学院田径俱乐部模式，融合体育与教育，被视为创新代表，也显示中国田协在利用社会资源上迈出了一大步。

对东营这样急需资本青睐和人气聚集的城市，要想赢得更大发展空间，就得有全国认可的金字招牌，黄河口马拉松让主政者有了底气。

东营依然全城动员，出于职业敏感，来自北京的某媒体跑者发现，中国万达已连续冠名两年东马，但他在当地并没找到熟悉的万达商业地产项目，院线更无从谈起。

其实，被全国媒体广泛报道的东马赞助商中国万达集团，并不是王健林的万达集团，而是东营最大民营化工企业。

集团老板尚吉永是东营首富，2020 年以 210 亿元人民币财富名列“胡润全球富豪榜”第 903 位。中国万达集团 2010 年开始持续冠名赞助东马，截至 2017 年底共投入 2700 万元。

来过才知道的另一个秘密是，“黄河口”马拉松不见黄河，东营市距黄河口还有四五十公里。

东马创赛第二年即独享“中国成长最快的马拉松赛事”之名。它不像其他马拉松城市那样，有足够历史文化积淀或强大经济实力，所以在以马拉松经营城市和打造城市名片方面，下的力气也更大。

在长江流域，重马是杭马和上马后第三重要的马拉松，但它更大意义在于填补谱系上的西部空白。

3 月，西部第一个马拉松鸣枪。

重马由南岸区体育局推动，市体育局支持，在 2006 年开始的南滨路万人健步走基础上改造而成。

重庆对重马的调子比较低，似乎重马是个人喜好这一偶然机缘所促使的，两次更改赛期暴露了组委会在官场的协调难度，也让跑者在跑吧和豆瓣等地多有吐槽。

当然它的诞生，还是在重庆产生了极大震动，重庆人文新地标呼之欲出。

相比白手起家的重马，张思杰团队乾坤大挪移两千公里制造的兰马，排场之浩大和声势之煊赫，直追厦马，让400万兰州市民恍如梦寐。

最让兰州人着狂的一幕是当地人贾超风勇夺女子冠军，很多人激动地流下了眼泪。从魏晖、董江民到李柱宏，几代人三十年经营，甘肃男子在马拉松势力版图上扛着西北大旗，贾超风夺冠意味着女子实力后来居上。兰州市委、市政府为她举行隆重表彰会，重奖 10 万元。

贾超风省队师从李栓存，兰马夺冠只是开始，在以后行走江湖的日子里，“眼镜侠”娴静间取奖金于刀尖成为一道风景，永留甘肃青史的是 2013 年十二运会马拉松冠军。

在跑者体验方面，兰州投资 3 亿元打造的主赛道滨河路，让参加过厦马的跑者恍如置身环岛路之黄河版，从此中国马拉松版图上，同一团队打造的厦、兰两马俪影双双。

对这一震撼性重大事件，新华社甘肃分社发布的《2011 兰州国际马拉松赛传播效果评估》予以顶格评价，称赛事多个方面“前所未有”，流传最广的一句评价是：兰州人从中找回了失去已久的自信和自豪。

在兰州看来，马拉松绝不是一场比赛，而是城市综合实力的体现，也是城市强大的象征。

对于重马和兰马，跑圈也做了自己最擅长的形象总结——火锅马和拉面马。

青云直上、一步登天可能是所有人的梦想，但兰马真的实现了。应该说市体育局局长龙富国是个幸运的人，他在张思杰身上押下所有筹码，而后者没让他失望。

对兰马和重马来说，城市赋予的战略出发点是一样的：扛起西部大旗。只是西南、西北地理空间上的距离，使这一主题时隐时现。

让我们来到秋高气爽的北京。

在中奥路跑的努力下，北京现代以超千万元的价格冠名北马，使这项创办三十年的赛事大幅赢利。

终于来到了梦想中的彼岸，三十年，这批人从体育馆路 2 号到甲 2 号，从国家体委大楼到中心小平房，从中体服、中体旅、长城体育到八方环球，历经折磨和考验，终于在中奥路跑手里实现了历史性突破。是时候扬眉吐气地过轻松日子了！

但新的难题也接踵而来，30000 个名额 6 天报满，很多人间接找到协会和公司索要名额，有的还是相当级别的领导。老革命遇到的新问题，越往后越头疼，2012 年 3 天抢完，2013 年 13 小时“秒杀”，到 2014 年，终于开启摇号政策，以签定命。

“所谓马拉松，不过就是一个人跑 42.195 公里的一段路，怎么会热成这个样子？”媒体追着下面三个人问个不休。

中奥路跑总经理孙立平说：百姓全民健身需求空前高涨。

中国田协副主席王大卫说：这标志着我国马拉松运动进入了新的时期。

中国田协副秘书长水涛说：马拉松正成为一项社会活动。

不过水涛没想到，七年后，他主持的马拉松办公室，会真的改名为社会活动部，或许这就是宿命。

一段时间后人们才注意到，这一现象背后是潮汐一样准确的经济规律：一个国家人均 GDP 超过 5000 美元时，会进入体育消费黄金周期，会热衷举办和参加路跑赛事。今年，中国人均 GDP 首次跨过这道门槛。

信心爆棚的中奥路跑远赴贵州，推广 2011 中国 · 贵州黔东南超 100 公里跑国际挑战赛。这是国内首个多日、多城联动的路跑赛事，也是北马运营团队首次异地办赛。

对中国田协主导的中奥路跑，批评者认为它吃霸王餐，是管办不分的第三只手，却没有看到头部公司为后入场者做的标准示范——赛事运营，拼的是规范和信誉。

在北京，越来越多有见识、有品位的人开始迷上跑步。

荒城（曾华锋）、铁翼横空（张素海）、四海之内皆跑友（卢怀谦）、琨少（付琨）、党琦、阿迪混子、邢如伶和陈远丁等人，正将跑步稿成社会活动，马拉松不再是简单的健身形式。

这批人里面最猛的要数曾华锋，1972 年出生于湖南山村，来京前是广州赫赫有名的打黑记者，他采写的《经理摧残卖花女 局长庭长壁上观》《新化黑帮横行大沥天河》《“黑手”操纵宰客电话》等报道震动朝野。曾华锋同时也是自考牛人，中专毕业后通过湖南师大、中山大学自考，连续取得专科和本科文凭。2000 年夏天，一位暨南大学研究生到曾华锋供职的《南方都市报》实习，与这名研究生的交谈触动了曾华锋的考研念头，他一举考进了北大中文系，毕业后进入人民日报社当记者。

曾华锋 2006 年参赛北马，当时跑圈聚义正从论坛进入博客时代，这种大笔杆子写的“赛记”被广泛传颂，个人博客“荒城 V”也成为社交中心。

今年北马，曾华锋大风大雨中破三（完赛成绩在 3 小时内），但未能杀进前 50 名。

在赞助商阿迪达斯的推动下，北马首次公布业余选手名次，前5名奖励出国参赛一次，前50名奖励阿迪达斯装备一套，让这个一直独自闷战的群体现身，构建起江湖秩序。

这也是跑步装备营销的第一个大混战时期，争夺核心是业余高手，仅新百伦旗下就有赵全明、马亮武、于敏建、吴亚斌、刘可迅、孟文、芦建萍、刘旭丹和石砚秀等一群猛将。

马拉松产业化背景下的首批业余精英，正在考虑放弃些什么，走上他们认为正确的道路，一生因跑步而转折。

12月29日，北京，雪落无声。

位于亚运村的中奥马可孛罗酒店热气腾腾，人们西装革履，操着不同口音的普通话兴奋地交谈着。

这是史上首届马拉松年会，庄重的仪式感昭示着，马拉松不再是单纯的比赛项目，而是一场空前的全民运动。

杜兆才做了《2011年全国马拉松赛事年度报告》，大数据时代已来临，决策行为将日益基于数据分析而非凭经验和感觉，这也是史上第一份带有大数据色彩的马拉松年度报告。

现在看来，那时马拉松的体量还微不足道，全年22场全马，14场半马，其他长跑活动3场，总共40万人次参与。

颁奖环节没什么悬念，北马、厦马、上马、扬马、东马和兰马获得最佳，在众人羡慕的目光里，六个城市的体育局领导从段世杰手里领过荣誉证书。唯一感到委屈的可能是重马。

段世杰感慨地讲了长长的一段话，各地代表则总结出同一个意思：马拉松这东西，如果再不干就落后了。

我们从各类零星分散的素材中，大体可以看出段世杰为推动马拉松所做努力的印痕。他当过两年田径中心主任，1999 年升任体育总局副局长后亦长期分管田径，还自 2002 年起担任中国田径协会主席。限于篇幅，我们对他的相关论述无法详细列举，但一个明显的感受是，在 2003 年厦马创赛后，他对马拉松的“鼓动”节奏加快，且每年都有深刻的前瞻性思路。坊间对此评价甚高，称其为中国马拉松第一推手，这应该是符合实际的。

2012　欲望之城

一线城市广州和四线小城衡水同时启动马拉松，已很难从领导远见的视角来评价和观察，马拉松与城市的双向被需要倾向越来越明显，这是理解马拉松发展的重要线索，也预示着未来。

发展史人物｜任文　赛事运营商

经厦门广电六七年的经营后，厦马风头强劲，连最资深的北马也要避其锋芒。

原因是多方面的，比如厦门独特的地理禀赋、各级领导的重视、市民的广泛参与等，但作为一部优秀的马拉松题材商业大片，还有两个原因不容忽视。

首先是档期选得好，从 2008 年开始，固定于每年一月第一个周末举办，时间节点具有承先启后意义。中国田协乐于在此期间总结过去展望未来，每年都会有重大消息发布，客观上为厦马加分。

其次是主创团队特殊，这伙电视人有着强烈的宣传导向思维，核心人物张思杰是个很有能力的专家，行事风格上又奉行“要么不绝、要么做绝”的路子，他们是真正的战士。

厦马也代表着马拉松产业的整体进步，《人民日报》刊登了《一年举办 22 场马拉松代表什么？》，全面总结中国马拉松三十年历程，特别提到张思杰团队的立交桥理论。

张思杰解释说，政府要城市形象展示，民众要健康和快乐，赞助商要品牌价值最大化，媒体要新闻点，马拉松就是要搭好这个桥梁，比如搞配套活动、直播时插入短片等，减少矛盾的分割性，放大互需的结合性，让各方形成合力。

厦马的高速发展产生了综合效应，震惊很多城市，政府对马拉松更高层次的认识在破茧之中。

当然以回望的角度来审视，中国马拉松的勃兴与繁荣，源自人们对健康的诉求，源自文化的积淀，是经济发展和社会进步的必然。城市马拉松的运行轨迹和功能变化，也折射出城市的变迁。

城市发展虽有先后，但万流终归一宗，似乎每个城市都需要一场马拉松。

以老白干酒闻名的河北小城衡水，今年派出由副市长杨新丽带队的观摩团。之前一些公司考察过衡水湖，想办马拉松，但衡水市眼里只有一个中意对象：厦马团队！

如果要评选中国马拉松产业史上最具影响力的风云人物，此荣誉非任文莫属，没有她，现在成百上千的民营赛事公司得有更长时间的摸索。

以今天掌握的资讯及整体感受来判断，任文在马拉松领域入局、破局的手法上均堪称精妙。

智美体育是唯一以马拉松运营为主业的上市企业，任文也借此大富大贵，但这一切都源于其非常人可比的商业感觉之敏锐和杀伐决断之勇武。

去年，任文对马拉松的觊觎，终于诉诸行动。

此时，智美经营也的确面临实际压力。《经济观察报》的一篇文章说，由于中国经济放缓、自媒体时代降临，知名企业的品牌积累业已完成，电视广告销售效果差，智美传统的广告代理业务直线下降。

高管张晗希望边打边撤，但任文要断臂求生。

关于转向体育营销，在智美高层的内部探讨中，凸显的问题是没有专业人士。任文的战法是先有业务，为此她拟就了抢攻广马的方案，并详细规定了具体的战术动作。按她的部署，今年广马是不惜一切代价也要拿下的山头。

智美虽然没有组织马拉松的经验，但账上积累了大量资金，而广马的竞标条件非常苛刻，不仅需要运营商呈现一场真正的国际赛事，还需要先期大规模投资打造品牌。当时，大多马拉松赛事运营公司的资金实力不允许，也没有投资意识。

从资本逻辑来说，马拉松只是一个垂直类兴趣领域，其社交和变现的想象空间并不大。

讲故事是要有天分的，任文就很有天分。

任文说，以一线城市广州为支点，打通体育传媒产业链，激发市场活力，智美将凭借丰富的客户资源和突出的经营能力，通过广告来获得收益，连接“顶级体育内容、一线媒体和客户”的商业模型将撬动巨大市场价值空间。

这就不一样了，任文的故事构建完毕，代理汽车广告起家的智美迎来了转机。

尽管广马骤然而至，尽管任文全无准备，但长期摸爬滚打已为她编制了一套程序——先找一个帮她做赛事的人，再找一个帮她买单的客户。

盛夏的一天，长期参与重大赛事组织的中体产业干将宋鸿飞来到任文办公室，没谈几句，彼此已确认对方就是对的人。任文随即让宋鸿飞奔赴广州，参与组织比赛。

从此智美所有马拉松都有了宋鸿飞的影子。

宋鸿飞1996年毕业于北京体育大学，2000年加盟中体产业，今年加盟智美，三年后任副总裁，2020年任总裁。宋之所以能够在智美有所成就，其经验大概可以总结为做实事、低调，且始终深得任文信任。

坊间对宋鸿飞有体育赛事执行第一人之称，但竞争这一位置的人应该还有很多，比如中体产业的高国生等。

下面是任文为首届广马找冠名赞助商的过程，她虽然不懂马拉松，却有别人不及的优势——汽车广告领域的人脉资源。

广州市南沙区黄阁镇，广汽丰田市场部。

任文上一次到这里拜访已是十年前了。她的目的很明确，说服广汽丰田同意之前她提交的赞助方案。

此时，因钓鱼岛事件引发的抵制日货风潮，让广汽丰田陷入进退失据的困境，冠名马拉松倒是符合日企的调性，但也可能引火烧身。

任文感慨良多，十年前那次拜访改变了智美奥成的命运，从那之后，她横扫业界，终成财富大者。而回顾过去，一个案子成功或失败，往往取决于一个概念、一个奇谋。

大堂墙壁上的司训引起了她的注意：广汽丰田的企业责任是为社会创造价值，回报社会。她灵光一现，马上要求在广马主题口号下加上：感恩广州。

这是广汽丰田无法拒绝的四个字，既可以重塑丰田与广州的关系，也会有很好的传播效果。

任文很清楚，广汽丰田将是她在广州的长期合作伙伴。即使在回到北京后，一家韩企提出以更高价格冠名广马，她也没有答应。

这并不奇怪，一个成功的企业家一般都是看长线的。

平心而论，以张思杰为核心的厦马团队是一个时期内的最强运营商，但公司没什么野心，与主要竞争对手中奥路跑颇有惺惺相惜之意。

而智美就不一样了，马拉松是公司前途的新赌注，是给投资者设定的未来想象空间。

智美的心里埋藏着股民、资本和财富。

尽管智美一年后才在香港上市，但中国马拉松运营市场，从今年智美入局即已分野：创造政绩和创造财富。

任文和宋鸿飞等人一夜间身价飞涨，在时机上打了同行一个措手不及，就此，所有同行都陷入了何去何从的思考。

西部首轮双雄会后，重马操盘手李伟并不服气。

这也很容易理解，区位上重庆胜出兰州不知凡几，城市经济更不是一个量级。李伟想到“借题发挥”的主意，他要向中国田协申请一样东西。

这就是伦敦奥运会马拉松选拔赛。

这个策略是英明的，一下子击中了奥运年国人情绪的要害。田径中心还搭售了全国马拉松冠军赛，重马三赛合一，同时全程冠军奖金也增加到 30000 美元，声威大壮。

北京奥运会铜牌得主周春秀自然是焦点人物。河北姑娘王佳丽选择了跟随跑战术，但 23 公里进水站时被人绊倒，爬起来后继续追赶，30 公里后发力超过周春秀，2:22:41 夺冠。

王佳丽、周春秀和朱晓琳获奥运资格，王雪芹以替补入选。长期有伤的白雪没进前十。

男子胜出的是董国建和李子成。

总体来看，重马和兰马的西部双雄会难分伯仲，赛事体验各有所长，风格上体现了大江和大河独特的地理与人文特色。

在官方评价上，二者同时跻身金牌赛事之列。只是，兰州找到了自己的城市英雄贾超风，而重庆则长期以顶级业余选手赵浩为荣。

四年时间足以改变很多，中国马拉松显赫的人物烟消云散，此去伦敦奥运会，受关注度大大下降。

没变的是 110 米栏大满贯选手刘翔，他还是中国田径一哥。

有这样一位巨星就是好啊，中国田径世界景仰。

不过拯救田径队的是 20 岁的深圳运动员陈定，他夺得 20 公里竞走冠军，并打破奥运纪录，是中国第二个男子田径奥运冠军。

金牌最现实的意义是为田径队解套，一枚足矣，何况还有 5 枚铜牌，使命已完成，别无所求。大雨中的马拉松重要性下降，成绩更不尽如人意，如下表所示。

2012 年伦敦奥运会马拉松成绩（部分）

	女子		
Tiki Gelana	2:23:07	排名 01	（埃塞俄比亚）
朱晓琳	2:24:48	排名 06	
王雪芹	2:28:21	排名 22	（替补周春秀出战）
王佳丽	2:35:46	排名 58	
	男子		
Kiprotich	2:08:01	排名 01	（乌干达）
董国建	2:20:39	排名 54	
李子成	未完赛		

应该说，代表团在赛前对女子马拉松夺牌是有期待的，全队提前两周即到伦敦进行适应性训练。那是哪里出了问题呢？

业界的初步反思是这样的：

第一，“二保一”战术泡汤，年轻教练缺乏对局面的掌控能力，三名女将未能严格执行前 30 公里抱成一团为朱晓琳护驾的要求。

第二，队员和教练英语不过关，在陌生环境中无法应对突发情况，影响发挥。

第三，赛前营养品使用不当，出现意外，导致运动员状态下滑。

未完赛的李子成，伦敦之行却获得了意想不到的人生礼物——一种对中国马拉松跑者价值连城的新活法，流行的说法是“体制外生存”。

关于奥运的梦想，就算不谈追求卓越和改变命运，也是一个专业运动员最纯真的向往。

李子成 2001 年进入枣庄市体校，2007 年升至山东省体工队，2012 年参加奥运会，三大步顺风顺水。奥运会前，他的马拉松最好成绩是 2:11:49，是 2010 年 12 月在上马创造的。

奥运会上，相对年长三岁的董国建来说，李子成还是显得冒进了，以致 40 公里处严重脱水。他说他当时看不清眼前的东西，实在扛不住了。

有人说李子成没尽力，但这种说法只是主观臆断。他的下一个任务是第二年的十二运会，但伤病严重影响发挥，马拉松未能进入前八，于是意兴阑珊中选择了退役。

没人能想到这却是一个新的开始。

来吧，下半场见。

新入局的河北小城衡水，在赛事筹备中遇到了巨大困难和压力，城建及交通改善的工作量，大到令相关部门窒息。

为了让读者能够真切感受政府的工作量，兹摘录衡水市冀州区交通运输局接到任务 50 天后的工作情况汇报。

一、前段筹备工作总结

1. 赛道绿化美化及管护工程

（1）中湖大道：中湖大道补植树木 2300 株，打护坡柳树桩 16000 根，新建排水沟 320 个，维修排水沟 150 个；处理路面裂缝

6000米，更换路缘石2000米，动用土方20000立方米，处理水毁63处，清理护坡杂草碎石1公里，绿化带施肥、整地、绿化43000平方米，种植菊花、牵牛花、白三叶、三七景天、八宝景天等共计七个品种90多万株。同时，还增设了限高设施，对沿线违章建筑进行了彻底整治，净化了道路环境。其间，每天出动人员100余人，共动用机械600多台班，总计投入资金200多万元。

（2）大广高速连接线：更换行道树土方2万立方米，新植白蜡树800株，并进行了路树涂白。其间，投入机械40台班，人工500工日，共计投入资金约60万元。

（3）106国道：截至目前，两侧平台及立交桥三角地带共计新植卫矛、木槿、八宝景天、三七景天、龙爪槐、绒花树等灌木8.9万株，中间隔离带新植菊花、女贞等草本植被5.6万株；修剪树木花卉10公里；绿化动土方5260立方米；维修路缘石460米；增设更换警示桩140根；更换隔离带砖300块；维修道口挡墙100米；清理垃圾150立方米；街道化治理1000米。此外，还对106国道沿线标识标牌进行了粉刷，对标志标线进行了完善，粉刷了标语，印发了宣传单，出动了宣传车，全面营造衡水湖国际马拉松比赛的良好氛围。其间，共计动用挖掘机、水车、拖拉机等机械271台班，出动人员1460工日，总计投入资金约170万元。

2. 市区道路维修工程

涉及金鸡大街、兴华南大街、滏阳路、和平路的小修挖补。截至目前，共计处理道路基层4729平方米，冷再生处理13654平方米，浇油灌缝12600米，投入水泥382吨，动用铲车、挖掘机、平地机等大型机械104台班，总计投入资金约194万元。

二、赛前下一步计划开展工作

1. 赛道绿化美化及管护工作

（1）中湖大道：下一步，一是对 43000 平方米绿化带进行浇水管理；二是每天至少出动 10 余人，做好道路日常养护、病害监控和水毁预防，保持路肩整齐、路面干净；三是派驻路政人员昼夜巡查值守，全面维护道路及附属设施安全。

（2）106 国道：在人员、机械上继续保持重点倾斜，每天出动 80 余人、10 余台机械，做好以下工作。一是对 10 公里赛道两侧的平台种植野牛草，计划 5 月 12 日前完成松土整平，5 月 20 日前完成种植；二是对路树进行涂白，计划 5 月 31 日前完成；三是对过村路段挡墙进行粉刷，计划 5 月 31 日前完成；四是对新植的灌木花草做好日常修剪、浇水等养护工作，确保成活率和赛时的美化效果；五是出动路面清扫车，做好路面日常保洁；六是及时维修和更换破损的五桩构造物；七是加大宣传力度，制作光盘，印发宣传单，出动宣传车在沿线及集贸市场进一步宣传赛事营造氛围，并及时清理沿线公路非标，打造良好的路域环境。

（3）大广高速连接线：下一步将做好新植白蜡树的浇水养护工作，确保绿化效果。

2. 市区相关道路维修工程

（1）大广高速连接线：下一步将要对 106 国道立交桥以东路段进行照明亮化和人行道硬化施工，对 106 国道立交桥以西路段开展清表拆迁等工作。

（2）市区道路维修工程：针对金鸡大街、兴华南大街、滏阳路、和平路已经开挖处理的路段，在天气正常情况下，确保 5 月 20 日前完成罩面工程。

（3）长安西路大修工程：目前正在准备招投标工作。①

① 资料来源：冀州交通运输局《关于马拉松赛事筹备工作总结及赛前计划开展工作的汇报》（2012 年 5 月 7 日）.

不仅是衡水，每个办马拉松的城市，政府都这么拼。

当然，另一方面，正是马拉松为城市建设带来了巨变，而且远不止于此。

衡水有两组数字为证：

第一，首届衡马期间举行的衡水市投资环境说明会暨重点项目签约仪式，当场签约 37 个项目，总投资 897 亿元；

第二，首届比赛一年后的国庆、中秋双节，有 20 万人拥入衡水，而前一年是 7.5 万人。

这种变化也体现在地方品牌的社会关注度上，衡马与衡水中学、老白干酒和六个核桃并驾齐驱。衡马名声在华北地区直追太马和北马。

衡水是河北省最年轻的地级市，处于石家庄和沧州之间，行政管理上曾是石家庄的一部分，存在感较低，现在借由衡马一举独占河北马拉松之鳌头。后起的秦皇岛、石家庄马拉松，甚至稍早的张家口马拉松都不是对手。

在中国，如果要找出两个因马拉松受益最多的小城，答案是东营和衡水。

从厦马团队的角度来看，在盘踞东南进攻西北（西安、兰州）后，又在华北腹地打入一枚楔子，完成了梦寐以求的海（边）、（城）墙（上）、河（畔）、湖（滨）四态布局，奠基宏图霸业。

新手智美在广马遇到顶格考验，5 公里和 10 公里组各有一名选手猝死，组委会大惊失色。

这是继北马 2004 年后的首例一赛两死事件，媒体报出消息后，社会上顿时炸了锅。

不久又传出上海东华大学某大三男生跑完1000米体测后突然晕倒并离世的消息，一时间，长跑化身洪水猛兽，武汉、西安等地，相继有高校以“安全”为由取消校运动会长跑项目。

但讨论总要回归客观理性，才能推动认识深化、公共政策的形成及社会进步。

如果严格从赛事组织保障上进行检讨，广马完全符合国际田联和中国田协的相关标准，似乎无可指责，但这不仅是赛事保障体制和机制的问题。

暴露问题最直接的是一场小型赛事。

在距广州一百公里的深圳，一名38岁的创业者在中欧商学院戈赛预赛中倒地后再没起来，现场同学先是打120叫救护车，然后打电话给一个叫陆乐的人，问该怎么办。陆乐说快用AED，但现场没有。

AED的中文全称是自动体外除颤器，是非专业人员可使用的医疗设备，用于抢救心源性猝死患者。

同学之死深深刺激了陆乐。

陆乐曾留学日本，攻读公共政策与互联网专业，在日期间即有创业记录，2000年回到中国第三次创业，在北京做智能传感器网络。他也是中欧商学院EMBA2007级校友，曾参加过戈赛，并勤于在同学圈传播急救知识。

有人倒下，人们第一反应是拨打120，等待救护车救人，而美国心脏协会官网的数据显示，当一个人心脏骤停后，如果不对他采取任何急救措施，每过一分钟，被救活的概率会下降7%~10%。而一个人的大脑超出4分钟没有供氧，就会发生不可逆的脑组织损伤，最佳抢救时间“黄金 4 分钟”即出于此。

北马的急救保障系统算是最完备的了，有 30 辆救护车，沿途 12 家医院，每 100 米就有志愿者跟随，但这只是理论上的万无一失。

实际情况是，赛道一旦有事，救护车不一定在 4 分钟内到达，只有身边的人伸出援手才来得及。陆乐决定研究系统方案，解决赛事和社会痛点。

不久后，陆乐创办急救培训和赛事生命救援机构“第一反应”，兼 CEO，联合创始人是亲历校友倒地的文思旻。这一领域一旦踏入，就是终身职业。

无法计算这套赛事生命救援系统救了多少人的命，但对中国马拉松来说，“第一反应”及其同行确实立下了不世奇功。

北京奥运会后一直寻求新增长点的体坛传媒集团，终于决定办一本跑步杂志。

当时传统媒体深陷泥淖，多一本杂志可能意味着负担，因此内部不乏怀疑，但领导层的态度非常坚决，并任命资深篮球编辑晏懿担任新杂志执行主编，中科院研究生、跑者李瑛担任编辑部主任。

一线编辑和销售人员已深深感受到，北京奥运会后，读者和客户的口味明显跟过去不一样了。

一个原因是体育的明星效应渐渐走弱，人们越来越关注自身的健康，同时更热衷于营造个人的秀场。另一个原因是，传统体育媒体的两大金主阿迪达斯和耐克，也不满足于虚晃的明星影响力营销，而是恳切要求找到真正的跑步人群，并一起为这个新兴的群体服务。

市场水到渠成后，将版权合作方瞄准了有跑步圣经之誉的美国杂志 *Runner's World*。

1990 年到 2008 年的近二十年，是传统体育媒体的盛世，体坛传媒异军突起并长期雄霸天下的诀窍就是“版权合作 + 本土化”。

而 *Runner's World* 的版权拥有方罗戴尔集团，也不愿意错过在中国发财的机会。

就像美国人离不开马拉松一样，美国人相信中国人也即将跟他们一样。

11 月 24 日，北京，西北风很大，特别冷。

Runner's World 的中文版《跑者世界》发刊仪式在朝阳公园举行，中国第一本跑步专业杂志正式诞生了。

国家体育总局群体司副司长刘国永说：“新的形势呼唤一本科学实用、雅俗共赏的大众跑步专业杂志，《跑者世界》的创刊填补了我国跑步运动的一项空白，是一个里程碑式的事件。”

柏林世锦赛马拉松冠军白雪也到场祝贺。

市场从来都需要竞争者，两年后，中国体育报业总社创办了《领跑者》杂志，由资深篮球记者谭杰担任总编辑，当年出了春、夏、秋、冬共四期。2015 年 3 月改为月刊，2017 年成为中国田协官方马拉松杂志。

两本跑步杂志在竞争者中逐渐形成默契，《领跑者》定位于全方位报道中国马拉松，《跑者世界》则以通俗教学内容为主，且多为原版内容的中文翻译。

在中国体育媒体市场上，一份报纸或杂志能不能良性运转，根本上取决于经济发展催生出的市场空间。两本路跑杂志则印证了这一逻辑。

工程师出身的互联网领域投资人黄新京，注册北京益跑信息技术有限公司，开始打造跑步垂直社区的历程。

益跑网正式上线，随后推出益跑工具箱 App。

总体上看，益跑网兼具专业媒体和社交平台属性，是贴吧、论坛的技术升级。

黄新京自身有交叉性的专业背景，也爱跑步，并深受留美体育管理博士谢頔影响。年轻一代跑者更青睐泡在网络社区获得信息并参与交流的现象，早已被多方关注，黄新京决定第一个吃螃蟹。

益跑网的第一任总编辑兼首席跑步推广官叫石砚秀，是跑步成为潮流运动的早期示范者。

石砚秀 1984 年出生于南京，本科毕业于西北工业大学，2009 年获南京大学硕士学位，在金陵石化工作期间爱上跑步，她辞去稳定的国企工作加盟益跑网，在当时的跑圈引发了一番震动。

由于双跨马拉松和越野，性格上敢说敢做，形象也好，石砚秀在圈子里积累了足够的声誉，没有比她更好的代言人了。她身边还云集了一批追随者，益跑网呈现一时之盛。

益跑网抢先机于电脑端时代，但全媒体时代旋即来临，跑步圈的传播方式、社区生态发生了极速而深刻的变化。在咕咚、悦跑圈入局后，益跑网在进阶迭代上步履迟滞。

《跑者世界》、《领跑者》、益跑网、爱燃烧及新浪跑步频道，是构成 2012—2014 年传播生态的主要媒体力量，不过在今年腾讯“官号平台”和“媒体平台”上线后，跑者和运营商也在摸索全新的表达方式和呈现形式。这一时期处于中国马拉松爆发和传播新生态构建的临界点。

在跑步装备的市场竞争中，赛事是营销第一渠道，特步发起大规模圈地运动，而耐克则盘踞上海这个制高点。

丁水波是个老实人，说特步和马拉松天然契合，然后掰着指头说出了特步赞助的八大马拉松赛事——厦马、拉萨马、西安城墙马、大连马、杭马、郑开马、扬马和台北马，特步由此一跃成为国内赞助马拉松最多的装备品牌。此后很长时间内，这一纪录一直由它保持。

耐克被第一对手阿迪达斯乘虚而入夺走北马后，上马成为必须打胜的战役，耐克与上马签下四年之约，好似天作之合。作为世界体育潮牌的领头羊之一，耐克身上的引领力显而易见，为这个比赛带来了新的价值，甚至每年的口号已经足矣——“上海只向前”让跑者深陷其中，并口口相传。

在市场营销的博弈格局里，世界巨头耐克与阿迪达斯完成了心照不宣的京沪对峙。

但特步的勇猛还将继续，除不断扩大底盘外，稍晚又推出官方跑步俱乐部“特步特跑族”，直接扎根在了大众跑者身上，并最终发展为国内规模最大、最为活跃的品牌跑者平台。

应该说马拉松市场正进入百家争鸣的时期，各路商家都有自己的战法，李宁凭借极强的人脉和社会资源，剑走偏锋地推出了自主 IP 赛事“2012 李宁 10 公里路跑联赛”。这是中国首个联赛形式的路跑赛事。

2010 年 12 场，2011 年 22 场，2012 年 33 场，纵向看令人鼓舞，横向比黯然神伤。

各国田协 2012 年在国际田联备案的马拉松赛事共 2894 场，以 GDP 总量为序，美国 789 场，中国 33 场，日本 215 场，德国 658 场，法国348场，巴西23场，英国375场，意大利114场，俄罗斯150场，印度50场。

中国有13亿多人口，337个地级以上城市，数字对比判若云泥。还有另一个维度，跑完全程人数美国51.8万人，中国3.3万人，按占国民人口总数的比例来计算，美国是中国的60多倍。

但毕竟规模有了，足以启动行业评奖机制。

本质上，始于今年的“中国田径协会马拉松赛事等级评定”，是田协用自己的权威性、影响力和公信力在为马拉松举办城市背书，更深层次和更现实的考量是，要让地方相互竞争以激发马拉松发展活力。

总体调子当然是表彰，这是金牌越来越多的根本原因。

从此以后，金银铜就是各带高光的招牌，一座城市若能求得金牌名分，在城市营销中就更有底气，城市内部体育局说话也更硬气，更关键的是市里主要领导也会更加重视。

赛事等级评定跟后来的十佳跑团评选和马拉松年度人物评选，构成了完整的中国马拉松表彰体系。

首届（2012）金牌赛事获得者俗称“七老”，代表着最深的资历：

1. 北京马拉松
2. 上海国际马拉松赛
3. 厦门国际马拉松赛
4. 扬州鉴真国际半程马拉松赛
5. 黄河口（东营）国际马拉松赛
6. 重庆国际马拉松赛
7. 兰州国际马拉松赛

“七老”犹如中国马拉松创业股东，立有奇功，之前已有详述。

对中国田协来说，七项赛事各就各位，各有所为，稳住了中国马拉松发展的基本盘。

在中国马拉松年会上，中国田协也对马拉松做了新的定位：

丰富城市文化、构建城市和谐发展的重要载体；

贯彻全民健身条例、推动全民健身事业不断发展的重要力量。

一句话，马拉松以前是比赛，现在是生活。

在中产阶层 2013 年大规模下场前，活跃在马拉松赛道上的是财富精英和知识精英。

网名阿迪混子的黄强，北京跑圈带头人物，外地也有很多人奉其为偶像。

黄强本科就读于大连理工，随后考入北京大学计算机专业读研究生，毕业后加盟惠普。2002 年 30 岁生日时突发奇想参加北马，此后十年几乎跑遍世界各大马拉松，共计 68 个全马，还有 1 个 84 公里、3 个 100 公里，另外还参加过 3 次铁人三项。

黄强在新浪微博发起中国百马俱乐部，以有生之年完成 100 个马拉松为目标，聚合大量马拉松狂热分子，如庄志毅、王洪全、陈静、邱长贵、王德亮、王宗法、杨源等。

很多人在阿迪混子的博客和微博“中国百马俱乐部”账号下找到了自己的偶像，并立志向他们靠拢。不过当 2014 年大潮涌起后，跑圈对个人最好成绩的追求成了新时尚，董国建、李子成、管油胜、李芷萱、何引丽等顶尖高手更受追捧，中国百马俱乐部及其传人的背影稍显落寞。

跟阿迪混子黄强一样，党琦在京圈也有很高威望，他空乘出身，长得高大英俊，特长是铁人三项。现在人们提到他时，可以列出“中国铁人三项第一人”“首位完成逃离恶魔岛赛事的中国运动员”等一串头衔。他从 2003 年起开始参加铁人三项比赛。

党琦做了三件事，均有一定影响：

第一是从南航辞职，在北京开了一家铁人三项装备店，并以参赛作为基本生存和生活方式。

第二是应邀参加北京国际铁人三项赛（北铁）筹备。在丰台王佐镇诞生的北铁，后来是跟北马、TNF100、中网（中国网球公开赛）并列的北京品牌赛事，它不仅是填补北京空白那么简单，还是 IMG 和八方环球之间较量的砝码。三年前，八方环球运营的 TNF100 已在北京落地。

第三是与“北窗”“北黑”“铁翼横空”等人共同发起奥森光猪跑。首届 100 多人惊艳亮肤，但社会评价不一，支持者说是拥抱自然，反对者说是典型的恶趣味大爆发。光猪跑还得到厦门、南京、武汉和重庆等地的应和，是让媒体欲罢不能的跑步文化现象。

光猪跑的共同发起人之一“北窗”，本名王以彬，也是领袖级人物，与曾华锋、于雷、杨建国（阿亮）等人活跃于跑圈和户外圈，第二年，他又在崇礼万龙滑雪场发起泥巴大赛。

这一时期，北京还有个以瑞典人李纳斯·霍尔姆萨特为核心的圈子，他曾在北京一家外企工作，是瑞典有氧健康操 Heyrobics 的创始人之子，由于在朝阳公园训练被人围观叫好，毅然辞职成立训练营。

这套健康操讲究带音乐训练，有助于提高跑步速度、身体协调性和力量，在瑞典风靡一时，席卷了 6% 的国民，在北马热身环节亮相即一炮而红。这是北京最早的商业性跑步训练营，李纳斯一年四季都穿粉红短裤训练和比赛，跑圈人称“瑞典粉裤衩”。

李纳斯竞技实力也很出众，连获 TNF50（北京）冠军、北京国际长跑节亚军和韩国汉江马拉松季军。他在赢得瑞典 100 公里越野赛冠军后，被招入瑞典国家队，中国的训练营便交给他人打理。

伦敦奥运会后，田径中心迅速布局新的奥运周期。

决定胜负的关键人始终是教练员。

伦敦奥运周期，意大利人罗萨充当了这一角色，最好成绩仅是朱晓琳的女子第六，他失败了。

不过总体来看，国内也没什么强人。

田径中心继续向外寻，希望能够借用外力，打破发展枷锁，创造出超越马俊仁、王德显时期的成绩。

人选只有一个：雷纳托·卡诺瓦。

卡诺瓦 1944 年 12 月出生于都灵，1969 年开始执教意大利田径队，1985 年之前负责十项全能和女子七项全能项目，之后担任女子马拉松教练，带出三名世界级选手。2000—2012 年先后执教肯尼亚队和卡塔尔队，培养出大批中长跑及马拉松精英，代表人物（及成绩）包括：

摩西·莫索普，2011 年芝加哥马拉松男子冠军，2:05:37；2011 年波士顿马拉松亚军，2:03:06。

阿贝尔·基鲁伊，2009 年世锦赛男子马拉松冠军，2:06:54；2011 世锦赛男子马拉松冠军，2:07:38。

时年 68 岁的卡诺瓦，身上有特殊的学者气质，他的另一个身份是国际田联讲师。

套路还是老的，欲想请之执教，必先请之讲课。年底，卡诺瓦来到北京讲课。田协试探性地提出，请他执教女子马拉松队，被他拒绝了。理由很简单，他在非洲主要培养男运动员，而中国的重心是女子，且其教练职权也比较模糊。

长期游走江湖，卡诺瓦深深懂得权力的重要性，他返回肯尼亚前提出一个新思路，那就是赋予他全方位的职权，包括人才遴选、比赛日程安排和运动员参赛的决定权。

田径中心并没有太多筹码，考虑后决定再进一步商谈。

2013　资本布局

马拉松经济的赛道上需要一个领头羊和代言人，民营企业智美在香港上市，代表着马拉松经济的活力和行业大趋势，比政策刺激更为直接。

发展史人物｜段世杰　体育系统官员

春节刚过，田径中心训练一部部长胡新民带着使命来到肯尼亚马拉松小镇伊腾。

这里是非洲马拉松训练营聚集地，卡诺瓦正在那里指导队员训练。

谈判依旧艰难，但最后，偏执的卡诺瓦决定一试。

下面的步骤都是设计好的，进行得有条不紊。

第一步，卡诺瓦应邀来华，考察了十二运会马拉松比赛，并在北京给田径耐力性项目教练员培训班讲课。

第二步，卡诺瓦再度来华观摩沈阳全运会，同时跟田协签订合作协议，合同期到2016年里约奥运会。

第三步，卡诺瓦率15名中国马拉松女子精英选手前往伊腾训练，同时继续指导一直跟他训练的非洲运动员。

从此，每天早晨，中国姑娘跟数以千计的肯尼亚运动员，包括奥运会冠军、世界纪录保持者和数十位波士顿、纽约、伦敦等马拉松赢家，在这里的土路上一起奔跑。

必须承认，非洲集训模式很好也切合实际，一直持续到今天。

段世杰卸任国家体育总局副局长。

他在这一位置上干了十四年，加上之前的田径中心主任和训竞司长职务，设计、指挥、管理中国马拉松逾二十年。

他仍将以中国田径协会主席的身份在起作用。

应该说，退休之前，段世杰一直是中国马拉松的一号官员，实际掌控发展方向，在飞速发展并错综复杂的局面下，他有自己的价值观和思想方法，决策极具前瞻性。

通过段世杰的公开言行及同事和业界评价，可以总结出他施政的几个特点：

一是对马拉松发展保持长远眼光，有想象力；

二是对发展中出现的问题，提倡不纠缠细节；

三是在各马拉松赛事、各城市之间把握平衡；

四是走遍全国，为马拉松站台，为地方政府打气。

这一年，田径中心在组织架构上也做了调整，在办公室、青少、训练、竞赛等常设处级部门外，新设马拉松办公室，简称马办。坊间把这一改变比作“一马当先”。竞赛部原部长张永良担任主任，业界送其绰号“马头”。

这一全新机构对马拉松发展有着重要意义。在实际操作上，马办既是田径中心（协会）政策的起草者和实际执行者，也是与地方政府、运营公司、跑者之间的联络枢纽。

马办主任张永良认为，自己的首要任务还是烧火，他在深圳以新身份亮相，直率和务实的讲话风格给当地人留下深刻印象。

这简直就是一堂推心置腹的销售课，听来有一家人围坐的画面感：

在座有的熟悉，有的不太熟悉。我觉得对政府来讲，最大的不同是马拉松比赛是你们自己的，这一点任何其他比赛都办不到。你办世界大学生运动会，主办方是国际大体联；现在的李宁赛事也是李宁公司办的，不是深圳主办的；帆船比赛也一样，也是国家体育总局主办的，深圳市政府只是承办。唯独马拉松不一样，是深圳市政府自己主办的比赛。马拉松到底能给城市带来什么？就说经济上吧，我举个例子，日本每年参加美国夏威夷马拉松的是1万人，实际去的是3万人，还带着老婆、孩子呢，不要觉得深圳拿出1000万元办比赛是亏了，你看看厦门，办马拉松前后一个月，全市相关创收 7000 万元，相当于你拿出 1000 万元，赚了 6000 万元，餐饮、旅游等这些隐性的收入很多。另外，我们马拉松多吗？不多，美国一年的大型马拉松 789 场，大大小小加起来是 2642 场，这都是经过统计的。美国人傻吗？把钱花在没有用的地方吗？我讲的这些数字，你们都可以上网去查一下。深圳 2003 年办过一次东海杯马拉松，但是规模比较小，这次我觉得要办出影响力。①

上面这番话，不只是说给深圳听的。核心是两条：第一，在城市与赛事关系上，只有马拉松属于城市，其他的主办权都不在自己手上；第二，从投入产出的角度来看，城市以最小投入可获得最大收益。

这套朴素的理论将贯穿于张永良整个马办主任生涯中。

一个朝阳行业，在经历激情与混乱交融的草莽期后，常常会杀出一支来历不明的神秘力量，以不可思议的速度抢下头彩。路跑市场的幸运儿是智美。

仅办了一场马拉松的智美，就在香港联交所上市，让人惊羡不已，对这匹黑马，业界感受比较复杂。

其实智美不过是基于长期积累的转型，在愿景的视角上，体现了任文对体育产业的战略性判断，而且超前行动是有风险的。

上市之路也不是一帆风顺的，在“智美体育集团”公众号上，还能看到任文当时写的日记，6 月 25 日的一篇就显得颇为煎熬：

一场大雨后，怀着悲壮的心情飞往香港。市场多日跌跌不休，六只准备招股的新股今日已有五只宣布延后。上周拿到批文的欣喜此刻已荡然无存，往前走还是往后退，如莎翁名句“生存还是毁灭”，在脑海中回旋，一刻未曾停歇。

① 资料来源 :2013 年深圳国际马拉松赛新闻发布会，2013 年 8 月 29 日。

往后退，不知后市如何，可能有更大风险；往前走，在此等恶劣环境下也不敢再说有十足把握，这种矛盾纠结已把我压得似要窒息。心中无数次祈祷，万能的神啊，求求你给我们这群如此努力的人指点迷津，哪怕只是一点点方向。可也许上天真的已经安排了历经磨难的戏路，天降大任于斯人，必先苦其心智，我们唯有一一承受。

现在，已经到了最后抉择的时刻，想想这几日各方的全力以赴，想想这几年团队一路艰难的跋涉，我真的能退缩吗？我真的怕了吗？十三年前赤手空拳打天下时都未曾怕过，今天这是怎么了？此时妈妈的一句话在耳边响起："任文，你能做成事，能得到大家认可，就是因为你心底敞亮、透明无私！"是的，天下最了解孩子的就是母亲。谢谢您，妈妈！您的这句话点醒了我。既然我虚怀若谷，此时再选择往前走，真的已不再是要实现自我价值。

为了回报所有爱我的人的付出，为了证明年轻一代企业家的情怀抱负，那又何谈惧怕？

死，也要死在战场上！

最后一句除了体现决绝果敢的风格，也意味着智美的马拉松攻势将是猛烈的。智美财报显示，体育板块营收只占10%，但利润却达到70%。

任文在体育系统根基尚浅，尘埃落定之后，她必定会从个人的电视广告的经验系统出发，去垄断头部资源，扩大地盘。

关于任文，公司内部把她描绘成一个我行我素的大家庭"独裁者"，其实任何成功的企业家差不多都是如此。而在外人看来，她是马拉松女王，具有日进斗金的魔力。

从此，每年的智美马拉松年会，影响力都堪比田协官方，只是形式上更华丽、更有爆发力，现场气氛中混杂着对智美和女王的双重谄媚。

智美上市效应快速发酵，三个月后，中奥汇跑在北京注册。

那时候，很多跑者大都在无比亢奋地谈论赛事创业的可能性，中奥汇跑就是由 18 个跑者发起的民营公司。

此后，类似的跑者桃园结义型公司多如牛毛，但大多以想入非非的乌托邦始，以迷失悲怆终。

中奥汇跑之所以不一样，是因为有强有力的核心——李长征。

在担任中奥汇跑总经理之前，李长征是松下电子的高管，负责人事和生产部门，管理过千人的手机工厂，有丰富的企业管理经验。李长征 2008 年开始跑步，并在奥森和网上结交了一批跑友。

这伙人愿意团结在李长征身边，以资金、技能和精力投于公司。人多也是信心不足的表现，亏损大家分担，不至于个人破产。

由于首届衡马影响显著，衡水决心举全市之力再上一层楼，一举拿下中国田协金牌赛事称号。这一计划甚至上升到河北省层面，领导曾多次做出批示。

厦马团队当年创赛时，立下了请顶流娱乐明星代言的规矩，去年桂纶镁，今年韩庚，效果不错。顺着这个思路，衡马在“提名气、聚人气、增引力”的原则下，邀来由路一鸣、蝴蝶、刘建宏和毛毛虫压阵的“跟 5 一起跑”跑团，另有长江商学院 111 位企业家参赛，嘉宾实力不凡。

衡马讲了一个小城市靠马拉松破茧成蝶的故事，足以载入马拉松发展史，编入运营教科书。

衡水市在衡马期间套办了四项活动：

衡水湖国际商务洽谈会开幕暨特色产业重点项目签约仪式；

衡水工业新区京津沪定向招商洽谈会；

衡水滨湖新城旅游产业项目专场推介会；

河北国际商会（衡水）项目对接会。

由此形成这座城市的看家本领，马拉松搭台，经贸唱戏，提升城市综合影响力和品位。

在“河北第一马”带动下，衡水湖鸟鸣鱼跃，当地媒体称市民幸福指数飙升，社会学家费孝通眼里的黄金十字交叉处，生机勃勃。

衡马的起舞，离不开抢占先机和工匠精神，这大概也是终极取胜之道。

中国跑团大爆发。

西安25岁的自由职业者赵文龙，为200斤重的肥胖身躯深深苦恼。与此同时，南京一个叫王楠的“IT男”，也因身材臃肿和双下巴夜不能寐。

一件事带出另一件事，一个人带出另一个人，西安怪兽跑团和南京悦跑团就这样诞生了。

太多人，最初跑步总是和减肥如影随形。

小而精的广州珠江跑群俱乐部，在olin（队长）和Jack（船长）的操持下面世，“长腿美眉都在珠江跑群”，诱人的口号传遍五羊城。

一夜西风凋敝树，北京蠢蠢欲动。光明网乐跑论坛网友不再满足于纸上谈兵，光明乐跑呱呱坠地，业余名将田玉桥出任总教练。

一夜间刷爆朋友圈的北京金融街马帮（俗称“马帮”）有明确的精英定位，是玄奘之路戈壁挑战赛特有的血脉延续。“帮主”李树华坦率地说："在金融投资界，没跑过几个马拉松，都不好意思说自己在搞投资了。""马帮"还得到了跑步专业培训平台"98 跑"和运动康复机构比戈学院的保驾护航。

这一年更像是纪录片中一闪而过的黑白场景：男女老少，大生产，兴奋的笑脸。

陶绍明的 TAO CAMP，在高手云集的肯尼亚小镇伊腾名声显赫。

当地人都很尊重这位中国人，对他抱有很高期待，而国内马拉松也需要黑人朋友撑场，TAO CAMP 处于马拉松产业链的高附加值部分。

肯尼亚姑娘瑞德与陶绍明的经纪公司签约，当时瑞德的家庭月收入约为 100 美元，属当地平均水平。

责权利很明确，公司运作瑞德来中国参加马拉松赛，负责安排训练，提供装备，并帮助她筛选和报名参加比赛。她的收入取决于比赛表现——获奖金额扣除税费和公司抽成即为个人所得。通常公司抽成为运动员比赛奖金的 10% 或 15%，这也是国际通例。

瑞德签约当年即出现在中国马拉松赛场，四五年间斩获不断。2014 年南宁半程亚军，2015 年宁波半程冠军、义乌全程冠军，2016 年昆明全程冠军、天津全程冠军，2017 年六盘水全程冠军，2018 年昆明全程亚军等。仅 2016 年昆明一个冠军，除去经纪人抽成及税费等，就净入 2.5 万美元，是家乡肯尼亚裂谷省普通家庭年收入的 20 多倍。

陶绍明旗下的运动员一般保持在 300 名左右。

与此同时，赛事激增导致市场缺口很大，非洲在华留学生也加入淘金大军，并出现多个"穴头"，上海大学研究生欧辰是这个领域的带头人。

欧辰是肯尼亚卡伦金族人，天生就会跑，去年在上海读书之余参加苏州半马，居然拿了亚军，有 1 万元奖金入账。他觉得应当鼓励乡亲来中国跑马挣钱，就帮他们填报名表、买机票、安排食宿，并陪同参加比赛，运动员获奖后，欧辰可获得 15% 奖金分成。

刚开始由于缺少经验，还亏了钱，因为一个人的往返机票和食宿费用差不多 1500 美元，但常有人高估自己实力，根本拿不到奖金。

后来欧辰就开始构建新的合作模式，正儿八经当起中介，高峰时期手下能有 300 号人，这些人大多有本职工作，军人和警察共占 40%。在肯尼亚，公务人员的年收入不到 1 万美元，但来中国拿一个冠军也许就能拿到这个数。优秀选手年收入差不多 10 万美元，可以在肯尼亚市中心买一块 250 平方米的地。

后来，欧辰进入肯尼亚政府部门工作，经纪生涯终止。

在帮助非洲人民跑马致富方面，陶绍明和欧辰是两种模式的代表，业务量也最大。

当然，市场也鱼龙混杂，最初常传出黑人运动员被黑经纪人黑掉奖金的消息，更有“黑色生意”“操纵名次”之说。对于被妖魔化的经纪人，王大卫代表田协做出回应，他说：经纪人参与马拉松是市场化、国际化的必然趋势，经纪人是市场化的钥匙。

被媒体一直诟病的经纪人群体长长舒了一口气。

肯尼亚马拉松经济的繁荣，说到底还是靠硬实力支撑的。这一年的柏林马拉松赛，肯尼亚的基普桑以 2:03:23 创造新世界纪录；一年后同样在这里，纪录被同胞丹·基梅托以 2:02:57 刷新。

今年是中国大越野元年，TNF100、北京国际山地徒步大会（俗称“门百”）、新疆戈壁长征、杭州威斯跑山赛和挑战八小时慈善越野赛等赛事火爆。

一场新出现的入门级越野赛事——RW50 五岳寨国际越野挑战赛，让李子成找到了人生新灵感。刚刚退役的他前途未明，情绪低落——从伦敦奥运会到沈阳全运会，实在太不顺了。

一年前刚创刊的《跑者世界》杂志，也在寻求发展空间，并决定办一场轰动性越野赛。

招募启事让李子成眼前一亮，冠军奖金 5 万元，亚军 3 万元，季军 2 万元，算是土豪级，第四名至第五十名也将得到 5000 元至 500 元不等的奖励。

共计拿出 28 万元，重奖迅速引爆跑圈。山东、甘肃、云南、福建等地的高手跃跃欲试，甘肃体工队派出贾超凤、王万芳和高永宁参赛。

组委会设在北京和河北灵寿的两个办事处，热线电话 24 小时不歇不休。甚至有人动用体育总局人脉，只为求得一个参赛名额。

被同一区域景区山西五台山和本省驼梁压得抬不起头来的河北五岳寨，由此名声大噪。

五岳寨大奖赛全程 50 公里，难度中等，适合越野和路跑高手一决高下。奥运选手李子成被高永宁追得无计可施，两人的缠斗一直持续到最后一个魔鬼陡坡。李子成窃喜自己赛前的适应性训练，而高永宁仅落后一分钟居亚。

女子方面，贾超凤和王万芳一路相伴领先，分获冠、亚军，加上高永宁，甘肃军团一共揣了 12 万元回家。

李子成接过厚厚的牛皮纸大信封，这是有生以来最大的一笔外快，他使劲拍了拍，意思是说：我现在跑步能挣钱了，还彷徨什么。加上登泰山系列赛和上海马拉松，他一年总共领回 30 万元。

从此，中国马拉松江湖始有体制内外之分，李子成是体制外的领军人物，身后有管油胜、贾俄仁加、岑万江等精英，与体制内精英董国建、多布杰正面对抗。

这既是跑圈新的个人生存方式，也无意间为国家人才培养提供了新思路。在一波波连续冲击下，马拉松既有的科层管理制度不断被打破，中国田协马拉松办公室逐步变身为一个平台组织的总控中心，为各种身份的参与者提供支持。

那届比赛，央视主持人刘建宏准备的伟岸台词，被一场大雨浇灭，颁奖只能改在室内草草进行，而以“带操教练”身份出席的壹季体能训练营营长祝贺则兴奋不已，两年后，他组织的“崇礼之巅”越野赛横空出世。

营口，十二运会马拉松比赛，西北风席卷“关外小上海”，青海尹顺金（2:18:03）和甘肃贾超风（2:29:45）分获男女冠军。

甘肃一直是强队，男子魏晖、董江民和李柱宏都是响当当的人物，贾超风夺冠不算太意外。真正让人惊奇的是青海。

本届全运会，除尹顺金外，青海任龙云获男子10000米金牌，藏族姑娘曹茉婕获10000米金牌和5000米银牌，而一年前的伦敦奥运会，切阳什姐还获得女子20公里竞走铜牌。

这个仅570万人口的西部省份，由于中长跑崛起，创造了自己有史以来的全运会最佳战绩。

这是值得研究的青海现象。

在训练方面，青海拥有西宁附近的多巴高原训练基地，同时还拥有不错的教练员。

当然在根本上，青海受益于田径中心的“高原人才开发计划”，从2011年起，每年都获得专项经费保障。

两个月后，在高原省区耐力项目训练工作研讨会上，杜兆才宣布，将建立高原省区与肯尼亚、埃塞俄比亚的合作计划，为日后常态化外训、考察提供组织支撑。

开发西部和外训非洲，一直被看作北京奥运会后中国马拉松的两大战略方向，在几乎每一个顶尖运动员身上，都能找到这样的印痕，但绝对成绩的提高尚不明显，而且更为遗憾的是，中国与日本差距的拉大，似乎也不在于钱、地理和人种。

如果要追寻命运的逻辑，也许是马俊仁、王德显那个能人时代的欠债尚未彻底还清。

诞生于 1987 年、在资历榜上排第二的大连马，因应付全运会停办一届，断片儿后果很严重。

在竞技成绩方面，北马被厦马追得快疯了。

好在跟过去不同，中奥路跑接手后的北马，今年营收历史性地达到 3000 万元，为破纪录奠定了经济基础。

赛会历史纪录是这样的：

男子，2:07:35，日本儿玉泰介（1986 年）和埃塞俄比亚阿贝贝（1988 年）。

女子，2:19:39，中国孙英杰（2003 年）。

结婚生子后准备创业的孙英杰，以业余选手身份悄悄来到天安门广场。这纯属感情因素，在她的运动生涯中，北马始终是高光时刻。

男子特邀选手中最大牌的乌尔德盖布瑞尔，来自埃塞俄比亚，是今年世锦赛马拉松季军，他果然不负众望，跑出 2:07:16，使尘封 27 年的赛会纪录作古。

不过，媒体对他的关注力远低于令人惊讶的“尿红墙”。

一些人跑到距天安门一公里左右的地段时，对着红墙小便，其中不乏女运动员。这不是新现象，京圈两三年前就有人“津津乐道”，并“引以为荣”，这是一种畸变的马拉松现象。

第二年，在媒体监督和组委会采取措施后，“尿红墙”现象消失且未再发生。

新赛事层出不穷，贵州一（越）野一城因别处雾霾肆虐而备受关注。

数据显示，一年中雾霾波及多个大中型城市，全国平均雾霾天数29.9天，达到52年来的峰值。对贵州来说，自家的青山绿水好空气，成了稀缺资源。

以赛事挖掘原生态价值，走体旅结合发展之路，成为贵州共识，而两年前开启的环雷公山超100公里跑国际挑战赛（简称雷公100）俨然已是全省标杆。

这也是中国田协主办的首个越野赛，仅比TNF100落地中国晚两年。

中奥路跑还在贵州组织了六盘水马拉松，简称六马。

六马主打“凉都”概念，因在南方的炎夏举办独树一帜，长期被认为是贵州第一马。

中国田协意识到了隐藏在马拉松中血脉偾张的欲望。

北马报名启动13个小时后报满30000人，创下最快纪录，上马和杭马也出现半夜排队现象。

规范赛事管理与设立更高淘金门槛同步进行。这两件事有着天然的联系，各地办赛热情指数疯涨导致奖金畸高，关于马拉松定点支援非洲兄弟的调侃不胫而走。

有人感慨，当前马拉松发展的主要矛盾是，地方政府日益强烈的攀比心和非洲“跑民”供给不足的矛盾。

马拉松在考验田径中心的理解力和平衡力。

经内部反复讨论后，田径中心起草修订了多个文件，于2014年向社会正式公布，包括：

1.《中国境内马拉松及相关运动赛事管理办法》

2.《中国田径协会马拉松及相关运动赛事审批程序指南》

3.《中国田径协会马拉松及相关运动赛事注册及认证程序指南》

4.《中国田径协会马拉松及相关运动赛事共同主办程序指南》

5.《中国田径协会关于全国马拉松赛事奖金设置的规定》

6.《关于加强全国马拉松及相关运动赛事赛风赛纪的管理规定》

7.《中国境内马拉松赛事组织标准》

每个文件都极具针对性，但第五个文件作为对社会关切的回应，最引人注目。

确实，天价奖金和邀请费已大幅挤压跑者服务、媒体宣传等本应是更重要环节的资金投入。而且，冠军水分也很大，即使今年北马破纪录的成绩，也仅列国际田联年度排行榜第34位。

奖励具体规定是：全马冠军奖金上限4万美元，且男子必须跑进2:09:30以内，女子必须跑进2:28:00以内。

城市马拉松营造的火爆气氛，刺激着更多市场主体大胆行动，创新赛事形式。

在北京，北马一生三——TNF100、北京铁三和彩色跑，再加上生于1956年的北京跑，构成城市路跑基本格局。

彩色跑，中国最拉风的非竞技类跑步活动，是潮男潮女的生活调色板，最先进入北京，迅即火遍全国。

在了解彩色跑之前，要先了解它的东家 IMG（国际管理集团）。

IMG 是全球体育娱乐巨头，跟北马曾经的运营方八方环球直接竞争，它在中国开疆辟土，最早可追溯到 1979 年拳王阿里访华。

此后二十余年，这家公司纵横网球、羽毛球、体操、排球和高尔夫等运动领域，影响最大的项目是运营足球甲 A 联赛，并为 2008 年奥运会提供服务。

IMG 无法忍受当路跑的看客，北京丰台区也无法忍受园博园的寂寞，双方出于现实考量，共同筹划路跑类活动，这是上年北京铁人三项落地丰台结下的缘分。

立项宗旨很苛刻：要打造一个新品类，无可替代，还能自我复制。

IMG 总部推荐的彩色跑起源于两年前，以“地球上最快乐的 5 公里赛跑”为号召，参赛者身着白色 T 恤，经过不同彩色站时会被抛撒彩色粉末。一年在全球推出 50 多场，有 60 万人报名，非常劲爆。

IMG 中国区副总裁张宏满心狐疑地去旧金山考察，一到现场就被震慑了。

8 月，中国首个彩色跑在北京园博园举行。

彩色跑的特征是欢乐，精神上与挑战型的马拉松构成鲜明对比，是中国跑步经济成长的新路径，也是此后一切类似赛事活动的母体。

2015 年，台湾省新北市彩虹派对发生粉尘爆炸，彩色跑被多地叫停。2016 年重启。

跟爆款级彩色跑同时启动的，还有房地产巨头万科的城市乐跑，简称乐跑，全程 5 公里，以团队形式参与。

乐跑在万科大本营深圳首发，之后横扫北京、上海和广州。这项比赛开始后，郁亮津津乐道，也常常领跑。

在房地产业复杂的江湖谱系中，万科因自己的体育基因而与众不同。这首先来自首任掌门人王石，他2003年5月登顶珠峰时，已52岁，是当时年龄最大的登顶者，十年后接棒人郁亮也完成了这一壮举。

登山带有王石个人色彩，所以乐跑刚推出时，有媒体评价说，这是为企业的郁亮时代暖场。确实，郁亮和万科借此树立了推广跑步文化、倡导健康生活的社会形象，万科也被戏称为万科运动员股份公司。

用现代形象管理学的标准来衡量，万科乐跑提供了一个榜样，它是企业跑品类中规模最大、历史最悠久、特点最鲜明的赛事，这跟具体组织者黄瑞勤的求实精神不无关系。

对于世界500强企业入局路跑，国家体育总局表现出了极大热忱，群体司专门发文同意作为万科城市乐跑赛指导单位，以示对社会力量办赛的支持。这也是一个重要风向标，“政府主导，部门协同，全社会共同参与”的大群体工作格局初现端倪。

特色赛事还有垂直马拉松，简称垂马。

垂马的亮点是在各大城市地标性建筑内举办，如美国纽约帝国大厦、英国伦敦伦敦塔、中国香港环球贸易广场、法国巴黎埃菲尔铁塔。

中国首场垂马——北京垂直马拉松，8月在国贸大厦举行，是国际竞速联盟（ISF）高楼竞跑世界巡回赛的一站。该赛事从2009年开始举办。

全球“垂马”格局是三分天下，国际竞速联盟、世界高塔竞速协会（TWA）和世界高塔联合会（WFGT）在中国均有追捧者和代理人，获得世界高塔竞速协会和世界高塔联合会授权的广州垂马体育表现最为活跃。

形式创新、话题选择和包装视角，都可以成为垂马受宠的理由。

当咕咚推出首款智能穿戴运动设备时，北京两个滑雪发烧友张翮和王智珣兴奋起来。滑雪人口的增长比较缓慢，投入产出失衡超出想象，两人认为，在这个充满未知的时代，路跑是看得见摸得着的潜力股。

于是，咕咚遇到了它的第一个本土对手益动 GPS。

与咕咚相比，益动 GPS 没有广告跳出，没有复杂的社交系统，只做单纯的运动记录。

这款简单明了的跑步软件受到市场欢迎，但当时移动互联网还在起步阶段，咕咚的创始人申波早已通过融资构建起了投入护城河，烧钱模式让益动处处被动。

今年，最引人注目的运动品牌，是一直在路跑界表现低调的李宁，它主办的全国 10 公里路跑联赛（李宁 10K），被评为中国田协金牌赛事。

作为个人，李宁是运动员创业先锋；作为品牌，李宁是自办大规模路跑赛事的开拓者。在大众视野中，两个“李宁”都是旗帜性的，都在当代中国体育史上拥有特殊地位。

李宁运动生涯的巅峰是 1984 年洛杉矶奥运会，独得 3 金 2 银 1 铜，接近中国奖牌总数的 1/5，转折点则是四年后的汉城奥运会，由于在吊环比赛中失手掉地，被认为是所谓“兵败汉城”的标志性人物之一。

在很多人的评价中，李宁最不可思议的选择是退役后加盟健力宝，并在李经纬支持下，于 1990 年成立健力宝运动服装公司，生产李宁牌体育服装。那时候，铁饭碗和仕途才是社会公认的最优之选。

作为功勋显赫的前运动员，李宁真正的创业史从1994年写起，这一年服装公司从健力宝剥离，并将总部迁至北京，更名为李宁运动服装公司，走上独立发展之路。十年后，李宁集团在香港联交所上市，但业绩浮沉不定。2008年，李宁在北京奥运会上点的一把火，为品牌烧出了新天地。

李宁对路跑市场早有预期设计，但出招慎重，李宁10K扮演的是跑鞋试验田的角色。

比赛终点设有跑步体验中心，为跑者提供身体机能测试、跑步技术分析、跑步产品体验等服务，同时也收集了跑者数据和意见。一年后终于向市场推出三款专业跑鞋，标志着李宁跑鞋进入大众化时代。

路跑市场与李宁公司，互相并没有形成太高的依存度，李宁定位于跑鞋高端市场，对手太多太强大。

我们常说一句话，天有不测风云。

4月15日，波士顿马拉松终点处发生爆炸，3死260伤，死者中有一名中国留学生吕令子。万科集团组织的15名参赛者，亲历了惊魂一刻。

王石发自现场的两条微博，成为中国媒体的重要信息源。

第一条，爆发刚刚发生：终点赛道附近两声巨响，比赛终止，疏散……爆炸威力不是很大，怀疑是恐怖分子所为。

第二条，数小时后：爆炸后，警卫人员即刻拆除赛道围栏，警笛声起。孩子在发抖；救援车疾驰恐怖袭击现场；美国应急部门的速度非常快。电视上证实是恐怖分子的系列恐怖袭击！询问电话涌进，万科队和田老师的队员都安全。

几天后，警方在搜捕行动中与嫌疑人察尔纳耶夫兄弟交火，哥哥塔米尔南被当场击毙，弟弟乔卡被逮捕。

但是对乔卡的审讯是一场超级马拉松。

2015 年 6 月 24 日，乔卡被正式宣判死刑。

2019 年 12 月，乔卡提起上诉。

2020 年 7 月 31 日，美国联邦第一巡回上诉法院推翻死刑判决，要求重新量刑。美国总统特朗普对此表示愤怒，他在社交网络上称乔卡显然应该被判处死刑，而此案耗时之长“荒谬至极”。

新华社评出的 2013 年十大国内体育新闻中，“跑马拉松赛成为健身新时尚”赫然在列，意味着社会对马拉松在全民健身中的重要作用已形成基础、广泛的共识。

田径中心当然是欣喜的，在激烈的社会关注度竞争中，刘翔之后又有了新抓手，但忙乱也显而易见。

2014　创业潮

政府提出了“双创”（大众创业、万众创新），鼓励有条件有想法的年轻人勇于闯荡，后续还有各种保障措施出台。从基础条件、创业环境、创业动机、创业难度等维度考量，马拉松因人口基数大、产业链长而受到青睐。当然，相当一部分人“下海”是出于对马拉松的热爱。

发展史人物｜仇乾阳　大众跑者

在体育系统，田径中心一向被视为管理理念变革的先导，夏歇之际，它宣布成立史上首个马拉松委员会。这是一个团结各方力量的“统一战线”组织，脱胎于2008年成立的路跑委员会。

杜兆才担任主任，王大卫任副主任兼秘书长，王楠任副主任，张永良和水涛任副秘书长，石春健任秘书。

委员包括田径中心相关人员（12人）、各省级体育局田径负责人（30人）、赛事组委会（30人）、马拉松相关企业（7人）、新媒体代表（3人）和特邀委员（11人），共93人。

马委会旨在向下紧密联系各方群众，向上打通决策参与通道，当然在实际运行过程中，田径中心拥有绝对权力。

此举显示了权力机构向不同社会群体、不同利益主体尤其是向社会精英开放的态度。特邀委员名单如下：

媒　体（4人）

张　斌　中央电视台

于　嘉　中央电视台

曾华锋　人民日报

谭　杰　中国体育报业总社《领跑者》杂志

企　业（5人）

毛大庆　万科集团

魏江雷　联想集团

吴洪涛　泓润国信

崔英善　橙光线

谢　頔　盈方

其　他（2人）

陈晓晖　湛庐文化

庄志毅　自由职业

对于这支 11 人队伍，群众有一些公开议论，比较集中的意见是过度精英化，草根跑者没有代表；在地域上，这些人都来自北京。

正式委员中，最出人意料的是电脑端时代为马拉松传播做出重要贡献的三大媒体——跑吧、跑步圣经和益跑网各领一席，分别由顾斌、汤辉和李福仁出面。

这些论坛和网站的实际操盘手一直深藏不露，但他们对跑者群体有深入了解。当然，从时代发展来看，这也是对“三大贤”最后的致敬，因为升级版的爱燃烧和最酷，以及洪水猛兽般的移动互联网产品——跑步社交软件和社交媒体开始席卷跑圈。

智美在香港上市后，同行们有一种特殊的兴奋感，更多跑者受到激励而辞掉工作，加入创业大军，并以组织跑团和执行赛事为最多。生逢创业的历史年代，顺着自己的性情和爱好，即便后来证明这条路颇为艰辛，也没得可怨。

在武汉，一位倒腾花鸟鱼虫的校园创业者，抱着大纸箱在烈日下辗转三路公交，就为挣点辛苦钱。他叫王行，黄冈人，武汉工程大学大三学生。

当他创立的约跑社网聚数万人后，王行蓦然发现，自己已站在风口，约跑社迅即变身体育文化公司，好义之德变成创业项目。接下来数年，约跑、赛事服务、赛事组织、种子轮融资、大数据，约跑社一直在艰难的创业之路上跋涉。

运营跑者可能是这个世界上最难的一门生意，就算是跑吧，转型也困难重重。

赛事运营执行也并没那么简单。所谓探索创新、夯实基础、办出特色、打造品牌和争创一流的五年五大步，都需要坚实的收入支撑。

一些偏僻之地的越野赛，由于投入低，反而有较好收成。越野大神级人物于雷创办的雷越野像一股旋风席卷而来。他先于其他人意识到中国越野需要世界视野，一年前创办的大连 100 越野赛第一个获得环勃朗峰超级越野赛（UTMB）积分，此后又创办大理 100 越野赛、中国三峡超级越野赛。

从运营角度来看，赛事浮华背后是赢家通吃的资本游戏，以及与地方政府的博弈能力，比如智美就轻易地在广马之后又拿下杭马，且合同是 2013—2017 的五年长约。之前，杭马历经八方环球和厦马文广两代，好评如潮。

上海交通大学毕业的王烨和“马拉松装备控”肖斌在资本加持下注册上海强风信息科技有限公司，运营爱燃烧网站。

王烨以 Kaka 名世，2009 年为了克服中年危机入坑马拉松，并深陷其中。爱燃烧的目标是做一个有社群色彩的专业科学运动品牌，但实际运营中被广泛认可的是其报名和装备推荐功能。

曾担任爱烧然主编的洪立，以非常考究的文笔，一举改变跑圈粗枝大叶的网络语言形式，留下大量信史。

在“移动互联网 + 跑步”的创业环境中，篮球领域的创业未果者梁峰转身路跑，创办悦跑圈。

在悦跑圈成名前，梁峰身份标签是互联网连续创业者，最早供职的单位是广州电子第七研究所，体育爱好颇为广泛，2009 年迈出以篮球为切入点的创业之路。

在跑步软件领域，当时有 Nike+、咕咚、益动 GPS 当道，悦跑圈第一版主打防作弊功能，并与蜚声国内的嘉友跑合作推广，来势之猛让同行猝不及防。嘉友跑由央视主持人于嘉在一年前发起，跑团对成员的社会声望和个人最好成绩有一定要求，加入不易，同时由于有新百伦的赞助，不仅横扫国内各大马拉松，还在世界六大满贯频频亮出字号。悦跑圈和嘉友跑的亲密关系，一度让外界怀疑于嘉才是大股东。

悦跑圈高调入场意味着咕咚和益动GPS必有一伤，在一定程度上，益动GPS的命运由此决定。

四川人杜明芮是《户外》杂志的核心编辑，性格随和、商业嗅觉机敏，他一直想创业，但直到年底，当身边越来越多朋友对出国跑马一筹莫展的时候，他才下决心辞职。

杜明芮创办的知行合逸，精准发力中高端人群海外跑马服务，力图建立一套替跑者省钱省事的有效体系，另一块业务是实惠型跑者装备（URG）的开发和销售。

不久，杜夫人崔莹博士也从北航辞职，一起创业，对业务方向做了很有洞见的分析。

知行合逸是首个专业海外跑马服务商，先发优势明显，短期内就与200多个海外马拉松赛事建立业务联系，由此引发一系列连锁反应，海内外马拉松壁垒被打破。

随后，知行合逸又渗透到马拉松产业链的更多环节，建立起完善的海内外赛事物料供应体系，从奖牌、服装到手环一站式解决。

在城市马拉松史上，像郑开马一样，由跑者发起的例子还有不少，距郑州最近的省会城市石家庄，草根跑者组织的民间赛事“第五届石家庄马拉松”也声名鹊起，但同时陷入无米下锅的窘境。

石马核心人物王京华出生于1972年，2009年元旦组织“跑二环”

活动，为方便参与者交流，同时创建跑者大本营论坛。王京华网名“踏浪”。

石家庄二环全程43公里，26人参赛，5小时内6人完赛，王京华3:55:00夺冠。2009年被公认为石马元年。

这个纯民间赛事坚持在每年元旦举办，随着聚集的跑者越来越多，经费压力也越来越大，是商人魏立华给了石马新生命，至少从经济的角度来看是这样的。

魏立华1964年出生，以生产君乐宝酸奶起家并广有名声，2011年开始跑步。2013年3月，在去跑郑开马的火车上，魏立华邂逅了一位多年未见的同学。这个人是王京华派出的说客。魏立华答应，以后每年给石马20万元冠名赞助费。

今年的石家庄马拉松第一次有外国人参赛，而且是专程从成都赶来的。赛事总规模已有四五百人，声势之大让官方组织的传统性元旦长跑活动遭受压力。

两年后，官方和民间达成共识，两赛合流，定名第八届君乐宝石家庄（正定）马拉松赛，由石家庄市人民政府主办，河北野人体育文化发展有限公司运营，真正进入城市马拉松时期。

王京华还发起石家庄野人100公里挑战赛，构筑了石家庄马拉松双核格局，是继北京TNF100后华北历史最悠久的耐力型越野赛事。

君乐宝在冠名石马后，还通过与衡马、唐山马、郑开马和东营马合作来深根马拉松营销。

北马摇号第一年，雾霾天和马拉松相遇。

一周前，来京打南美超级杯的梅西和内马尔，一下飞机就惊呆了。

10月19日，北马三万大军在雾霾中集结。

数据显示，比赛当天 PM2.5 指数超过 300，系重污染级别。依后来发布的《北京市空气重污染应急预案》比照，在这种情况下，一般人群应尽量避免户外活动。

“雾”中跑马成了北马历史上继 2004 年“猝死”和 2013 年“尿红墙”后的第三个现象级话题。

田径中心的回应，有着基本的坦荡：

第一，北京市民同样生活在雾霾之中，如果确实对人体造成极其严重的影响，那么所有人都应该得到关心；

第二，延期牵一发而动全身，不能因为三万人引起社会更大的一种乱。

围绕雾霾的广泛讨论，反映了公众是多么重视空气质量和生活环境，也有助于抬高北马的网络热度。在新浪微博上，“北京马拉松”话题阅读量高达 5.6 亿，热度创历史新高。

上马是“最上海”的马拉松，也被认为是中国“最上乘”的马拉松之一，完成了从外到内的蜕变。

230 万人次争抢 1.8 万个名额的现象，标志着在人均 GDP、高铁和移动互联网等多重利好叠加下，中国跑者由螺旋式上升变为爆发式增长。但报名失败产生的强烈怨气，让上马组委会头疼，想出的解决之道是抽签和打造系列赛。

喧闹的上马，还有其深层变革的另一面。

东浩兰生从上海市体育局竞赛管理中心手里接过了上马运营权，这标志着上马作为独立品牌投入运营，也标志着上马跨入国际化竞争新时代。

至此，F1 中国大奖赛、上海 ATP1000 网球大师系列赛、国际田联黄金大奖赛、上海国际马拉松赛、世界斯诺克上海大师赛和高尔夫世界锦标赛这六大品牌赛事，悉数由公司运营。格局是GMG、久事体育与东浩兰生三强鼎立。

从上海市体育局的角度来看，这是落实“管办分离”的措施。

对于改革而言，真正敏感的是人事，东浩兰生周瑾和当时竞赛管理中心的杨勇搭班，运作上马17年的骨干人员全部划转至公司。

上马在融入城市精神方面做得很好，坊间口碑和官方评价扶摇直上，去年获评国际田联金标赛事，追平北马和厦马。同时又派生出上海半马、上海女子半马、上海女子10公里精英赛等赛事，形成上马集群。

从赛事运营的角度来看，东浩兰生开出了由国资委下属公司长期承办体育局路跑赛事的新一派，门徒中比较正宗的是2015年成立的武汉汉马体育管理有限公司，以及2019年成立的重庆重马体育发展有限公司。至于各类变种，则不计其数。

跑圈没有任何人的角色能跟任文相比，她不但是创富女王，也是产业战略家，这两者相辅相成。

被任文看上的另一项业务，未来将被证明是卡别人脖子的资源，这就是央视马拉松直播独家承办权。智美初创时，任文就通过汽车广告与央视结缘，2009年获得深圳市创新投资集团4690万元人民币的投资后，又通过招标拿下央视新闻频道黄金时段广告代理权。智美走出的每一步，都与央视的加持密不可分。

今年与代表央视的中视体育签合同时，双方约定2014—2018年每年10站独家合作。

中视体育授予智美与各地政府马拉松赛事独家谈判权、承办权，以及赛事现场、新媒体开发、赛事衍生品等的运营权，双方共同完成信号制作并通过 CCTV-5 来直播。

坊间对此一言以蔽之——智美负责卖，中视体育负责播，为日后“奔跑中国”系列赛的诞生奠定了基础。

在路跑赛事运营上，智美以广马为案例，2013 年从厦门文广那里接手杭马。在中国田协的年终大评比榜单中，广马和杭马同时跃进金牌赛事之列。

对起步于1987年的杭马来说，历经沉浮磨难，终于跑上金光大道。

智美的布局远不止于此，而是继续全国化、全项目扩张。一年中，就与全国 15 个省市体育局签订战略协议，总计 1300 场大众比赛项目（包括足球、篮球、排球、游泳、广场舞、轮滑、门球等），随手还拿下这些省市核心区域体育场馆的运营权。

当然在具体操作上，跟这么多地方体育局合作也是不容易的，既需要着眼长远，也需要高超的谋略和手腕来解决现实问题。

智美还为股民描绘了广阔的蓝图，多元化、多层次的体育消费新需求、新场景未来将回馈深耕者以时代红利。

张永良是马拉松事务的首席执行官，事必躬亲，他开启了被各地竞相争夺邀请站台的模式。段世杰、杜兆才、王大卫、王楠等更高级别的领导，更是一人难求，他们都表示，马拉松规模还不够。

但在办赛上，必须走审批流程。各地政府和运营公司只是申请和落实单位，田协保留着最终的拍板权，这样的管理模式无法解决供需矛盾。

坊间有人直接讨论审批的必要性了。

北马第二天，10 月 20 日，国务院颁布 46 号文，文件分三部分，不长，但分量很重，其中“取消商业性和群众性体育赛事活动审批”引发舆论千层浪。

在马拉松领域，政策影响的主力人群是草根创业者，他们急于投资和发展，但由于缺少行政系统人脉资源，难以施展拳脚。

这其中最直接的困难就是赛事审批，大到各级运动会、锦标赛、小到民间商业赛事，都需要体育主管部门审批，否则随时会被拦腰叫停。

亚洲有史以来最伟大的篮球明星之一姚明，是这项改革的重要推手。

以往的实践表明，政策真到了要落实的时候，往往并不容易。田径中心是新政最热烈的拥抱者之一，取消马拉松审批的同时建立科学治理体系，并形成良性发展格局，需要决心，也需要技术支持。

两个专业技术公司入驻中国田协办公。

橙光线和东软赛客对中国马拉松的影响是广泛而深远的，涉及每一个跑者。

八方环球在中国牵“马”八年，培养了一批赛事专业人才，崔英善是其中之一。她的职业轨迹是清晰的两段：起步于北马和 TNF100 组织；在北马收归中奥路跑后，成立橙光线，并继续为中国马拉松服务。

作为中国田径协会马拉松战略顾问，橙光线一年前即已进入角色，协助制定了全面的马拉松及相关运动赛事管理体系与制度。

将这套体系和制度网络化，则是东软赛客的业务。

东软赛客是最早涉足赛事管理服务的企业之一，背靠我国第一家上市软件公司东软集团，以研发见长，进入马拉松计时设备领域后，与资深的芝华安方竞争，现在又为中国田协建设中国马拉松官网。

中国马拉松管理服务平台兼具赛事注册、赛事日历、公告、成绩查询、成绩排名和社区交流等多重功能，为马拉松井喷奠定了信息技术基础架构。平台的另一个作用，是通过大数据库建设进行智能分析，协助科学决策。

对东软赛客来说，这单业务不仅打开了田协之门，还使自己跟马拉松大数据深度嵌套，形成路径垄断。

横扫七大洲各类极限马拉松的陈盆滨，人送外号“中国阿甘”，获 2014 年 CCTV 体坛风云人物最佳非奥运动员奖。

CCTV 体坛风云人物是中央电视台主办、体育频道承办的年度评选，脱胎于 2001 年创办的中国电视体育奖，与“感动中国”“年度经济人物评选”并称央视三大品牌活动，是中国体育最高荣誉殿堂。

评选凝聚业界共识，权威性高，影响力大，每年评选热度高企，话题不断，获奖者囊括众多名将名帅，颁奖盛典更是明星大秀场，在国内有体坛奥斯卡之称。

陈盆滨与郎平、李娜、宁泽涛和张虹等体育明星同台。

在所有非奥获奖者中，陈盆滨因善交际和项目特殊，名气最大也受益最多。

陈盆滨还是中国马拉松草根创富标杆，商业热度极高，次年又由安踏赞助完成百日百马，其经纪公司盛力世家在圈中很有名，旗下运动员还有申雪、赵宏博、邹市明等奥运冠军。

体坛风云人物组委会也组织跑步公益活动，这也是中央媒体应有的责任和担当。

在青岛举办的全民健身公益跑，云集了奥运冠军钱红和张虹、航海家郭川、游泳名将赵菁、攀岩高手钟齐鑫和中国铁人三项第一人党琦等体育名人，还有来自海峡两岸的马拉松达人、舆论领袖。

总导演王京宏回忆说："台里非常重视，专门安排大型移动转播车到现场，并在《体育晨报》节目中直播，同时还邀请几十家兄弟媒体现场报道。"

在推广跑步运动方面，央视是一支特殊力量，除每年几十场赛事直播形成的导向力量外，白岩松、张斌、路一鸣、于嘉等人组成主持人方阵，也是具有代表性的身体力行者和传播者，公益跑则开辟了新局面。

在坚定信心、以深层改革释放赛事活力的同时，竞技成绩下滑也让业界深陷困惑，没人能预见反弹的时间表。

仁川亚运会又证明了这一点。

马拉松与整个代表团的碾压性表现格格不入。粟国雄（2:20:06）、岳超（2:33:20）分列男女第八和第五，粟国雄与前三名哈米斯（2:12:38）、松村康平（2:12:39）及川内优辉（2:12:41）的成绩相去甚远。

中国男子年度最好成绩（2:15:40）由山东小伙吴世伟创造，位列世界第五百五十九；女子是何引丽的 2:28:56，居世界第九十七。

而世界潮流浩浩荡荡，男子中全球有八人跑进 2 小时 05 分，二人跑进 2 小时 04 分，最快的肯尼亚选手基梅托以 2:02:57 突破 2 小时 03 分的关口。女子也有五名非洲选手跑进 2 小时 21 分。

事实上，自 2009 年田径世锦赛后，中国马拉松虽然一路磕磕绊绊，但也更加外向坦然。田径中心很清楚，融入非洲是唯一出路，那里集中了世界顶尖的长跑运动员。

接下来面临的是北京世锦赛和里约奥运会两场大考。

与赛事场次激增同步，社交媒体、网络直播登堂入室，自媒体成为最常使用的信息传播途径，而赛事摇号、黄牛贩号、高价买号等现象，也传递出更有感染力的信号。

咕咚把部分精力转向谋求社会影响力，不失时机地发布了《2014中国跑步白皮书》（简称《白皮书》），这是中国马拉松统计学上的一大突破。《白皮书》有几个重要结论。

第一，收入上，越发达地区参与跑步的人越多，白领成为跑步运动的主力，企业高管、私营企业主、行政人员是领跑者。

第二，地域上，以北京为核心的京津塘三角、以上海为核心的长三角和以广深为核心的珠三角，是全国跑步运动最热的地区。

第三，装备上，56%的跑者会专门购置跑鞋，32%的跑者会购买专业压缩裤，39%的跑者会给自己购买可穿戴设备。

咕咚是中国最早的跑步工具性软件之一，而《白皮书》显示，在人人使用手机的移动互联网时代，它已变性为跑步社交平台，占据了跑者生活的枢纽地位。

城市马拉松从2011年兴起的那一刻起，就被认为是城市白领、中产的私好，但一个叫仇乾阳的90后小镇青年，却悄然完成了自己的100场马拉松。

第七期《三联生活周刊》刊登的《仇乾阳的100个马拉松：生活

在别处》，在社会上激起波澜，这本杂志是城市白领的精神家园。

仇乾阳在浙江温州下辖乐清市的邮局工作，严格说来，不能算典型的小镇青年，因为他受过高等教育，而且工作和收入都很稳定。跑步的机缘则完全是被动的。2011 年，仇乾阳的电子邮箱里收到一封耐克群发的邮件，说杭马开始报名了。他那时刚毕业，工作的洞头区又是个寂寞的海岛，马拉松至少能带来激情和新鲜感。2011 年杭马是仇乾阳人生的第一场马拉松，而今年的杭马，则是他的第 100 场，共跑了 40 多个国家和地区。

与很多励志人物相对应的是，仇乾阳随性、自我，没有太多感动，平时也很少训练。

在一个多元化的时代里，对马拉松的认知，确实无须统一定论。

自 2004 年北马以来，猝死是组委会小心翼翼触碰的话题，因为从法律、规则、道义和感情的角度来解读，大家有不同认识，这会让组委会陷入困境。苏州环金鸡湖、昆明高原、康保草原和珠海，又出现 4 例。

猝死是马拉松伴生现象，完全杜绝不可能，各国和各赛事猝死率也不同。中国 2014 年是 1/225000，不属于高发，但东京马拉松有史以来 0 死亡，被公认为全球最安全马拉松之一。

田协请来东京马拉松急救总指挥田中秀治讲课，他的本职工作是日本国士馆大学救急系统研究科主任，也是中国专业急救团队第一反应的顾问。

国际上针对心脏骤停选手的救助，一般都使用 CPR（心肺复苏）和 AED（自动心脏除颤仪），在这次讲课中，最具冲击力的话题是救助理念，田中秀治讲道：“出现心脏停止情况后，立刻对患者使用

AED，挽救率可以达到 89.4%。”因此在比赛中，有多少人拥有急救技能，以及有多少台移动 AED 非常重要。

随后，媒体对急救知识和理念进行了一轮宣传，但实际效果不尽如人意，2015 年和 2016 年又各出现四例。

2014—2016 的三年，是中国马拉松有史以来猝死最集中的时期，社会反响也比较强烈。

毕业于中国科技大学的天才少年叶一火，2010 年挥别阿里巴巴投入创业潮，在 2014 年创办马拉松赛事摄影服务机构——爱云动。

这一行的鼻祖是 2010 年创立的“马拉松照片”和“跑步维生素”，它们正在寻找新的商业模式。

2015　松绑放权

在政策松绑和城镇化快速推进的双重刺激下，马拉松市场狂飙陡起，赛事规模膨胀，新现象、新事物层出不穷，马拉松瞬间站在了新的踏板上，跃入广阔的市场蓝海。

发展史人物｜李子成　退役专业运动员

46 号文发布两个月后，田径中心作为马拉松主管部门，宣布全面取消赛事审批。

其他很多项目不同于马拉松，它们群众基础薄弱，赛事规模很小，即使取消审批也不会有多大风险，而马拉松动辄牵涉上万人，是最大的体验性赛事。

如果中国田协表现得很决绝，就会对其他项目有示范效应，但带头是需要勇气的。

从现在起，田协的行业协会身份被刻意强调，这是放低身段共谋发展的信号。还有具体的服务措施：开通中国马拉松信息平台，简化注册程序，建立注册赛事日历；顺应赛事公司呼声，推出赛道认证。

对这一重要变革，业内议论纷纷，都在考虑自身应该在新环境下扮演什么角色。

这是很现实的利好，对创业者来说，即使没有体育系统人脉资源，也可以办赛事了。马拉松，成了更多青年“双创”梦想的舞台。

但是，政策在实际执行过程中，由于没有建立起严密的监管机制，导致一些地方赛事“野蛮生长”，尤其是山地越野类赛事，更处于跑步和登山两项运动的临界地带，缺乏明确的业务归口管理机制，为此后出现安全事故留下了隐患。

对内放权，对外呢？争夺更多话语权。

无论国家还是个人，国际话语权都非常重要。

国际田联掌握着重大国际赛事的审批权、规则修改权、解释权、裁判权和争议仲裁权等。谁有更多话语权，谁就可以在处理国际事务中赢得更多尊重。

这是很现实的，资深球迷应该记得 2001 年张吉龙的神奇之手，他以亚足联副主席身份，一夜之间推翻国际足联的既定方案，使中国足球队成功避开西亚诸强，并最终出线。而在 2011 年大邱田径世锦赛上，当刘翔被罗伯斯拉拽后，中国队很快申诉成功。有媒体报道，现场的国际田联理事罗超毅一直积极斡旋。

当然，吃亏的案例就更多了。

在北京举行的第 50 届国际田联代表大会上，中国的话语权得到保证，杜兆才担任国际田联理事，王大卫担任越野跑委员会委员，王楠担任妇女委员会委员，水涛担任技术委员会委员，杨善德担任竞走委员会委员。

历史上，中国人在国际田联的最高职务是副主席，由楼大鹏担任。

镜头给到训练场，辽宁。

在中国马拉松史上，辽宁之兴衰系于马俊仁一人。在北京世锦赛上，徒孙辈的许王登场亮相，他是孙日鹏的徒弟。

孙日鹏曾先后师从毛德镇和马俊仁，强项 3000 米障碍，1997 年八运会上创造全国纪录（8:10:46），至今未被打破。

许王和孙日鹏都是大连庄河人，那里盛产中长跑人才，根本原因是吃苦耐劳的基因和地域传承。

春天的重马，许王以 2:16:03 获国内亚军，入选 8 月份世锦赛阵容，冠军和季军分别是新疆哈斯木汗（2:14:26）和内蒙古关思扬（2:16:24）。8 月世锦赛上，许王第二十四（2:23:08），关思扬第三十四（2:30:16），哈斯木汗未完赛。

许王崛起及稍后李丹登场，标志着辽宁中长跑在马家军后复苏。

参加北京世锦赛的三员女将，没给意大利籍教练卡诺瓦带来好消息。

丁常琴（2:33:03）、王雪芹和何引丽分别位列第十六、第二十八和第三十七，与田径中心和国人的期待相去甚远。

双方都在思索问题的答案。三个月后，百思不得其解的卡诺瓦黯然离职。

卡诺瓦一直为这段创伤记忆所缠绕，不断在接受媒体采访时主动解释，但他并没有找到最终的根源。其实外教在中国国家队岗位走麦城是常见现象，包括他的前任罗萨及足球教练里皮。

社会往往有自发的动机和能量，跑团的勃兴就是如此。

跑团一直处于灰色地带，因为没有固定办公场所，也没有在民政部门注册，所以它不能被称为社团，体育部门尽量避谈。但其发展势头正盛，北京又有三个主题跑团走红。

10 月，太阳宫玫瑰里落英缤纷，首都媒体跑团宣布成立。领队汪涌出身新华社贵州分社，一度名镇甲 A 联赛，北京奥运会前奉调进京后，一口气牵头成立首都媒体徒步联队、首都媒体篮球队和首都媒体足球队。最后成立的首都媒体跑团是汪涌集大成之作，百名媒体人身体力行，宣传跑步，倡导健康，各地马拉松争相合作。

一个月后，北京大学第一医院医生朱希山叫来几个师兄弟，说一起为马拉松出点力，北京医师跑团诞生了。医师跑团很快就有近千人的规模，成员绝大多数来自北京市三甲医院，从此与马拉松“医”路相伴，是赛道上的侠之大者。北京医师跑团还出台了《中国马拉松医师跑者行为指南》。

企业家毛大庆主导的毛线团，则在一年前成立，当时，他的创业项目优客工场还在酝酿中，跑团成员以房地产界和金融界职业经理人为主。毛线团联合“悦跑圈”和中国光华科技基金会，开展了体育爱心公益活动。

连同早期成立的跑团猛犸纵横、香山跑团、奥森跑团、天坛乐跑、光明乐跑、嘉友跑、跟 5 一起跑等，北京的跑团蔚为大观。

放眼全国，更是群雄并起。嗅觉灵敏的新浪跑步频道主编、户外达人蔡英元，组织“跑动中国年度评选”，以网络投票形式评出年度十佳跑团。

在颁奖盛典上，新浪还宣布成立中国跑团联盟。

在上海，一个名叫李康的青年也发起中国路跑联盟，不断召集中国路跑联盟跑团团长论坛。

新浪出面后，跑团获得了社会认同感，新浪跑步频道和新浪微博联手，更形成马拉松舆论场的主导性力量。

跑团生存状况也受到社会关注，《北京青年报》对活跃在北京奥林匹克森林公园的跑团展开调查，披露了一些内情，跑团大体有四类。

第一类，商业跑团，负责人大多效力于某个品牌，经营跑团是其工作内容。

第二类，企业跑团，系企业从人力资源建设角度成立的，费用由企业承担。

第三类，公益跑团，一般不收取参与费用或基本费用。

第四类，训练营，一般是由退役运动员组织的培训机构，会收取较高的培训费用。

跑团也是一种微观经济现象，有一定规模或有特殊影响力的跑团，是跑步相关品牌及赛事组委会的青睐对象。合作模式会给跑团带来一定商业回报，用以支撑正常运转。

跑团实际上更依赖核心人物一己之力，团长为人要热情、公道，有责任感，同时跑得还要快，不然镇不住场子。

智美上市后，不失时机地采取对拉动股价最为有效的措施——跑马圈地，多多益善。

电光火石之间，它获得了沈阳、长沙和昆明三座省会城市的马拉松赛事经营权，并跟广州和杭州一起，集中在下半年办赛，赛程密集，媒体攻势猛烈。

智美引发的“恐惧”在赛事运营公司群体中蔓延。

北马与汉马“歃血为盟”仪式在国家会议中心隆重举行。

仪式上，中奥路跑总经理孙立平表示，将以北马三十五年的丰富经验帮助汉马成长，打造南北马拉松兄弟赛事。这也意味着，早年间中国田协精心布下的北马、厦马一北一南、春秋交替的格局，正式作古。

智美在北京召开第二年赛历及创新营销产品战略发布会，当副总裁宋鸿飞说出 5240 场这个数字时，现场的人被惊掉了下巴。

因为算下来每个周末有 100 场比赛，从组织执行、运营、媒体传播等任何角度来看，都是不可能完成的任务。除非不计后果地砸钱，雇用别人来做。

其实，5420 场比赛中，包含 15 个省市社体中心 640 个项目 1400 场全国健身系列赛，涵盖足球、篮球、排球、羽毛球、网球、游泳、体育舞蹈、乒乓球、轮滑、徒步、广场舞、围棋等社会体育项目。体育产业新媒体《体育大生意》报道，智美通过合作的方式，将这些赛事收归旗下，并充分调动各地体育局参与运营和执行。智美还将全国男子篮球联赛扩容、升级、娱乐化，共3700场，由此切入城市潮流人群。业内也永远记得智美发明的新概念：第五场景。

构想之宏大，概念之玄幻，很难不让人联想到同一时期乐视体育的“热带雨林”布局。

有人质疑这一计划能否落地，而智美内部也有一股焦虑暗流，反映在办公室气氛上，是上级越来越明显的焦躁，指挥也朝令夕改。

智美还有一个明确目标，深圳。

始于2013年的深圳马拉松，主办方对遭遇网友大量吐槽感到恼火，在2016—2018年周期的公开招投标中，智美以94.21分的绝对优势获胜。

在中国四个一线城市中，当智美包揽广、深后，所有人都非常清楚，智美“超级王国”诞生了。

智美相信自己已具备对标国有大型企业的实力。

后来的实践给了智美一些经验教训，但有人将其视为乐视体育翻版，这是不公平的，智美项目基本属于可控范畴。

上一年的无锡马拉松，中奥汇跑亏了，投入600万元，收入100多万元。

不过似乎也没退路，为了表示与阵地共存亡的决心，锡马运营主体直接注册在无锡，定名无锡汇跑，中奥汇跑是投资方之一。

无锡汇跑办赛更多考虑跑者感受，仅一年后，口碑爆棚的锡马就变得锐气十足，这既是经营上的胜利，也是团队士气的胜利。

此后，在马拉松江湖上，与性格开朗、大杀四方的张思杰和宋鸿飞不同，李长征是喜欢深藏的人。无锡汇跑的绝技正是“小李飞刀”，锡马、西安马、榆林马例无虚发，尤其今年从八方环球手中接过 TNF100 后，开枝散叶，浑成卓绝一派。

对于汇跑现象，有机构曾出过一份研究报告，结论是，李长征团队源自跑者，对跑者需求市场反应敏感，战斗力强，同时管理也很规范。

在民营赛事运营公司中，无锡汇跑跟智美及中迹体育三分天下。

中奥路跑介入之前，六盘水马拉松由于被网友各种吐槽，在网络上已有些许名声

这里是气象学上著名的“昆明静止风带”，全年冬无严寒、夏无酷暑，舒适天数 200 余天。即便在气温最高的七八月，平均气温也只有 19.7 摄氏度。2005 年，六盘水被中国气象学会授予“中国凉都”称号。

两年前，六盘水市承办第八届贵州旅游产业发展大会，并与第十届中国凉都六盘水消夏文化节合并，马拉松作为聚人气、壮声势的龙头项目，急需提档升级。在市政府要求下，中国田协安排中奥路跑介入，双方签订三年合作协议，全力打造“舒爽马拉松”。主办国家级马拉松赛，是六盘水提升旅游知名度的一次重要努力，“世界那么热，我要去凉都”不胫而走。到今年，全市接待游客 1250 万人，旅游总收入 73.82 亿元，分别为 2010 年的 4.53 倍和 6.96 倍。

历史上，马拉松对城市拉动作用最为明显的是东营、衡水，六盘水次之，它们均是四五线城市，因下手早且倾力打造，一举跟一线城市并驾齐驱。

六马与锡马、深马同时晋升金牌赛事。

与前一年相比，金牌赛事少了李宁全国 10K 和珠海半程马拉松，

前者不再是中国田协共办赛事，后者则当年取消。

对中国田协来说，评比定级是领导马拉松发展的重要手段，总的原则是鼓励，成熟一个发展一个，但在2017年之前，金牌赛事的含金量要更高一些。

在李子成完赛45场并夺得42个冠军后，体制内或体制外成为精英选手的新标签。

这位体制外的领头人也被视为猎金机器，在《爱燃烧》一篇专访中，他坦承一年奖金收入在30万元以上，而代表中国参加北京世锦赛马拉松比赛的许王，月薪5000元。

专业运动员培养的体制已存在了几十年，传统思维方式根本不相信一个个体户能保持高水准。

退役后的李子成在训练方面绝不含糊，《爱燃烧》的报道说：

李子成以前在专业队时，一年要跑1万公里左右，平均每天30公里，一天两堂课：如果早上长距离，下午就调整；下午练间歇、强度，上午就调整。一星期13堂课，一天两堂，只有周日下午休息。

退役后的他一直自己训练，在跑量方面，赛季和冬训有所不同：赛季少一些，一天跑10公里；冬天能量储备，长距离比较多，一天三四十公里，甚至50公里；间歇相对较少，因为比赛太密集。去年45场比赛总共600多公里，大多跑3分左右配速。①

李子成还在宁波开办市场化跑步训练营，这能为他带来更稳定的收入。

在某种程度上，李子成“例外”式的存在为精英跑者开辟出新的人生道路，但也面临着非洲选手无处不在的竞争，很多时候表现为你死我活的终极对决。奔跑中国广州站，李子成认为夺冠的非洲选手犯

① 洪立．李子成，中国最成功的马拉松跑者（下）[N]．爱燃烧，2016-1-25.

规在先，但因举证困难，申诉无果。

李子成在接受媒体采访时说，他虽然离开了体制，但同样有自己的奥运争光计划。

中国社会越来越包容、自信和豁达，只要成绩上去，就有机会代表国家出战。不过李子成坦承，还是体制内运动员提高的可能性大，因为他们有强大的后勤保障。

在李子成的带动下，体制外选手的势力和影响骤增，尤其是管油胜、贾俄仁加与李芷萱登场后，涓涓溪流变成滚滚洪流。

夺得台州马拉松半程亚军时，管油胜还是贵州体工队的专业运动员。

不久，他私自外出比赛的事被省队知道了，受到“开除出队，遣返原单位，以观后效”的处分。得到消息后，管油胜想争取留下，问教练还有没有机会，教练说已尽力了。

体工队延续着长期以来的半军事化管理传统，严格的纪律是制胜的法宝，当集体管制和个人意志产生冲突时，只能个人服从集体。

贾俄仁加就不一样了，他是一名普通大学生，跟三级专业训练体制无关，甚至没上过体校。之前，这个群体被称为业余跑者，现在他们有了一个更响亮的名字：大众跑者。

贾俄仁加参加了福建长泰登山精英赛，并获得 30 公里组冠军，他 23 岁，从此踏上飞速进阶之路。

与贾俄仁加同时出道的大众跑者还有焦安静，她的人生首马 2:58:00，是太原马拉松第八、国内第一。

正如国家希望的那样，随着政策开闸，马拉松赛事数量和参赛人数均呈爆炸式增长。

马拉松集工业化水平、消费主义、健身需求和精神追求于一体。经过 2008 年以来六七年的培养，大众对马拉松的认识，已从传统群体活动过渡到一种社会产品，需要社会购买和消费，即使异议者也逐渐养成了适应性心态。从赛事市场化的角度来考量，这一点至关重要。

官方数据显示，在中国田径协会注册备案的马拉松及相关运动赛事达到 134 场，较上年增加 83 场，增幅超过 160%，相比 2010 年的 13 场增长超过 10 倍。全年共有 150 万人参赛，地域上涵盖了 4 个直辖市和 23 个省（区）的 79 个城市，较上年增加 34 个城市。全国有 84% 的省（区、市）拥有一场或多场赛事。

重要城市间的马拉松较量日趋激烈，21 个一二线城市掀起比学赶超的热潮，南京、沈阳、宁波和长沙一拥而上，使版图空位仅剩武汉、成都、青岛、济南和苏州。

山东两个城市无疑严重落后了，这个曾一度领先全国的经济大省，马拉松发展迟缓耐人寻味。

中国田协对马拉松委员会的定位是团结一切可以团结的力量，委员会今年又增设了特步总裁丁水波和多威总经理唐毅这两位装备制造业代表。

这两家，都是中国马拉松的老朋友。

特步今年在大中华区赞助了 17 场马拉松，包括厦马、重马、太马、香港马、沈马等重要赛事，并冠名 4 场跑步活动。

多威跟跑步的渊源更深。1996 年创办，2000 年即获得 “中国田径协会专用鞋生产基地”和“中国奥委会唯一运动鞋供应商”身份，这是深耕跑步领域的前奏。

全中国最有野心的运动品牌都挤在了井喷的路跑市场上，根据多家不同机构评选，常常入围十大品牌的是阿迪达斯、耐克、特步、李宁、安踏、多威、361° 、新百伦、美津浓和亚瑟士。

品牌有各自的市场定位和营销理念，市场占有率无定说，但严肃跑者追求专业性的趋势越来越明显。

与运动品牌同步成长的各类跑步媒体，常常以跑鞋测评及周期性发布测评结果来行使话语权。到今年中期，依托于美国本部跑鞋实验室的《跑者世界》跑鞋测评榜独领风骚，新浪的跑步装备测评室也渐成气候。

被测评的特步反客为主，也成立了自己的运动科学实验室，聚焦于鞋、专业运动员和大众跑者三大方面的研究。

代表品牌混战最夸张的事件是，北马赞助商阿迪达斯在上海向耐克发动攻击，一举成为上海半马的官方装备供应商。上海半马是上马系列赛，而耐克是上马的至尊赞助商。

微信朋友圈和公众号，与微博共同构成舆论场双重心，其草根和碎片化特征，跟跑者群体深度契合，革命性地改变了跑圈媒体业态。对于赛事组委会来说，掌握了舆论发布权和选择权的跑者，不仅是体验者，也是高悬的监督利剑，其势如洪水猛兽。赛事传播的迭代升级成为新课题。

遗憾的是，有些组委会患上了过敏症，把认真的跑者当成了问题制造者。另一方面，对于如何使用手中的权力，跑者也体现出不知所措的一面。

自 2006 年耐克携手苹果公司推出 Nike+以来，对于集运动量化、平台、资源和社交等功能于一体的跑步软件，资本应声而动，进入为期十年的绿林时代。

乐视体育的疯狂故事刚刚开始，它积极布局赛事运营、内容平台、智能硬件和互联网服务四大板块，与路跑相关的业务主要是运营太马和重庆女子半马。

当时，市场上的路跑 App 有上百种，网络声量较高的还有悦跑圈、乐动力、虎扑跑步、悦动、郁金香、阿甘跑步、跑步控、咪咕善跑等。跑圈也形成了基本评价：

Nike+——有耐克背书，但本土社交功能较弱；

咕咚——有先发优势，但支持的运动模式较多，发力点分散；

悦跑圈——社交功能强大；

益动 GPS——版本更新周期较长；

虎扑跑步——侧重知识传播。

总体上，跑步软件同质化严重，一般都具有计步、社交激励、拍照、视频记录、音乐助兴、分享、语音提示、资讯提供、好友搜索、运动指导、训练计划制订和发起跑步活动等功能。

乐视体育的“乐视体育白皮书”显示，咕咚以 50.77% 居市场占有率之首。它对咕咚的垂涎之心，日月可鉴，但由于申波坚持自我发展，乐视体育只得寻求新目标，拍出 1500 万元，买下益动 GPS 60% 股份。

益动 GPS 活跃用户达 300 万，产生的运动轨迹近 1000 万条，但深陷债务和经营双重困境。

在激烈竞争的氛围中，毕业于北京信息科技大学的 90 后创业者王宁，推出一站式健身解决方案——KEEP，含跑步。

跑圈十分怀疑 KEEP 能有什么作为，但凭借全健身优势和资本热捧，它迅速打开局面。

跑步软件做强需要资本支持，资本也需要有成长空间的产品。KEEP 入场，标志着进入巨头垄断及赢家通吃的时期。

最令人愕然的是，乐视体育尚未对益动 GPS 有效盘整，就因资金崩盘而猝然离场，演绎了一出资本的罗曼蒂克消亡史。

悦跑圈提出“线上马拉松”概念，主张“异地同天跑，没有起点和终点”，打破了时间和空间限制，是历史性创举。

线上赛的初衷是为厦马半马参赛者提供完赛奖牌，此后在悦跑圈的推广下，渐成风尚。

北马是国内历史最为悠久、连续举办时间最长的单项自主品牌赛事，也是自 2011 年以来带动大众健身风潮和追求卓越精神的经典案例。

北马取消迷你马和半马，只设 42.195 公里的全马。

规程发布时，跑圈哗然，产生了到底为谁办赛的轻度争论。反对者只说这样会挡住很多初级跑者，但很难反驳组委会向国际顶尖马拉松靠拢的努力。

今年总报名人数 63118，经抽签有 30000 人参赛。从 1981 年到 2015 年，参与人数的变化，是北马发展的最好证明。

北马变身成功让中国田协欢欣鼓舞，社会也看到了组委会三十多年的努力。在 CCTV 体坛风云人物推委会会议上，北马和马拉松现象成为一个议题。

但它不是一个“人物”，无法纳入候选。最后经委员投票，未名人士体育精神奖更名为大众体育精神奖，局限被打破。

几个月后，北马组委会、姚基金希望小学篮球季项目团队及三名个人入围提名奖。

与四个竞争对手相比，北马的优势有目共睹。深厚的历史底蕴、现象级事件的影响力、坚持不懈的公益精神，以及各种人物故事、各种传奇，它的价值远远高于一场比赛。

北马组委会荣膺2015体坛风云人物大众体育精神奖，王大卫登台领取小金人，颁奖词称：

从创办马拉松赛事，到传递马拉松精神，北京马拉松组委会获奖，是中国马拉松的骄傲。最优秀的运动员和普通的大众选手同场竞技，老小咸宜，马拉松精神不仅是自强不息、超越自我，还有平等包容等特色。①

过去35年里，北马作为城市马拉松的代表，经历了两次公众形象变迁：1981—1997年，是精英选手竞技场和体育对外开放窗口；1998年以后，则是全民运动的大舞台。

在人民网2015年最具影响力马拉松赛事排行榜上，北京马拉松也位居第一。

跑圈层级日趋明显，世界大满贯跑者居于金字塔顶端，这一称号不仅反映个性，还反映个人经济状况、社会地位和自我价值。

2013年，世界马拉松大满贯由于东京的加盟，合称六大满贯。

六星跑者是六大满贯完赛者才能申请的。今年，由世界马拉松大满贯组委会认证的六星跑者共567位，中国的10位六星跑者分别是毛大庆、田同生、程旸、贾晓萌、金飞豹、李战哲、王文金、吴子富、王晓东和于嘉。

① 资料来源：网易体育，2016年12月24日。

毛大庆、王文金和贾晓萌同属于万科系，万科现象源于集团高层带头、管理体系支持和跑步文化建设。

田同生是中国企业家圈子跑步的重要推手之一，在成为客户关系与品牌管理咨询专家之前，他是一家杂志记者，2011 年年初开始推动企业跑，客户除万科外，还有联想、中国建筑、协信、红豆等。据估计，他直接或间接推动参与跑步的人有数万之众，媒体上常有“中国马拉松传教士”和“百马大叔”的评价。

于嘉和程旸来自嘉友跑，两人也是乔丹时代的篮球发烧友，很早就认识，这一爱好铸就他们的未来人生之路。于嘉跑马的初衷是减肥，程旸则是受潮牌企业邀请尝试。

金飞豹更显著的社会身份是探险家，从 1982 年攀登昆明最高峰轿子雪山起，一发不可收，2006 年登顶珠峰，随后的两年内，连续成功攀登非洲、南极洲、澳洲、北美洲、欧洲、南美洲最高峰，并徒步到达南极点和北极点。

浙江企业家吴子富几乎是以火箭速度完成大满贯的，他 2013 年才开始学习跑步。

长居深圳的投资人王晓东，在低调完成“人生小目标”后，隐身于马拉松江湖。

对于以自我突破为信条的严肃跑者来说，六大满贯是人生不能错过的赛事，北马元老级跑者李战哲在老东家中国土木工程集团公司的资助下，从 2012 年到 2015 年，用四年时间完成了愿望。

诚然，有财力、有时间完成六大满贯的跑者是极少数的，而这一群体的快速增长，也是中国社会经济发展的微缩模型。

沉寂整整十年的孙英杰高调浮出水面，频频接受媒体采访。私下，她一再表示，创业需要各界朋友捧场。之前，陶绍明、王军霞、邢慧娜、白雪等人对她已多有助益。

孙英杰2009年退役后结婚生子，儿子三岁时，她变身孙英杰长跑俱乐部老板。作为创业者，除了要挑战企业推广、运营等，还得跟过去的“名声”对抗。

对退役运动员来说，像李宁那样受助于李经纬创办公司的幸运，只是极端案例，绝大多数人都是凭专业技能从零做起的。

正是跑步人口红利催生了跑步教学行业，为曾经的专业运动员提供了创业机会。

一年前，孙英杰长跑俱乐部扯旗，并固定在北京奥森公园活动，队伍里有企业高管，也有各行各业的年轻人，同时她还举办各种主题跑步活动。俱乐部的基本商业模式是向会员收取会费。

刚开始，很多品牌商拒绝赞助孙英杰的俱乐部，各大马拉松也有意回避，但今年，家乡的沈马邀请她担任推广大使，从此她慢慢走出冰河期。

前山东队中长跑名将于兴波在上海发起由邢慧娜担任名誉顾问的“98跑”，这是一个打通线上线下的跑步培训平台，名称取自山东中长跑“98黄金一代”——既是集体的青春记忆，也是对山东名帅尹延勤的致敬。

这批队员包括潍坊邢慧娜、钟海波、张新凯和李云霞，烟台于兴波和孙光红，威海郑凯和淄博窦兆波，1998—2009年，八人都曾获得全国冠军或更显赫的成绩。

“98跑”的线上声音具有专业性和权威性，深得严肃跑者的信赖。

训练营的影响不断在比赛中显现出来，“98跑”成为马拉松业余选手成绩进阶的重要社会力量。

冯唐这个名字，因《北京，北京》等文学作品为世人所知。

他的博文《人生很短，马拉松很长》在跑圈广为流传，这是中国一线作家首次触“马”。

初夏，盛名之下的冯唐，受邀陪跑马拉松“疯子”陈盆滨的百日百马。这个活动由盛力世家策划、安踏主赞助，从广州跑到北京，陈盆滨主跑，途中各色人等加入陪跑。冯唐经两个月有一搭没一搭的训练后，在冀京交界陪陈盆滨跑了半马。

面对陈盆滨“你还跑吗”的询问，力竭的冯唐说：“谢谢你陪了我20公里，你放开跑吧，我到最后5公里陪你。”出乎朋友们意料的是，此后没多久，冯唐在法国波尔多完成了个人首马。

《人生很短，马拉松很长》不长，却提炼出了非常精辟的励志金句。

“人生其实到处马拉松，特别是在最难、最美、最重要的一些事情上。”

“人生苦短，想不开的时候，跑步，还想不开，再多跑些，10公里不够，半马，半马不够，全马。”

后来，冯唐还总结了跑步的五个原则和十大好处。

冯唐之后，中国跑圈文化偶像开始从村上春树身上偏移。

爱云动和跑步维生素雄霸马拉松摄影服务市场后，其他人还有没有机会？肯定是有的。

大学毕业后在家族企业工作的摄影爱好者车可，以一场八百流沙极限赛，为人生新征途做了简单预热。跑步维生素和爱云动，一般是为跑者服务的，而车可把目光瞄准了组委会，提供精制的赛事影像产品。

车可的公司名并不为人所知，但从今年起，户外运动圈都知道他的名号：轲影像。

轲影像走高端路线，以纪录片和摄影牢牢站在金字塔顶端，合作对象包括北马、广马、厦马、越山向海人车接力赛、UTMB（环勃朗峰超级越野赛）等，作品也屡获殊荣。

轲影像的几乎每一个镜头，都是有说服力的重磅创造，其影响力经济渐上轨道，马拉松影像领域的质量嬗变，也由此发生。

2016　二律背反现象

后能人时代马拉松发展的复杂性、艰巨性毕现，里约奥运会的结果有力告诉我们，马拉松人口基数扩大与竞技成绩提升之间，不是简单的正比关系，至少短期内还不是。好在决策层坚持“走出去”的战略方向始终没有动摇。

发展史人物｜丁水波　赞助商

体育行业内有一套相对明确的逻辑系统，奥运争光始终是第一标准，奥运会的重要性不言而喻。

一般来说，世锦赛是下一届奥运会的试金石，北京世锦赛中国 1 金 7 银 1 铜共 9 块奖牌，18 人进入前八名，位列奖牌榜第四、总分榜第五，创造了新历史，形势比较乐观。

在以夺牌概率确定的 16 个重点保障项目中，看家项目还是竞走，马拉松不在列。

其实，田径中心在马拉松上没少下功夫。

伦敦奥运会一结束，就迅即启动聘请外教程序，第二年意大利人卡诺瓦乘兴而来，但随着北京世锦赛后卡诺瓦败兴而去，马拉松选手进入散养状态。依照惯例，谁成绩达标，谁参加奥运会；如果有机会拿牌，主管教练随行。

里约奥运会的报名标准是男 2:19:00、女 2:45:00，但田径中心从严要求，提高到 2:13:00 和 2:28:00。一般认为，这样做是避免资源浪费，同时亦有激励作用。

这个政策对地方来说意味着机会减少，而运动员入选代表团名单，本身就是一种荣誉，也是比较大的政绩。

在重马暨里约奥运会选拔赛上，果然只有两人达标，男子董国建（2:11:42）、女子刘瑞环（2:26:13）。董国建的成绩倒是让人眼前一亮，超过了 2011 年李子成在上马跑出的近五年最好成绩（2:11:49）。

竞技体育有一条很现实的铁律，达则为国争光，不达则重在参与，中国派出的 5 人团是后者。

在里约，男子董国建（2:15:32）第二十九，多布杰（2:24:22）第九十一，朱仁学（2:25:31）第九十六；女子岳超（2:39:09）第五十三，华绍青（2:45:09）第七十九。

与其他人相比，多布杰的身份是特殊的。这位“天边跑者”不仅是西藏有史以来参加奥运田径项目第一人，也是2011年田径中心“田径高原人才开发计划”的成果。除了多布杰，西藏中长跑还有米觉尼玛、达瓦吉拉和次仁措姆等精英。

岳超是前辈任秀娟的翻版，同样从辽宁远走江苏，且都是竞走出身。她2009年即赢得杭马冠军，2014年参加仁川亚运会，获女子第五。

显然，里约并没有给压抑已久的中国马拉松带来任何新希望。2008年以来一直信奉的外教至上理念，在经过罗萨和卡诺瓦两任水土不服后，期望值大打折扣。对这道难题，不同的人有不同的答案。

田径中心的做法是，继续加大走出去、请进来的力度。

城市马拉松经由北马、厦马和上马等大IP的原始积累，并通过田径中心诸多文件的修正和调教后，最终形成现在的模样。在这一过程中，2016年也是重要年份，影响力最大的举措是对大众选手进行等级评定。

《中国马拉松及相关运动大众选手等级评定标准及实施办法》(以下简称《办法》）将马拉松及相关运动设为全程、半程马拉松及10公里跑三个项目，每个项目九个年龄组，每组按完赛成绩从高到低依次为精英级、一级、二级和三级。《办法》还规定，必须在网上完成马拉松科学锻炼及参赛准备、礼仪方面的知识问答考试，90分以上方算通过。

等级评定切中了跑者心理需求。公布的一周内，《办法》一直是跑圈高热议题，网络全渠道舆论正面评价占比74.96%、中性评价占比24.09%。

这种形式将高高在上的管理者和各阶层跑者紧紧勾连，与之前相比，跑圈气氛全然不同。

特步今年动作很多，丁水波总是不假思索地接受下属的提议，无疑每一项都着眼于战术领先，而加起来，就真的是完整的战略系统，由此奠定市场地位。

当时运动品牌激战正酣，尽管特步去年营收达 52.951 亿元，毛利润上升了 1.4% 至 42.2%，净利润上升了 30.3% 至 6.226 亿元，但对手也高歌猛进。马拉松赞助之王以其十余年的经验，不难想到抢占中国田协这个制高点。

特步重金拿下中国马拉松合作伙伴头衔，本质上是用政府的公信力为自己背书，锐气直逼中国国家田径队的长期合作伙伴耐克，品牌影响力瞬间提升了好几个级别。

同期特步还抢占了人文地理意义上的制高点——有跑步圣地之誉的奥森。

奥森不像普利兹克建筑奖得主们设计的国家体育场、国家大剧院和央视总部大楼那样威风，却是泛奥运建筑群中最亲民、最实用的，建有对外开放的 5 公里和 10 公里两条塑胶跑道。完善的场地设施和优美的环境，使这里成为小型赛事首选地、跑团和俱乐部大本营，各路“明星”常常在此出没。不同水平和阶层的跑者聚集在同一个场地，形成“专业、高端、讲究”的整体性文化符号，并蜚声全国。

网络上不断流露出对奥森的无限敬意，在某种意义上，这里是中国跑步文化的最高地标。

进驻奥森，特步颇有俯视四海的意味。

特步官方的说法是，此举意味着特步为跑者提供的专业服务再度升级，也正式开启围绕跑者一站式服务打造跑步生态圈的全新跑步革命。特步当年还发起了自家的 321 跑步节，倡导每年 3 月 21 日全民跑起来。

从此公司内外，跑步成为唯一主题，特步官方公众号不无得意地自白：

每年 6 月 3 日公司上市日，主题是跑跑跑。

每年大老板丁总的生日，也是跑不能停。

每次新开旗舰店，还是以跑步相庆。

至少在舆论声量上，马拉松运动品牌市场真正的改变源自今年，以前这里是营销混战，以后是特步风景独好。

耐克与上马续约 5 年，身份还是荣誉赞助商，与创史赞助商东丽并列第一等级。耐克很想花更多的钱成为独家冠名商，不过上马与东丽共同成长凝成的感情坚如金石。

耐克和中国马拉松已有 14 年交情。

耐克营销的大战略水平确实无可匹敌。2002 年即正式赞助中国国家田径队，并确立了整套投入、包装和营销体系，其主要着眼点在于全项目渗透，同年还开启对北马的 8 年赞助，以政策倾斜押宝马拉松未来市场。

2012 年后，耐克专注于上马，重点在装备及赛道服务方面提供赞助。它很喜欢也很擅长制造概念，逐年推出的市场推广口号让跑者着迷，也有助推形成精致、包容和国际范儿的海派跑步文化。

对耐克来说，这次续约也是更加着重于数字化发展的小节点，那款中国市场最早的跑步应用软件 Nike+，将与上马深度捆绑，为每一位参赛者制订训练计划并给出赛事指导，以此提升跑步社群的黏性。

在中国田协第九届代表大会上，人事没什么变化，段世杰续任主席，田径中心班子成员杜兆才、王大卫、冯树勇和王楠担任副主席，杜兆才兼秘书长，王楠兼司库，另有各地推荐的副主席10人。马拉松是会场内外最重要的议题。

马拉松委员会个人特邀委员全部更新，应该说，每一个进出都经过深思熟虑，体现了决策者对形势发展和个人作用的最新研判。具体是：

竞赛专家5名：吕季东、王锋、满庆寿、钟杭伟和朱兴有。

媒体人4名：中央电视台冬日娜和于嘉、《北京晚报》陈远丁、北京体育广播陈妹。

做出过重大贡献的运动员3名：白雪、周春秀和王丽萍。

学术界权威1名：北京体育大学教授王林。

医疗急救专家1名：上海卫健委应急办负责人马宏赟。

中国马拉松学院专家1名：张思杰。

名单上的15人都是各领域精英，以不同方式对马拉松发展做出了贡献。比起2014年，最引人注目的就是3名前运动员的加入，应该说，马拉松委员会的说服力和实用性更强了。

张思杰自2005年起担任厦马组委会开发部部长，是厦马崛起并自成一派的主要操盘手，兰马、衡马及杭马、东营马、重马也都有他的影子。

一年前，张思杰成立了中迹体育，并将大本营迁至北京，7月，与中国田协、上海体院共同发起成立中国田径协会马拉松学院，商业触角从赛事运营延伸到赛事岗位技能培训。

官方马拉松学院（简称马院）的成立是中国马拉松发展史上一件大事，对完善马拉松运营体系建设和规范行业发展，起到了重要作用。在马拉松培训行业，马院是田协嫡系，橙光线等是社会力量，它们共同构筑起了多元竞争的格局。

张思杰和丁水波是好友，两个福建人对马拉松市场影响之深和受益之多，是其他人很难比拟的。

一年前悦跑圈与厦马合作线上赛，新尝试收到意想不到的效果。

中国田协关注到了这一新现象，认为线上赛具有门槛低、参与广泛的特点，能够与城市马拉松互为补充，应大力提倡。

将悦跑圈一举推上线上马拉松领军地位的，正是中国田协的那双大手，双方签订协议，悦跑圈拥有了中国田协线上马拉松首个合作伙伴的官方身份。

长江中下游地区是中国当代马拉松发祥地，1957 年江苏和安徽举办了新中国最早的马拉松赛。今年，六省一市的七个重要城市——杭州、上海、合肥、南京、长沙、南昌和武汉集团化发力，使这里成为马拉松经济最大的繁盛之地。

从口碑、影响力和数据来看，汉马在全国大格局中扮演了后来居上的角色。

在省会城市中，武汉与南昌、石家庄和哈尔滨同时起步，但武汉在区位和知名度上占优，一城两江三镇四桥五湖的赛道也更有魅力。武汉当地媒体发布的数据显示，共有 61378 人完成首届汉马报名，创造国内首次办赛引力之最，且 2/3 是外地人。不过在业界看来，汉马的稳定收入才是零差评的最大底气，市政府每年支持 1000 万元，第一年冠名费也有1000万元，这样敢于大投入，尤其在服务和传播上，可谓顶配操作。

大规模的马拉松创业也是从今年开始的，相当部分是有成就的体育媒体人，《户外》杂志樊龙智、中视体育苏玲和《新京报》艾国永，不约而同地选择了特色马拉松之路。

浑身散发着户外人坚毅、猎奇气质的樊龙智，推出了将部分赛道设在乌苏里江上的全程赛事——抚远黑瞎子岛新年日出冰上马拉松。接着，团队又移师同江市，举办中俄跨境1+1马拉松，这是中国第一个冰马和第一个跨国马。

安徽泾县的油菜花马拉松，由苏玲的腾梯度公司发起并主办，迅速点燃了城市小资追捧和分享的热情。

艾国永的重头赛事是延庆百里山水画廊森林马拉松，尽管时间上受到津马和北马夹击，依然吸引了2000多人参赛，是今年北京郊县规模最大的马拉松，为城市白领提供了深呼吸的机会。

这类根据地方旅游诉求定制的小快灵特色赛事，大多不在中国田协统计范围内，46号文显示出强大的功能。

艾国永后来做出抉择，放弃赛事运营，深耕路跑装备，同时致力于新媒体建设。就本质而言，创业还是要以个人优势决定最终打法。艾国永毕业于兰州大学市场营销专业，身上又带有深刻的媒体属性，马孔多路跑装备及“全民跑步”“马拉松助手”两个微信公众号，很快在业界掀起波澜。

在某种意义上，马孔多的两个公众号和新浪跑步、爱燃烧、跑野大爆炸、98跑、慧跑等新媒体、自媒体，深刻改变了跑圈新闻内容生态，有了传统媒体般过硬的生产标准。

在马拉松赛场，30 岁的福建人游培泉夺得广马国内冠军，引发舆论对大众精英群体的进一步关注。

游培泉属于大众选手职业化的第一批人，广州之行收获颇丰，除名次奖 3 万元外，签约赞助商康比特还追加 1 万元。同时，他“福建业余一哥”的称号不胫而走。

游培泉的耐力跑生涯由 2009 年厦马开蒙，最先帮他在越野圈跑出名声并奠定一流高手地位的是 2014 年杭州 100、北京 TNF50 和张掖祁连山超百的三个冠军，一年前开始尝试城市马拉松，以锡马季军名世。

每年超过 20 场比赛的密度，体现了靠奖金生活的乐趣和压力。游培泉未经过任何级别专业训练，甚至是中学体育差生，就读集美大学时才练出来，2011 年毕业后全职跑步。这种由爱好引导人生的路子，在 2013 年夺得福州 12 小时超马冠军后更加坚决，未来会有越来越多的跟进者，如岑万江、斯国松等。

福建跑圈还有一个超级红人。

赵紫玉，辽宁人，华侨大学（厦门校区）机电及自动化学院教授，曾摘得 UTG 八百流沙极限赛桂冠（402.2 公里），轰动越野圈。今年他的表现更加活跃，含金量最高的桂冠来自台湾省的东吴超马，不过他的成绩不及女性选手单盈。

北京姑娘单盈是第二次参赛，不仅以 241.334 公里封后，成绩也超过赵紫玉，成为东吴超马 16 年史上首位总排名女性冠军。

赵紫玉不仅是超马跑者，还努力推广这项运动，有“中国超马之父”的称号。他和郭丰洲是海峡两岸最重要的超马推手。

超马系指超过 42.195 公里的路跑竞赛，分计时制和计距制两类，受世界田联支持与委托，国际最高管理组织为国际超级马拉松总会（IAU），多数会员国协会为各国田径协会。中国田径协会尚未加入，但不排斥与该组织在中国双认证赛事。

北马一年前进入全马时代后，主要操盘手孙立平面临退休，离任之际，他对《21 世纪经济报道》说：北马要放眼全球，向世界第七大满贯赛事迈进。

今年北马前，王简接棒中奥路跑总经理。在他看来，36 岁的国家级马拉松还是要从细节入手，继续提升跑者赛事体验，比如号码布印姓名、实行分区起跑、奖牌嵌入足金，以及设置医疗喷雾站，这些都实现了。

这个时候的北马，对于众神喧哗的概念炒作，早已气定神闲。

连续两年，一个叫广州中体的公司因清远马受到舆论关注，网传第一年一场亏损几百万元，第二年又发生部分选手将肥皂当面包吃的低级乌龙事件。

公司实际掌舵人李强和任志刚，是在通信行业赚取第一桶金后，因参加曲向东的戈壁挑战赛而喜欢办赛的，于去年跟朋友共同出资买下这家公司。由于亏损较多，股东之间产生分歧，有人退出，剩下的几个倒是意见一致：亏到 3000 万元就散伙。李强表示，就算这样也值，毕竟自己的健康回来了。

但拿下桂林马，且拉到冠名赞助后，他们看到了希望。亏到 1800 万元时，广州中体局面渐渐好转。

民营赛事公司有以小博大的共同特征，广州中体的大投入战略，使它迅速在创办新赛事上无敌于两广，后触角又深至贵州和江西。

对于广州中体，业内热度颇高的话题是，老到的商人居然愿意或敢于砸钱在没有想象空间的行业。

李强和任志刚二人给出了如下答案：

以美国 20% 跑步人口比照，中国将有 3 亿人跑起来，如此巨量的市场规模，一定会有赛事公司的施展空间。这个行业未来十年的走向还是上扬的，会保持 10% 的复合增长率，可以容纳 10 家上市公司。

随着广州中体崛起和招投标成为常态，赛事运营领域所有民营公司都感受到鲇鱼效应，发生在它们之间的竞争是赤裸裸的，不过大家也各有所长。

综合分析，智美体育从媒体广告转型而来，属资源和关系型，包装宣传最为拿手；中迹体育由厦马原核心团队创建，沉浸行业多年，综合能力突出；无锡汇跑系跑者创建，在创意和服务方面领先一筹，也很有亲和力；广州中体做实业出身，专业服务和创新是其立足点。另外，比较活跃的一线公司还有广州博润和安徽波动。

广州中体熬过难关并决意将“喜好”进行到底，意味着赛事公司高门槛时代到来。无论资本上还是技术上均是如此。

头部赛事公司智美扩张野心大爆炸。数据显示，智美举办和签约国内城市马拉松达 50 站，稳居龙头大位，同时推出“一带一路”系列赛，意在骑“马”出海，实现投资和 IP 国际化。根据智美公布的计划，此系列赛将由中国田协护航，陆续登陆马来西亚、希腊和捷克等 12 个“一带一路”沿线国家。这是体育产业的超级大盘。

更让智美欣喜的是经营数字。尽管因业务调整同比收入减少 29.4%，但净利同比增长 83.8% 至 9336.3 万元，公司内部由此全面认可整体转型战略，赛事操盘手宋鸿飞被授予“创业英雄”称号。

赛道和直播镜头中最抢眼的一道风景是诸多高手战袍上的“康比特”三个大字。由管油胜、刘路峰、游培泉和王涛等 20 人组成的康比特精英跑团，四处出击，杀气腾腾，像极了一纸宣战书。

这正是这家中国运动营养品公司勃勃野心的写照。

康比特由中国矿业大学毕业生白厚增 2001 年创办，因服务北京奥运会博得名声和地位，不过民间推广限于健美领域，两年前携能量棒杀入跑圈，通过资深跑者魏静联络各路高手，“制作”跑动中的广告牌。

康比特同时与赛事官方合作，重磅马拉松就有北马、汉马、重马和太马等。

对于百人左右的业余高手群体，如果说奖金尚不足以维持体面生活的话，品牌赞助则为此提供了可能。这一时期，诸多品牌展开了豪放的签约竞赛，阿迪达斯、泰尼卡、特步、安踏、361° 、匹克、探路者、萨洛蒙、哥伦比亚、优极（UG）和怡宝等，在路跑和越野两大领域各有所属。

新浪全国十佳跑团评选的参评规模，跟马拉松赛事一样疯长，2014 年 100 多家，2015 年 500 多家，2016 年 1000 多家。

在成长模式上，跑团由民间自生自发，背后有相互帮助和开拓社交的需求，规模实力足以与政府支持的地方路跑协会抗衡。中国田径协会开始认真研究这一现象。

北京又诞生了两个重量级跑团：王者传奇，由竞走奥运冠军王丽萍和马拉松世界冠军白雪发起，从事大众性辅导；元大都，它更像一支民间体工队，故事也更为新颖和刺激。

严格来说，元大都跑团是一年前创建的，现在只是在管理上进行了全新升级，字号也改为元大都马拉松冠军俱乐部。

创始人张杰和朱兴有都是专业田径运动员出身，朱兴有还担任过八一田径队政委，这一背景决定了俱乐部推行高效实用的体工队管理模式，并有明确的成绩考核制度。俱乐部门槛是全马成绩 4 小时，会费与成绩挂钩，成绩越好费用越低。

由跑团进化而来的元大都俱乐部，对中国马拉松有两方面的探索意义：一是为陷入迷茫期的专业运动员培养模式提供了新思路，二是跑团进阶有了明确方向。

中国田协放下身段，同意与新浪体育联合主办十佳跑团评选。在启动仪式上，王大卫说，跑团在当前及今后的路跑发展中扮演着重要角色。王大卫有着 14 年马拉松领导经验，被业内视为权威。

跑团终于被官方正式承认了。

跑团建设的制度化引领和规范管理，成为中国田协的新课题。

59 岁的商人李小白，一年完成 40 场马拉松，有 13 场成绩在 4 小时内。

在人民网评选出的 2016 马拉松年度人物榜上，李小白高居榜首，其正式身份是新丝路时尚集团董事长，其他八人包括毛大庆、谭杰、魏江雷、王丽萍、于雷、郑金、许飞和董勤。

李小白 1957 年出生于南宁，1982 年东华大学毕业后分配至原纺织工业部工作，曾担任部机关团委书记、办公厅副主任、中国服装集团副总经理，挂任过烟台市副市长。1996 年辞官下海，创办新丝路模特有限责任公司，2011 年参加玄奘之路戈壁挑战赛，2014 年开始跑马，渐渐成为跑圈名人和励志标杆。

他的实力由下面的全马数量做证：

2014 年，3 场；

2015 年，17 场；

2016 年，40 场。

人民网评论道，李小白通过跑马传递正能量，在多个领域宣传马拉松文化，推广科学理念，并在国际上展现出中国人积极向上的风貌。

马拉松隔壁的越野圈，一个大神也喷薄欲出，他叫梁晶。

这个安徽“90 后”小伙的彪悍人生，由济南超马照亮，他已第三度在此封王。两年前夺冠当天，他决定辞去工作，走上游培泉那样的职业跑者之路。

在安徽老家，受到亲朋好友质疑后，梁晶沉默了很久，然后狠狠地说：看我明年吧！

从 2017 年开始，梁晶成为中国耐力极限赛冠军收割机。

梁晶被认为天赋异禀。对他来说，最苦恼的是没有教练，没有保障团队，一切都得自己摸索。但新生活是自己想要的，那就是最为精彩的。

数量上的神级人物是 1973 年出生的复员军人王洪金。3 月的郑开马上，他完成了自己的第 200 场马拉松。

作为一个靠打零工维持跑步的人，王洪金没什么理论来解释自己的行为，可能只是内心的一个需要。其实每一个人的人生都是这样，失去和得到不是对立的，所有失去的，终会以另一种方式归来。

当总结这一年的时候，跑者们蓦然发现，中国马拉松已进入真正的大数据时代，中国田协授权果动科技完成了《2016 中国马拉松大数据分析报告》。

将数据形象化后是一条飙升的路线：

一、中国田协注册赛事共 328 场，是 2015 年 134 场赛事的近 1.5 倍，是 2011 年 22 场赛事的近 15 倍；

二、全年参赛人次 280 万人次，较 2015 年增长 130 万人次；

三、全马完赛人次 243131。

还有两个民间大数据版本。

《中国跑者跑姿大数据报告》由厦马组委会携手跑动（厦门）科技和南京慧跑发布，重在引导跑者科学训练、循序渐进。

《2016 年度跑者调查》由爱燃烧通过网络调查完成，得出几个重要的市场结论：

第一，跑者平均消费 4066 元，段位越高花费越多；

第二，每个跑者平均使用 1.93 个跑步 App，位居市场占有率前三的是咕咚、悦跑圈和 Nike+；

第三，跑者最喜爱的跑鞋品牌是亚瑟士、耐克和阿迪达斯。

中国田径协会 2016 年金牌赛事增至 24 个，新入围的是：

大连国际马拉松赛

合肥国际马拉松赛

秦皇岛马拉松

西昌邛海湿地国际马拉松赛

第十一届南宁国际半程马拉松比赛

苏州环金鸡湖国际半程马拉松赛

昆明高原国际半程马拉松赛

欢乐跑中国 10 公里锦标赛

显然，最重要的获益者有两个：一是资历仅次于北马的大连马，经过 30 年艰难攀爬后终于登顶；二是南宁、苏州环金鸡湖和昆明三个半马，赢得跟全马同等重要的地位。

赛事数量狂飙崛起，既是中国田协激发内生动力之功，也由国家层面的政策利好推动的。国务院印发的《全民健身计划（2016—2022年）》将全民健身上升为重要国家战略，马拉松被各地政府普遍接受，并认为是最具规模、最有效的抓手。

数量激增导致纰漏不断，再加上部分社交媒体的夸张渲染，今年又成为跑圈麻烦之年，出现了猝死、替跑、第一集团跑丢、奖牌和拱门印错字、证书抄袭、赛事招募骗局等充斥舆论场的负面现象，跑者反应最强烈的是黄山国际百公里山地越野挑战赛（简称黄山 100）。

黄山 100 由上海一家公司组织运营，4 月 16 日在安徽歙县举行，比赛当天 1667 人参赛，1161 人完赛，506 人被中止比赛。因天气恶劣，比赛临时改变线路，组织保障体系大乱，多名跑者受伤无法得到及时救助。赛后，100 多名参赛者通过媒体和体育主管部门维权，中国田协经调查后开出罚单，停止这家公司组织赛事的资格，并终止其中国马拉松委员会会员资格。不夸张地说，这是中国马拉松有史以来最不靠谱的一场比赛。

不过，乱象是新秩序的前奏。

2017　一个赛道两套人马

当马拉松迅速演化为纷繁的经济生态时，部分跑者的体制外生存成为可能，精英运动员体制内外两条赛道竞争的态势已然成形，现实倒逼下的体制机制改革也在不断顺应这一趋势。

发展史人物｜刘庆红　大众跑者

大同市的尚海军是一名铁路司机。

五六年以来，他几乎将所有业余时间用来训练和参赛，个人最好成绩 3:40:00。他现在患了选择恐惧症，原因很简单，突然冒出的多个系列赛，难以区分，不好取舍。

确实是系列赛大爆发，奔跑中国、“一带一路”系列赛、健康中国、韵动中国、中国大满贯、亚洲大满贯鱼贯而来。

确切地说，系列赛大多是一个推广概念，奔跑中国、健康中国和韵动中国背后，分别站着中央电视台体育频道、人民网、新华网三大央媒平台。它们用系列赛来集纳赛事，用聚合效应形成更大影响力，以推广符合国家战略的理念。

对于跑者来说，设置 260 万元奖金的中国大满贯（CMM），才是最热门的话题。

有关中国大满贯的说法一年前就开始流传，推手是田径中心和北京环奥体育发展有限公司。

公之于众的中国大满贯创始成员包括北马、重马、广马和汉马。由于上马、厦马不在其内，引发舆论热议。较为一致的看法是，赛事运营商与大满贯运营商未取得共识。

对于中国大满贯的定位，田协的表述是“中国最高等级的马拉松系列赛事之一”，旨在整合优秀赛事资源，树立顶级办赛标准，推动赛事国际化、规范化、市场化运作与发展，并以文化传播为己任，弘扬大众体育精神，搭建更高水平交流平台，成为中国马拉松事业发展和前进的风向标。

但对于跑者来说，归根结底，项目是否轰动，是否有吸引力，还是要看奖金是否够刺激。

大满贯的奖励体系、奖励额度和奖励幅度都堪称空前。

建立会员积分制，每赛季为中国籍专业运动员和大众跑者设立260万元奖金，其中破中国纪录奖100万元，男女各50万元；赛季最佳运动员奖100万元，男女各50万元；大众选手（现役及曾注册的退役运动员除外）赛季最佳成绩奖20万元，男女各10万元；大众选手赛季优胜奖40万元，男女各20万元。

一场前所未有的狂欢，奖金引发了众神之战。2017—2018赛季以北马开幕，以北马收官，战况激烈，悬念丛生。

对于运营商环奥体育和主要操盘手金飞鸿来说，此举有利润上的追求，比如价值观、社会责任，组委会提出了“竞技引领，公益为魂”的宗旨，建立起分布全国的公益跑团，还推出了“大手拉小手，生命共飞扬”公益项目。

金飞鸿作为中国大满贯执行主席，有着从政、出国、经商的丰富经历，因此他能够将更多资源汇聚于此，整合发力。

耀眼的操盘大佬，还有王健林。

两年以来着迷于海外买买买，并在全球范围内配置资源的万达集团，回手在国内扔下一颗震撼弹，宣布跟雅培世界马拉松大满贯联盟签订协议，未来十年将在亚洲增加三场大满贯赛事，其中一站放在中国。

三个月后，万达旗下盈方体育又推出亚洲马拉松大满贯（APM）。

万达集团董事长王健林是个跟体育渊源颇深的房地产商人。

早年作为大连首富，他出资运营过万达足球俱乐部，1998年因足球环境恶劣退出，2015年卷土重来时，其格局和认识更是今非昔比，他对马拉松的热情，放在其体育布局的大框架下会显得更透彻。

确切地说，王健林是敏锐地站在了时代的风口浪尖。2014 年年底，足球和全民健身相继上升为国家战略，一年后，2022 年冬奥会又花落北京，这是万达做体育产业的最好诠释。万达最初也加入了中资投资海外足球俱乐部的狂潮，但同时不忘将触角深入到世界体育的“中国无人区”。

全球体育的局非常大，但以操作主体权力大小来划分，有 A、B、C 三个层次。

A 层次，包括世界性体育组织譬如国际奥委会，国际单项体育组织（譬如世界田联）握有重大体育赛事品牌的组织。在王健林看来，这些组织本质上也是公司，但以资本的力量直接控制不太可能。

B 层次是代理 A 层次赛事转播权、营销权或品牌赛事的企业。从商业角度来看，B 层次可以市场交易，并可以在很大程度上影响 A 层次的决策。

C 层次即具体的体育赛事或运动俱乐部。

三个层次之间的关系一目了然。两年前，王健林在一次演讲中阐述了自己的体育产业逻辑，中心思想是：只有控制体育产业 A、B 两个层次的资源，才有可能将体育和旅游等相结合，将消费群的消费能力转化为万达的产品和服务，才是通往财富之路。

A、B 两个层次控制论不是王健林的首创，但其出手速度之快和力度之大，却非他人可及。在“影响”世界马拉松大满贯联盟前，万达集团已通过并购瑞士盈方体育传媒集团、收购美国世界铁人公司并签约国际足联和国际篮联，完成在冬季项目、铁人三项、足球和篮球领域的世界顶级资源布局。

这是一次改变全球体育版图的大动作，具有商业考量和体育话语权争夺的双重意义。

万达体育作为世界最大体育公司之一横空出世，其总部落在何处也备受关注。从马拉松角度来看，坐穗望深的选择心机颇深，一线城市之北马、上马无机可乘，而广马、深马的运营权由市场竞争确定归属，坐拥主场自然能享受最大便利。

在商人和媒体通过系列赛寻求资源垄断之际，另外一个重要现象是大众精英跑者批量涌现，并在田径中心的引导下登堂入室。

大众跑者刘庆红参加了伦敦世锦赛，这是破天荒的事件。

以前，群众跑者、业余跑者或草根跑者，都是略带轻蔑的身份称谓，而今天，大众跑者代表了一个蓬勃的群体，且被官方承认跟专业选手享有同等权利，这是一个国家体育生态的自然蝶变。

十三运会上也出现了专业和大众两条并列的赛道，运艳桥和唐敏分别获得的大众组男女冠军，价值和分量被充分尊重。

属于大众跑者系列的男子高手，还有狄鋆、牟振华、李鹏、贾俄仁加和碾者阿提。他们从未受过任何正规专业训练，更未曾在专业队注册，但个人最好成绩都已突破 2 小时 25 分大关。同类还有游培泉、斯国松数人。

这是一个突然火爆起来的群体，人生因跑步而“偏”。

表现最强悍的青海人贾俄仁加毕业于遵义师范学院，去年密集参加 29 场越野赛开启新人生，并于今年强横进入城市马拉松赛场，首马是北马，F 区起跑 2:27:00 完赛，年度个人最好成绩 2:22:27。他的工作经历极其简单，只在浙江一家体育用品公司上过几天班。

湖北人斯国松生于 1981 年，在老家读完职业技校后，南下东莞打工，并开始跑步。从 2010 年厦马开始，他一路掠过广马、深马、清远马、海南马、东莞马，并多是赛会冠军或国内冠军，2014 年试水越野赛，获“北京门头沟 100 公里”和“贵州环雷公山超百公里”两个亚军。为方便四处跑步，他和朋友成立了东莞搏赞体育，当起了甩手掌柜。

南京农业大学研究生毕业的狄鋆是一名公务员，1986 年出生，2015 年开始跑步，两年后的个人最好成绩为 2:22:11，被称为中国跑圈最强公务员。

长期生活在江苏的山东人牟振华，有“徐州快递哥”的标签，还当过 5 个月的消防队员，首马是 2013 年上马，成绩为 2:31:59，并开启新生活之门，今年上马成绩为 2:22:19。

上海华东理工大学体育教师李鹏上马成绩为 2:24:21，跃升上海滩业余跑者第一。

四川彝族小伙碾者阿提是成都信息工程大学学生，年度个人最好成绩为 2:24:59。

一般来说，大众跑者成绩稳定在 2 小时 25 分以内，就可以在很多比赛中拿到奖金，也会有一些品牌赞助。

虽谈不上大富大贵，但温饱无虞，作为一种新现象，这代表了一种可能性。也有一些闲言碎语，比如不务正业，但每一个梦想都值得被珍视，妄评别人的生活方式会显得粗鲁无礼。

尽管取消了金牌榜且增加多个大众比赛项目，全运会依然是省市间竞技体育较量的舞台。

“滇军”第三代代表董国建获得男子冠军（2:18:45），被认为是对云南这个中长跑大省的最好褒奖。

这是继 1975 年肖国明、1979 年许亮、1987 年张国伟之后，云南第四次夺冠，也是对张国伟教练的致敬。

世事蜿蜒轮回三十年，弟子在同一赛事同一地点登上同一个领奖台，佳话背后是责任、坚持和坚韧。

在这次全运会上，“滇军”实力是碾压性的，杨定宏代表解放军获亚军（2:19:09），杨绍辉第四（2:21:21）。

女子马拉松现场和后续情形让人始料不及。

2010 年北马冠军、河北老将王佳丽以绝对优势夺冠（2:33:36），而随后两年王佳丽和第七名丁常琴均因兴奋剂遭到处罚。不同的是，王佳丽未被剥夺冠军头衔，而丁常琴的成绩和名次被取消。这一时期因兴奋剂问题被处罚的还有张莹莹、侯艳民和李文杰等人，是 2005 年以来首次规模性反弹。值得注意的是，侯艳民和李文杰均已退役，其大众选手身份意味着新课题来了。

各路神仙最集中的一场大混战，是十三运会后内蒙古根河的“最土豪马拉松”，全名 2017 中国冷极夏季森林马拉松赛。

谁也没料到这个被国家气象局命名为中国冷极的小城，会爆发性地拿出 80 万元奖金办一场马拉松。为了避开田协的奖金额度限制，赛事未申请田协共办，成绩也不被官方承认，但禁止外籍选手参赛和 10 万元冠军奖决定了这必然是一场巅峰之战。

辽宁许王在连续失意十三运会和大连马后，独上青海多巴基地备战，他用光明顶之战来形容当时的形势，云南派出杨绍辉和粟国雄，东道主内蒙古是成建制参赛，体制外则由最强的李子成和管油胜领衔。

总体上，内蒙古是大赢家，赛后他们掰着指头算了一笔奖金账，女子全程冠、亚军何引丽、宫丽华小计 17 万元；男子半程前三名刘洪亮、李春晖和赵佰东小计 9 万元；女子半程冠、亚军金铭铭和史立莹小计 8 万元。加上其他名次奖励，内蒙古共计卷走 40 万元。

男子全程的争夺体现了十三运会后的最高水平，前五名依次是许王（2:17:44）、李子成、杨绍辉、粟国雄和管油胜，与名次对应的成绩全面超越十三运会。

这个比赛以高额奖励实现了国人争锋的目的，是后来国人竞速的前身。

围绕马拉松发展，国家层面的大动作持续不断。

《支持社会力量举办马拉松、自行车等大型群众性体育赛事行动方案（2017 年）》和《关于进一步加强马拉松赛事监督管理的意见》相继颁布，后续还有 2018 年年初发布的《马拉松运动产业发展规划》。

三个文件前后关联、各有所重，内容超级丰富，但综合来看，是继续深化落实国务院 46 号文的体现，也为体育消费扫清障碍，同时使马拉松发展规范化。很多问题是体育部门无法独立解决的，所以联合发改委、公安部、卫生计生委等相关单位一起发文。

在政策执行层面，中国田协将原有 15 个文件修订整理为 9 个，总的原则是“放管服”，几个新措施针对性很强。

一是针对赛事运营公司，中国田径协会统一对赛事实行 A、B 两级分类认证制度，各赛事组委会不允许在未经中国田协认可下与国际组织进行联络，尤其是不能组织国外选手以个人名义来华参加赛事或活动；年度赛事等级评定时，金、银、铜牌赛事比例不得超过三项赛事申报总数的 20%、30%、40%，新办赛事第一年只能评铜牌，第二年可以根据其办赛水平申报银牌或金牌等级赛事。

二是针对参赛者，严厉打击出现冒名顶替（替跑）参赛，以及弄虚作假以谋求赛事名次奖金、运动员等级达标等情况。

三是针对经纪人，根据违规情况，给予警告或严重警告直至吊销经纪人资格证书的处分。

一年 1102 场规模赛事中，最具有价值标杆意义的还是北马。

根据招商刊例与现场实际呈现对比，北马收入在 6100 万元左右，创造 37 年历史收入之最。作为大众参与型赛事，城市马拉松的竞技性不足以形成实际版权价值，它的主要收入还是赞助。

2014–2016 年北马赞助收入稳定在 4000 万元左右，其中 1500 万元来自冠名商北京现代。

每一个马拉松赞助商都应该被铭记。

北马冠名商变更为华夏幸福。这是一家自我表述为“中国领先的产业新城运营商”的企业，在环首都地区具有重要影响，冠名费用上升为 2000 万元。

主赞助商从汽车到产业新城，反映了中国经济发展的趋势性变化。

北马第二项收入是报名费，占总收入的 10% 左右。根据公开数据计算，2015—2017 年，年报名费总收入在 600 万元左右。

最后一项是衍生品收入，主要体现在北马博览会上，有媒体报道，2014 年是 20 万元，今年上升为 50 万元。这一数字可以忽略不计，马拉松要扩大衍生品收入，不能只靠需求端拉动，供给端产品丰富和质量提升更重要。

不断有人对中外马拉松赛事收入做对比。

据澎湃新闻引述任文的看法，国外成熟的模式是 40% 收入来自版权,30%来自赞助商,30%来自跑步用户,但国内版权难以实现收入,而 B2C 方面的收入也仅在 10% 以内。

事实上与北京等一二线城市相比，更多城市马拉松因当地经济不景气，要靠政府财政经费支持才能正常运转。

公开的马拉松招投标市场大浪淘沙般地塑造出几家全国性头部公司，包括中奥路跑、智美体育、中迹体育、广州中体、安徽波动、广州博润等。最具寡头相的无疑是智美。

智美做了疯狂布局。即使很多年后，人们谈起“奔跑中国”，依然会惊佩智美的创造能力。

不过从一开始，智美体育在“奔跑中国”活动中扮演的就是运营商的角色，主办单位是中国田协和中央电视台。

4 月，中国田协组织项目策划研讨会，各大媒体代表纷纷出谋划策。当月，启动仪式在北京举行，宣布“奔跑中国”年内共 16 站赛事。基本操作模式是赛事组委会向田协提申请，经审核符合准入标准后，跟智美对接洽谈，最后由中央电视台直播。这样，中国马拉松史上影响最大的系列赛事诞生了，“奔跑中国”以资源稀缺性被各地疯抢。

让许多赛事公司措手不及的是，运营商实际上拥有准入决定权，电视直播会优先考虑自家赛事，或者以此为筹码占有更多市场份额。

虽然智美体育最终往“圈地”的方向跑起来，但其商业设计并非这么肤浅。

在接受《21 世纪经济报道》采访时，任文直言不讳地说，智美在马拉松运营上已取得很好成绩，但从产业角度来看，它并没有完全体现自身的核心价值，因为这些赛事 IP 属于各地主办城市。

本质上，智美希望通过整合优质资源，塑造一个自己掌控的马拉松新 IP，为此一年投入了一个亿。

以王健林的 A、B 层次控制论来分析，智美依旧是 B 层次，其权威来自两个主办单位的授权。决策权和经营权暂时分离并不能改变“奔跑中国”的根本属性，看似稳定的三角形结构随时可能因一方撤出而坍塌。这种情况在 2019 年不幸发生了。

必须承认，2017—2018 年，“奔跑中国”有效稀释了各地政府的权力，也反映了赛事运营公司为体现自身价值而做出的积极探索，但现实会是一道稳定的枷锁，智美必将碰到市场天花板。智美的发展轨迹能够加深我们对运营公司发展空间的认知和理解。

太行山南部的河北涉县是抗日战争时期一二九师司令部所在地，县领导要求将红色文化与赛事深度融合，并将起、终点设于一二九师纪念馆门前。

红色主题已是马拉松的重要现象，除涉县外，还有四川广安、陕西延安、湖南长沙、江西井冈山和瑞金等，其中资历最深的广安红马，创办于上一年。

涉县属邯郸市，借参赛之机，央视著名主持人白岩松向当地学生捐献了自己的新作，并对“邯郸学步”做了精妙新解。白岩松说：涉县的“涉”字，右边的“步”，是走和跑，左边“三点水”的意思是跑步要跑到出汗为好。台上台下拍手称妙。

乐视体育进入谢幕时刻。

当潮水退去时，身处其中的一部分人被推到另一条命运赛道上，而偏居西南的重庆乐视体育，则打起了乐视马拉松血脉延续的大旗。

从 2014 年开始，乐视体育在马拉松布局上用力颇多，既推出互联网直播新模式，收购跑步软件益动 GPS，又有实体产业型的“Shake Run 音摇跑”系列、太马和重庆女子半马。

太马是乐视体育的核心产品。两年前接手太马时，乐视体育提出从资源、资金、政策和经营四个方面入手，并注入乐视擅长的互联网基因，重塑赛事竞争优势。对于这样的诱惑，太原方面无法拒绝。

乐视体育对中国马拉松的最大贡献在于，以互联网力量颠覆了传统直播形式。

仅 2015 年，乐视体育就直播 131 场马拉松，其中国内 119 场，国际赛事包括波士顿、柏林、纽约 3 场世界大满贯赛事共 12 场，合计直播时长超过 600 小时，超越了任何一家电视台和视频平台。

在乐视体育刺激下，新浪体育、搜狐体育、人民网、新华网等网络媒体纷纷加码，电视直播的马其诺防线被打破，这也是资讯平台、短视频平台和自媒体碎片化直播入场的前奏。

马拉松市场形成了打破参赛者身份限制的激励机制，只要成绩好，就可以有不菲的经济收益。

这个新兴市场，正以 1100 场规模赛事，承载非洲朋友和国内顶尖高手的比武招财。

如果说李子成是恒山派掌门独孤求败的令狐冲，管油胜就是少林藏经阁里的扫地僧，两人的直接对决和间接对比，是马拉松最引人注目的话题和最刺激的风景。

据《钱江晚报》引述李子成经纪人周力的统计数据，最近三年，李子成每年参赛都在 40 场以上，其中今年参赛 41 场，包括 17 个全马，共拿下 12 个冠军，创造了国内年度半马最好成绩。管油胜具体参赛量无统计，但基本节奏是每周一场甚至两场，博得“跑圈劳模”

之称。他们高频次参赛自然是为了收入，但两人在人格上也有共鸣，管油胜说得很形象："饿了，就算是老虎嘴里的肉也得抢来吃，因为你不想活活被饿死，也不想被老虎吃掉。"据网友统计，管油胜年净收入在 30 万元以上，李子成则超过 40 万元。

管油胜尚处于追赶状态，三场正面比拼——三亚马、汉马和北马，李子成全胜，但二者的差距在一步步缩小。体制外顶尖选手的演出将继续下去，成绩也将稳步提升。

这样，以董国建为代表的体制内专业选手、以李子成为代表的体制外原专业选手和以贾俄仁加为代表的大众选手，三类身份的精英参赛主体相互促进共同提高，成为支撑中国马拉松发展的骨干力量，也是中国马拉松经济发展到一定阶段的重要标志。

中国田协官方数据显示，马拉松年度产业总规模已达 700 亿元，同比增长 20%，马拉松及相关运动直接从业人口 72 万，间接从业人口 200 万，共 272 万。马拉松的产业完整性和产业链的齐全性达到空前的高度。

智美业绩非常亮眼，净利润增长 8.8% 至 1.02 亿元，但其运营的长春马拉松"集体抢跑"所反映的现实也格外真实，坊间有"萝卜快了不洗泥"的议论。

已经有较长时间，智美是业内羡慕的对象，甚至像它一样上市是很多从业者的终极目标。"奔跑中国"不仅是智美完美的战略和谋略，更被认为是任文长袖善舞的结果。

长春马拉松发生的一幕，却让心高气傲的智美陷入被动。

网友在微博爆料，当天 8 点鸣枪后跑了 400 米，选手们被喊停叫了回去，全都一头雾水，四分钟后站在起跑区重新起跑。这不是一件小事。

任文在连续 60 小时未眠后，通过公司官方公众号发出了千字公开信，坦承必须直面问题，必须有担当，并意味深长地表示“世上没有白走的路”。

此事还引发了一向对马拉松有偏见的部分媒体的狂躁，湖南一家媒体在评论中说：“某些主办方打着全民运动的旗号，行盲目追逐功利之实；越来越多的参赛者不再是为了强身健体，而是出名和作秀。赛事本身蒙上了太多功利魅影，进而反噬着马拉松运动的价值。”

引起自媒体集中报道的现象，还有北马、成马和婺源马出现的套牌和替跑，以及上海半马的“骑车姐”。

其实马拉松和其他任何事物一样，不同的发展阶段会遇到不同的问题，有的甚至比较严重，但风物长宜放眼量，任何问题都可以在发展中得到解决。

伴随社会化传播兴起，具有草根发声和技术赋权特点的马拉松自媒体，已发展为一个庞大的媒体平台。

在中国田径协会公布的产业链全景图中，自媒体是产业链的组成部分之一。据不完全统计，有一定影响的马拉松垂直自媒体在 1000 家以上。

自媒体、社交媒体和平台媒体，是马拉松传播的主要载体，其历史作用应被充分肯定，但由于数量庞大且良莠不齐，片面放大负面信息激发社会情绪、专业伦理缺乏等问题也时有发生。少量极端言论影响整体舆论基调和走向，这一点让马拉松领域决策者、赛事组委会头疼不已。

绝大部分马拉松自媒体的初衷都是因为爱好，说自己想说的话，传播自己想传播的内容，但发展到现在，已有几十家自媒体因为知名度和影响力较大，有一定变现能力，收入来源主要是跑步装备的软文推送和赛事组委会邀约体验，开始面临公信力和商业利益之间取舍的考验。

最初由自媒体爆料并形成社会性影响的正能量事件也不少。深圳马拉松，80 岁的陈国胜老人 6 个半小时跑完全程。当他跑到 30 多公里时，落到队伍最后方，此时道路开始解封。为保障老人安全，深圳交警用警车和护卫摩托车形成隔离带，将其护送至终点。一则评论说：“为政温暖有爱、真心实意，爱终究会内化为一座城市和全社会的修养。”

田径中心的人事变动，引起坊间关注。

中国足协党委书记于洪臣调任田径中心党委书记、主任，同时将依惯例担任中国田协副主席兼秘书长。此前一个月，杜兆才已出任国家体育总局局长助理、中国足协党委书记。一年后，杜兆才担任国家体育总局副局长、党组成员。

田径中心在杜兆才掌舵时期，历经 2012 年和 2016 年两届奥运会，均有金牌入账，且马拉松实现规模性增长。

于洪臣在群体司、竞体司和“08 备战办”等多个岗位历练过，并在中国足协任职长达七年，积累了丰富的领导经验。与几个前任相比，于洪臣面临的工作任务更具挑战性，中国田协实体化改革将进入实操期，不过值得注意的是，他正是业已完成的足协实体化改革主要操盘手之一。

时代变了，红人经济进入高速成长期，跑圈人人想当网红。

一张“锡马女超人”的照片火遍网络，主人公是微博运动博主“黑猫的黑”，粉丝超300万，真名周玟杉，去年从健身领域破圈而来，连续参加北马、上马和杭马，全马成绩5小时左右。

“黑猫的黑”似是有备而来。当她出现在赛道上时，装束尽展身材性感之美，妆容也精致美丽，跑姿讲究且自信大方，好像在向跑者传达一种观点，她的身材和颜值是引领性的。她的个人经历也是极大卖点，曾在猎鹰突击队女子特警队服役五年，搏击、体能、攀登和障碍驾驶样样精通。另外，她有专门的摄影师，还有相当的写作能力。这都是她成为网红的资本。当跑圈在埋头追求个人最好成绩时，她快速切入，并以精心策划的吸睛形象迅速成名，待价而沽。

与“黑猫的黑”相比，“90后”奶爸“沈乌贼”从素人到网红再到品牌宠儿，则完全是意外。“沈乌贼”本名沈昊泽，杭州一家公司的产品经理，绕西湖跑了160圈，减肥40公斤，油腻胖子逆袭为阳光型男。因被悉尼马拉松选为官方兔子，“沈乌贼”略有薄名，他的爆红则是因为梨视频和《人民日报》官方微博“励志哥”的一锤定音。

“黑猫的黑”和“沈乌贼”属于微博平台的产物，出产网红的平台还有微信公众号以及稍后的抖音、快手、小红书、哔哩哔哩等。对于客户来说，不同网红的属性和营销价值也不同，还有更多人在路上。

马拉松年度人物评选影响了马拉松审美的走向，使很多人明白，跑步必须立足于把本职工作做好，而不是不顾一切地蛮干。今年评出的10人中，唐维红、伊一和顾斌是在各自平台上有声望的媒体人，梁峰和于晨是商人，朱兴有是业务型官员，黄力生和刘庆红来自高校，刘欢是知名马拉松摄影师，任耀是残障跑者。

自媒体另一个重要贡献是自发的马拉松数据统计。从赛事到个人，从专业到业余，从国内到国外，相关数据应有尽有。

这一行的鼻祖是于1927年出生的梁田。她是一个有故事的人，扛过枪、打过仗，读过研究生，当过运动员，干过教练。1963年从北京调回广东，从事科研工作。她以惊人的毅力，以手抄笔记的形式，为中国田径保存了珍贵历史，编著和参与编著的作品有：

《中国田径发展简史》；

《中国体育大辞典》田径分册；

《中国田径运动史》；

《中国田径运动百年》。

这些著作，无论在质上还是量上都具有重要的历史和学术价值，为梁田赢得了极高声誉，为田径界内外所熟识。

梁田不是马拉松专业，跟马拉松的交集，有三件事让她记忆深刻。

第一件事，1958年骑自行车护弟子李中林参加全国马拉松比赛。

第二件事，1958年捷克斯洛伐克马拉松奥运冠军扎托佩克来华讲课，梁田陪他观摩全国锦标赛。

第三件事，1981年首届北马举办时，在国家体委副主任徐寅生的安排下，她为领导们当解说员。

2018 “递国旗”风波

马拉松市场的竞争和博弈在加剧，“奔跑中国”在商业项目和权力垄断之间随意转换，并走火入魔地引发了这一年最大的公共事件。

发展史人物｜黄思雨和牛钰　大众跑者

新时代孕育马拉松新动力。

中国城镇化率已达 59.6%[①]，而人往城市群、都市圈流动的趋势还远未结束。作为一项城市运动，城镇化加速是马拉松发展的社会经济温床。

作家能更深刻地感知这个时代，蒋方舟说，马拉松是中产阶层的广场舞；财经作家吴晓波说，焦虑也许正是这个时代唯一的特征。

减缓焦虑的手段之一，便是从事疯狂的活动。

无缘在技巧性竞技场上显身手的中产和白领阶层，大规模踏入马拉松赛场，进而一发不可收拾。2018 年，马拉松累计 583 万人次，其中全马 265.65 万人次，半马 180.42 万人次，迷你跑 58.99 万人次，越野跑 44.26 万人次。[②]

当跑者撒欢儿成瘾时，也有愁眉不展的群体。

比如赛事运营商。

中国田协党委书记王楠的一句话，让业界感受到家人般的温暖。

那是在厦门举行的第二届中国马拉松博览会，王楠高度评价马拉松对中国体育贡献的同时，也坦言马拉松在体育产业中并没有获得其应有的地位，她不无感慨地说："马拉松运动还欠中国马拉松企业一个合理的收益。"

这句话直击从业者内心，尤其是那些从体制内外汇聚而来的马拉松创业者。

从 1981 年开始，马拉松从不断摸索到高歌猛进，企业一直是积极参与和推动的力量，并在组织形式和运营模式上，对其他群体、商性赛事产生着示范性影响。

聚焦于民营企业，有一部三代人的家谱。

① 任泽平 . 从城镇化到城市群——尽快确立城市群都市圈模式 [N]. 泽平宏观 .2019-2-20.
② 资料来源：中国田径协会《2018 中国马拉松大数据分析报告》。

第一代：1998 年，牛立新的长城国际接手北马招商。

第二代：2006 年，曲向东创立行知探索；

2007 年，易伟新创立广州博润。

第三代：2012 年，任文推动智美转型；

2013 年，李长征创立中奥汇跑；

2014 年，陈理主导安徽波动转型；

2015 年，张思杰创立中迹体育；

2015 年，李强、任志刚改造广州中体。

中国田协官方数据，2018 年赛事超 1500 场，增幅超四成，带动总消费额 288 亿元，年度产业总产出达 746 亿元。[①] 然而除了智美，这些名头山响的创业者并没赚到什么钱，更不用说那些在野蛮生长背景下忽生忽灭的创业者群体了。

赛事运营公司的困境，亦为中国田协的另一组数据所证明。

A1 级全马赛事平均经费支出 1199.86 万元，平均赞助收入 669.42 万元，差额约为 500 万元；

A1 级半马赛事平均经费支出 515.53 万元，赞助收入 258.05 万元，差额约为 250 万元；

A2 级全马赛事平均经费支出 544.13 万元，收入 228.66 万元，差额超过 300 万元；

A2 级半马赛事平均经费支出 480.4 万元，赞助收入 247.96 万元，差额超过 230 万元。[②]

显然，如果地方政府不提供补贴或提供少于差额的补贴，运营公司将亏损。

相比赛事运营公司，其他相关企业的日子好过一些。

这些企业包括跑步软件、计时系统、物流、保险、知识产权保护、

① 资料来源：中国田径协会《2018 中国马拉松大数据分析报告》。

② 同上。

报名系统、摄影摄像、奖牌等衍生品开发、装备制造、跑步培训、马拉松旅游和媒体等。

在资金体量和盈利空间上，装备制造和咕咚、悦跑圈这类移动互联网企业最为可观，也更受资本市场青睐。其中，悦跑圈完成1亿元人民币的C轮融资。

悦跑圈入局的2014年，正是跑步软件相互残杀最激烈的时期，走到这一步殊为不易。CEO梁峰的性格中有着明显的“反叛”因素，称将加速体育服务产业布局，打造跑步全产业链。

这个世界原本参差多态，有人向左，有人向右。

领军企业智美把自己最好的年头变成了最坏的年头。

无论是作为企业领袖还是业界风云人物，任文都达到了个人权势的巅峰，她的生意一直与央视难解难分，而种种迹象表明，对核心资源的透支性“消费”可能会带来意想不到的后果——智美体育要到年底才意识到这一点。

“奔跑中国”全年共直播28场，在体量上，智美已是当之无愧的头号运营商。智美体育集团2018年财报显示，其收入由截至2017年的3.715亿元增至2018年的4.554亿元，增幅22.6%。不过与此同时，智美也在年度马拉松赛场争议事件中独占鳌头。

发生在苏州太湖马拉松上的“递国旗”事件，成为智美发展史上的分水岭。

直播镜头显示，在冲刺阶段，有志愿者两次进入赛道递国旗给何引丽，打乱了何的节奏。不过最初的争论焦点不是该不该递国旗，而是由微博大V“四川魏静”引发的该不该丢国旗。

出乎意料的是，“四川魏静”并没有收获什么喝彩，而批评她滥用爱国主义的声量却出奇地大，与此同时，何引丽收获很多同情。

舆论矛头渐渐转向志愿者背后的那只手。

经媒体调查，在中国选手冲线前递送国旗，是“奔跑中国”的规定动作。而国际田联规定，终点前只允许两名工作人员手持冲刺带，等待冠军，连裁判长都不可以踏上赛道。如果一定要递国旗，也一定是在比赛结束后。

附加环节以破坏比赛规则为前提，这是认识上的大是大非，引起网民巨大争议，重量级主流媒体也纷纷表态，认为爱国主义是一种信仰，而不是形式主义的所谓“惯例”，谁也不该享有扰乱公平的礼遇。

“递国旗事件”成为中国马拉松运动有史以来的最大舆情。

从传播来看，智美的不当发声是舆情升级的主要源头，更令人匪夷所思的是，在主流媒体、权威机构媒体亮明态度，且中国田协发出“任何仪式活动不得影响比赛的正常进行，不得影响选手间的公平竞赛”的声音后，智美并未意识到问题的严重性。

一周后的绍兴马，志愿者在终点前 200 米处，将国旗递给了第一个冲过来的国内选手李永远，不同的只是，志愿者站在了赛道外侧。

智美作为一个异军突起的马拉松赛事运营公司，与权威媒体关系紧密，商业模式并没有错，追求盈利也没有错，但其淡漠的危机意识决定了自己将陷入更大危机。

这一时期，对此事的关注早已超越媒体层面，重重压力下的中国田协约见了智美体育的代表，强调任何仪式不得影响比赛。

但被中国田协和中央电视台体育频道委以重任的智美，在稍后开跑的南宁马上，又出现了工作人员拉拽冲线冠军运动员事件，再次引发舆论大哗。

后来的事实证明，连续出现的“加戏”，是击昏智美的一记重拳，因为它与中视体育的续约谈判即将开始，而对方的情绪反应至关重要。

事实上，坏消息在上半年就连续来袭。

第一个生变的是重镇杭州。

杭州，雷阵雨。

位于体育场路 212 号的浙江体育大厦，喜气洋洋，阿里体育与浙江省体育竞赛中心在这里举行杭马签约仪式。

浙江最炙手可热的赛事终归杭州人最引以为豪的企业阿里巴巴旗下。

阿里体育是杭马继八方环球、厦门广电、智美体育之后的第四个运营商，新一轮合作周期为 2018—2021 年，共四年。

阿里体育，总部设于上海，2015 年成立，这一年是体育产业风云际会的一年，阿里体育的切入点也是篮球和足球——签约美国 Pac-12 联盟、冠名赞助 FIFA 世俱杯。

阿里体育的盘子越来越大，但家门口的杭州亚运会和杭马无疑是样板工程。

具体到马拉松领域，这其实是新一轮的资本大博弈。背靠中体产业的中奥路跑是另一个大赢家，继汉马之后，广马和北京跑被同时收纳。

连丢杭马和广马运营权的智美强烈感受到，“更大的资本”是一种可以改变游戏规则的武器。

马拉松市场老大智美带着中国田协的一纸警告处罚，以及广马、杭马和沈马相继失守的坏消息，沉重地进入了新的一年。

当互联网形成令人生畏的垄断性力量时，痛苦与焦虑的又岂止是智美一家。

还有两件事闹得很大。

大连马有 29 名选手没按规定顺序起跑，赛后组委会宣布取消其成绩，并在两年内禁止参加该赛事，其中包括男女半马冠军和男子全马国内冠军。

马拉松教给大众在规则制约下竞争，而专业选手应该带头，赛事出现大规模违规是一件非常不堪的事。

但大连马不是孤例。

深圳南山半马出现选手“集体抄近道”现象，也引起轩然大波。

马拉松是深圳人特别喜欢的运动，除深马外，还有大鹏、宝安、南山和龙岗四个区级赛事，抄近道风波引起“素质缺失”和“制度疏漏”两种观点的大交锋。

大连马还有一个疑团，两年后才解开。

人们当时只是注意到，参赛规模 30000 人的大连马，未在央视体育频道直播，然而很多人并不知道这背后是一个超级大乌龙，也是大连市体育局三名官员的滑铁卢。

2020 年 8 月 29 日，辽宁省大连市中级人民法院公布的刑事裁定书认为：大连市体育局原副局长单吉仁、竞赛处原处长寇正杰及该局原副巡视员范勇，因在操办 2018 年大连国际马拉松赛（以下简称大马赛）中，误以为中视国联体育产业（北京）有限公司（以下简称中视国联体育）是央视子公司，与其签订直播合作协议，同意中视国联体育承担央视直播，而中视国联体育后来才取得广播电视节目制作许可，与央视并无关联。大马赛最终未能在央视体育频道实况直播，造成公共财产重大损失。

上述三名官员因犯受贿罪、玩忽职守罪，一审分别被判 3 ~ 4 年有期徒刑。大连中院二审维持原判。[①]

关于这个案件，业内有很多分析和讨论，官员作风颟顸尤其不可思议。

如果说在前互联网社会，这类骗局有一定成功率的话，那么现在，挂羊头卖狗肉的公司完全没有藏身之所，即使坐在办公室，也有数种手段能将“中视国联体育”查个底朝天。

何引丽成为第一个当选中国马拉松年度人物的专业运动员。

这一年，她 30 岁，是活跃在赛道上的领军人物之一，身份上，既是内蒙古体制内运动员，也是内蒙古体育职业学院助理教练，还是体制外易居马拉松俱乐部成员。一年里，她共夺得 12 场马拉松的赛会或国内第一。

何引丽的体制内最高成就是十三运会马拉松女团冠军，队友还有宫丽华、张莹莹和金铭铭。从历史视野来看，这是内蒙古女子马拉松的第二个高潮，之前，由八运会女子冠军潘金红领衔。

这一年，来自华北电力大学的焦安静也大红。

按类型来划分，她是体制内运动员、体制外原专业运动员和大众跑者之外的第四类，社会上称为“体育特长生”。

1995 年 9 月 3 日，焦安静出生在日照市东港区南湖镇北袁家庄子村，2016 年因文化课分数不够，与清华失之交臂，第二年转投华北电力大学，入学后师从王建军教练。

她以厦马国内冠军成名，在她身上，跑者感受到了不一样的东西：

① 每日经济新闻官方账号 . 大连三官员办马拉松玩忽职守获刑：草签致“大马赛”没上央视直播 [N]. 每日经济新闻 ,2020-9-2.

健康清丽的形象，亲切随和的性格。家乡《日照日报》曾在头版刊登焦安静的人物专访，文章充满诗意又情真意切：

八年冬雪夏阳，她的梦想和脚下的路一起延伸，从乡村到北京，从默默无闻到声名鹊起，她用脚步丈量青春，用奔跑超越自我。[①]

焦安静是跑圈劳模级人物，也常被称为女神。

对精英阶层来说，参与马拉松逐渐成为社会责任的一种体现。

在房地产界，按时间顺序，万科是第一批次的先锋。

由郁亮、毛大庆和丁长峰带头，整个公司都动了起来。

第二批次代表人物是易居中国总裁丁祖昱。

与万科不同，易居不造房子，而是一家房地产交易服务商。不过与郁亮一样，丁祖昱开始跑步也是为了减肥和健身。丁祖昱说，在2014年开始跑马前，他饱受三高（高血压、高血糖和高血脂）折磨。

45岁的丁祖昱个人最好成绩达到2:58:11，被称为“最快的地产总裁”，不过他更大的影响是创办易居俱乐部，专门为各类精英选手提供经济庇护，探索职业化人才培养新模式。

俱乐部第一批成员包括刘敏、代光臣、赵浩、姚妙、祁敏、程乾育、牟振华、李芷萱、郑芝玲和杨帅，之后何引丽、贾俄仁加、管油胜等人相继加入。

这个俱乐部跟北方的元大都一时瑜亮，成为社会力量办马拉松的领头羊，有北元南易之称。

这一现象也引起了中国田协的注意，第二年，易居升级为中国田协合作伙伴。

易居迈出了马拉松发展战略的关键一步，而基于市场策略的多个

① 日照日报社．焦安静，那个奔跑的日照女孩[N]．日照日报，2018-12-8.

品牌，在赛道上掀起了一场激烈的混战。

对品牌来说，“流量明星”还是市场推广的最好解药。

李子成领衔主演361° 星跑者战队，身后是许王、关思杨，还有业余顶尖选手钱鼎彬和钟谢国。361° 是第一个赞助大型城市马拉松的本土品牌，后来被特步力压。想来想去，361° 只有一个办法能自救，这就是在紫禁之巅的北马身上做文章。

361° 没有下错赌注，李子成换上新东家的一身行头，成功卫冕北马国内男子冠军。他同时摘取亚洲马拉松大满贯总冠军及中国马拉松大满贯第一届总冠军。

有实力跟李子成争锋的管油胜，是康比特精英跑团成员，两人形成了高质量的激励效应，属于管油胜的高光时刻是上马国内冠军。

整体实力最为彪悍的，是贾俄仁加、梁晶、牛超、赵家驹、向付召和周楚燕撑起的探路者飞越队，货真价实的中国越野天团，该团队成立于2016年，由中国山地之王魏彪担任主教练。幕后全程策划者是探路者董事长、登山家王静。今年，这支队伍战功赫赫，贾俄仁加两次霸占头条，一次是UTMB（环勃朗峰超级越野赛）的OCC组夺冠，这是中国人的第一次；另一次是广马跑出2:18:32的成绩，名列大众业余选手第一位。梁晶和赵家驹包揽八百流沙极限赛冠、亚军。

中国马拉松饮用水赞助之王怡宝信奉大众化、接地气的价值观，战队成员除前专业选手李永远外，都是自学成才：周其祥、狄鋆、游培泉、斯国松、李鹏、任思伍和碾者阿提。

特步特战队也是重要势力，核心成员是内蒙古的李春晖和赵佰东。

马拉松市场的商战故事，已具有一切经典商战电视剧的所有要素，但还可以更精彩。

田径中心一把手于洪臣对2018年的总结很全面也很长，他把“马拉松文化基础薄弱”放在了问题的首位。

狭义上，文化是一种价值体系，而文化建设又是非常具体的作为，比如以央视体育为核心的电视媒体，以新浪体育、人民体育、新华体育为主干的网络媒体，上千个马拉松自媒体，等等，都在大生产。

总体判断，中国马拉松文化建设还处在起步阶段，而图书出版走在了最前面。

由市场力量推动，图书出版自发形成两座山头，人民邮电出版社和湛庐文化。

人民邮电出版社2014年后跨界发力，推出几十种与马拉松训练相关的图书，制造了图书市场的马拉松冲击波，比如《马拉松全方位科学训练指南》《超级马拉松训练完全手册》《跑者营养指导手册》《马拉松全方位科学训练指南》和《跑步笔记》等。

同时出发的民营出版公司湛庐文化，也从国外引进并出版了多本相关书籍，如《耐力》《马拉松终极训练指南》《马拉松训练宝典》《跑步圣经》《刷新PB》等，形成了国内首套系统、专业的跑步书系——“奔跑的未来”。湛庐文化创始人陈晓晖1973年出生，是一名马拉松跑者，2016年完成世界六大满贯。

略有遗憾的是，上百种马拉松图书大多是译著，而原创才是文化作品的生命力。

在庞大的体育产业自媒体阵营中，懒熊体育长期保持对马拉松的观察，并常常提供专业性洞见，它捕捉到了一个重要现象——“跑者不够用了”。

的确，赛事之间的跑者争夺已到了白热化阶段，三四线城市的赛事尤其如此，常常出现免报名费或大幅打折的情况。

《2018 中国马拉松白皮书》分析称：最多 5% 的赛事（65 场左右）需要抽签，反过来说，95% 的赛事是不能报满的。有的组委会为了避免这种尴尬，要么减少名额，要么增加短距离的名额，吸引本地参赛者，这样，城市、商家希望看到的效应大打折扣。随着竞争的加剧，马拉松对跑者吸引力的两极分化会更加严重。

不过赛事规模上注水，只是为了应对地方政府的宣传需求，不会影响中国田协数据的准确性。田协的数据来自官方备案的计时系统。

在对城市马拉松治理上，国际田联与中国田协的手段基本一致，定期考核发榜，道理跟班主任管理班级一样，给优秀的同学发一朵小红花。

国际田联官网公布的 2018 世界城市马拉松排名，相比于综合评定的金银铜标体系更纯粹一些，仅依据精英分、成绩分和世界纪录分得出总分。全球统一量化评价，也没什么异议。

国内排名前三位的城市马拉松赛事为：

第一位：上海国际马拉松，9606 分，世界第十五位；

第二位：衡水湖国际马拉松，9321 分，世界第二十三位；

第三位：杭州马拉松，9195 分，世界第二十七位。

进入前三十的还有北马和广马。

根本上，排名量化了各城市对马拉松的用力强度，五线城市衡水有理由获得更多掌声。

励志人物成批量涌现，舆论场上的马拉松已从单一精英中心转变为成绩和精神的双中心。

由于个人禀赋、年龄及身体情况不同，付出的努力也不一样，善于提炼的自媒体马拉松助手，评出了年度跑圈十大感动人物。

一群特殊的人，每个人的故事都是那么激动人心。

第一个跑来的是黑龙江人薛英勇，32 岁罹患尿毒症，一直跟死神赛跑。

第二个和第三个，是汶川地震的受害者黄思雨和牛钰，身有残疾，心有阳光。

第四个是浙江金华的快递员罗书坚，一个带儿子看世界的“笨爸爸”。

第五个是扬州 75 岁的张维婵，通过跑马走出悲伤的“马拉松奶奶”。

还有：

失去右臂的湖南常德 19 岁少年徐伟杰；

切除胆囊、二分之一胃和三分之一肝脏的“光猪跑者”严文；

锡马赛道流血不止、忍痛完赛的李广超。

大体重减肥的黎晨和钟道文。

再平凡的生命，也有权利去追寻不平凡的光芒；心之所向，素履以往，再普通的个体，也会因执着和追求而光芒万丈。

33 岁的基普乔格紧紧抓着中国人的眼球。

他在柏林以 2:01:39 打破 2:02:57 的原世界纪录，提高了 1 分 18 秒，这是自 1967 年以来男子世界纪录提升幅度最大的一次，也是人类首次将全马用时缩短至 2 小时 02 分以内。

基普乔格被国际田联评为年度最佳男运动员，被新华社评为 2018 年度国际十佳运动员。

非洲人正在颠覆人类对马拉松的认知和判断。

而中国马拉松距世界前沿还非常遥远。最强的董国建跑出最快的2:14:16，他已经31岁了。

不过，中国马拉松也找到了属于自己的新常态。打破体制界限的选拔活动——“我要跑奥运”横空出世，赋予大众选手与专业选手同等的选拔机会。在竞技成绩持续低迷、爬坡艰难的背景下，大众跑者群体日益受到关注和期待。

这是一次革命性举措，对大众选手的刺激非常大。牟振华、贾俄仁加、赵浩和碾者阿提，在2小时20分左右上演疯狂追逐，稍后还有狄鋆、李鹏等紧追不舍。

“我要跑奥运”也是一个不错的商业IP，活动的独家运营方是上海跑友信息科技有限公司。

跑友公司两年前成立时，跑马圈地大势已定。它选择横向切入，与中国田径协会合作搭建第三方服务平台，第一项业务是运营中国马拉松赛事联盟，同时启动中国马拉松大奖赛，推出“中国马拉松护照”。

跑友创始人顾清的计划里，还包括筹备中国马拉松电视转播联合体。

跑友公司的生意是，要在市场上协调很多赛事公司，并为跑者提供增值服务。通常，以公司协调公司，是非常辛苦的。

“我要上奥运”时间跨度大，涉及赛事之多前所未有，既定的万人、千人、百人和十人选拔推进节奏，后被新冠肺炎疫情彻底打乱了。

崛起总是在不经意之间，中国经济如此，中国马拉松也是如此。

长期从事中外马拉松旅游服务的杜明芮表示，马拉松的“中国现象”已引起世界关注，外国人越来越看重中国机会，他们最认可的赛事是上马。“很快上马就会跟波士顿马一样，让全球趋之若鹜”。

在搜狐网主办的“一起动”年终论坛上，资深跑者董宝青说，国内赛事发展很快，赛事补给、赛道设计等方面已与国外无异，主要区别在于办赛理念，国内观念是管理赛事，国外是服务赛事。

毫无疑问的是，中国马拉松已逐渐探索出自身的发展模式，中国田协总结为：政府引导、社会参与、市场运作。

政府引导是中外马拉松组织上的核心区别，也是中国模式的关键点，更是促成中国马拉松崛起的正资产。

一场赛事被新华社称为“全球最有意义的马拉松，没有之一”。

这就是汶川马拉松。

关于十年前的汶川地震，中央定义了三个“最”：新中国成立以来破坏性最强、涉及范围最广、救灾难度最大。

比赛地点映秀镇，十年前是震中和极重灾区，镇上大部分房屋损毁，超过一半的人丧生。

长期深根四川的行知探索，在比赛策划和组织上穷尽心思，参加了比赛的人都有同一种感受，那就是大爱汇聚。

还有精心设计的1.5公里默语赛道，表达对逝者的缅怀，对生命的敬畏。

论马拉松的社会责任担当，汶川马是一个鲜明范本。

一个跑者被《人民日报》推上体育版头条，标题是《我想跑得更久更远》，并配以大幅照片。在版面语言上，这是体育冠军和明星的待遇。

这个人叫邓超明，出身于中国人民大学新闻专业，是北京互通国际传播集团董事长、中国广告协会副会长。不过在《人民日报》记者笔下，他只是无数个奔跑在马拉松赛道上的普通人，已收获62个全马，正在向百马目标挺进。

“成绩或许并不起眼，但将信念贯彻于坚持、一步步丈量的过程，让他仿佛找回了青春的激情、奋斗的乐趣。终点线成了新征途的起点线，从朋友带动到自己主动，邓超明就这么跑了起来。”文章说。

邓超明生于1966年，在吴子富、李小白和孙化明这三位“前辈”的感召下，2014年首尝全马，5小时26分完赛。此后一发不可收拾，到2020年年底，已完成113个全马。

这篇文章对当今马拉松的最新阐释是：

全程42.195公里的马拉松，是堪称挑战自我的极限项目，也因为比赛场地开放而有强烈的新鲜感，大众跑者与专业选手得以同场竞技而体现出包容性，是一项有着强烈吸引力的运动。

而邓超明的赛道感悟也很有代表性：有人说，人生就像一场马拉松，每个人都希望有精彩的发枪，也有完美的收官，那就更应该找到自己的配速，学会控制自己。

邓超明这句话值得所有跑者铭记。

2019　田协“四化”

马拉松发展有赖于改革红利持续释放，事实早已证明，层出不穷的产品和现象，大多是市场主体自发探索和多元尝试的结果。继“放管服”后，中国田协的实体化改革，预示着新的发展方向。

发展史人物｜于洪臣　体育系统官员

体育系统的新一轮改革始于2015年，中央全面深化改革领导小组第十次会议通过的《中国足球改革总体方案》成了体育暴风眼：中国足球协会将实体化改革，并与国家体育总局脱钩。

这是足球行业、事业管理模式的根本性、历史性变革。从当事人的角度来看，意味着中心在编人员要么放弃公务员或事业编制进入协会，要么调离或自谋职业。

改革是一场革命，触动利益比触及灵魂还难。

改革也是一盘大棋，同一年，中央出台《行业协会商会与行政机关脱钩总体方案》，体育项目协会实体化改革被纳入国家社会组织改革的一部分。

大势所趋，力度大，节奏快。

2016年2月，足管中心被撤销。2017年1月，历时22年的足管中心正式注销，中国足球"两块牌子、一套人马"的组织构架画上句号。

中国田径协会实体化改革也紧锣密鼓地进行着。

在新中国田径史上，作为转折点意义的事件并不多——郑凤荣破世界纪录、刘翔夺奥运冠军，6月25日又增加了一个——在北京举行的中国田径协会第九届代表大会三次会议。

这一天，长期依附于行政体制的中国田协，在实体化改革方面迈出实质性一步，经与会代表投票表决，通过了《中国田径协会章程》（2019版修订案），并按照新的章程规定，选举产生了中国田径协会第九届执委会，为协会接下来的实体化改革和运行搭建了组织机构框架。

中国田径协会第九届执委会由以下人员组成：

主席：段世杰

副主席兼秘书长：于洪臣

副主席：王楠、蔡勇（后增选）、田晓君、李志友、刘军、刘小青、尹勇、朱玉青、甄国栋、隋拥军、祝仕兴

特邀副主席：丁水波

执委：

省市代表：杨培刚、景雪竹、陈波、孙谦、张连标、何陆胜、曹平、刘静

运动员代表：苏炳添、巩立姣

教练员代表：孙海平、张阜新

企业代表：李剑刚、黄承斌

媒体代表：冬日娜

知名人士代表：王丽萍

产业专家代表：鲍明晓、王雪莉

实体化改革的本质，一是结构重构、依法自治；二是突出市场在资源配置中的作用。在此逻辑下，不难理解产业板块被赋予前所未有的权重了，代表人物是中田公司董事长祝仕兴、特步 CEO 丁水波、金陵体育总经理李剑刚和铁人体育黄承斌，以及产业专家鲍明晓、王雪莉。

10 月，组织完成田径中心人员自愿选择、干部分流平移、协会岗位竞聘、协会新机构和人员落位等工作，并在北京举行实体化改革推进仪式，宣布协会工作正式按照实体化运作机制运转。

新中国成立以来，马拉松项目的管理机构，从行政机关田径处到

事业单位田径中心，再到实体化体育社团中国田径协会，又站在了新的历史节点上。

一句很俗的话，也许是最不俗的：改革是机遇也是挑战。

协会新定位：依法设立、自主办会、服务为本、治理规范、行为自律。

协会发展道路：社会化、专业化、市场化、国际化。

未来中国田协的很多动作，都有“四化”的影子，其集中表现之一，即是北京中田体育发展有限公司成立。

国际化当然包括争取国际话语权，目的是发挥更大作用，维护自身权益，有三件大事值得一说。

第一件事，继 2007 年厦门举办国际马拉松和公路跑协会世界大会后，2019 年，世界田联路跑会议来到兰州，这是亚洲国家首次承办。这类高规格的国际会议表面看客客气气、波澜不惊，实则静水深流、影响深远。会议主题是“路跑运动助推城市文明”，在井然有序高效运转的议程中，凸显东道主向世界舞台中央迈进的步伐。

第二件事，王楠在多哈高票当选世界田联理事、亚田联副主席。

历史上，楼大鹏曾担任副主席，罗超毅、杜兆才相继担任理事，中国力量继续保持高位。

第三件事，扬州成功申办 2022 年世界半程马拉松锦标赛。

其实对于跑者来说，另一件事更为震撼。

这是一种魔幻故事吗？不，这正是现实。

一则消息印证了万达体育的巨大能量，它运营的成都马拉松成为世界马拉松大满贯联盟候选赛事。

单纯看这则新闻可能只是惊喜，但放眼全国，疑问重重。

有人会问：为什么是才连续举办两年的成马，而不是历史悠久的北马、口碑爆棚的上马、求变求新的厦马？

答案是：两年前王健林签约大满贯联盟控制 A 层次资源的战略，开花结果。

大满贯联盟主席蒂姆·哈斯曼说，成马进入了入盟的评估程序，而整个考察过程将很漫长。

剧是必须从序幕开始的，而准入门槛越高，大满贯赛事的含金量才会更高。等待也会让成马的市场价值不断升级。

从另一个角度来看，这是中国马拉松世界地位的重大提升，我们即将进入那个目前仅有“四国六赛”的至高荣誉俱乐部。

而在国内，崛起型的西部，会进一步优化马拉松空间布局。

成都与马拉松渊源极深，早在 1983 年就有了新蓉城马拉松，并且是北京之外第二个举办万人马拉松的城市，不过直到 2016 年双遗马举行，马拉松血脉才在都江堰复苏，接踵而至的是真正的城市形象代言成马。

茶馆文化与码头文化的成渝双城记就更加源远流长，作为西南双核，它们存在广泛竞合——马拉松是城市体育营销第一抓手，一争高下在所难免。

重马操盘手李伟推动成立了重马公司，并任董事长，重马是他的毕生事业。

对于中国跑者来说，万达像是朝着共同的渴望点了一把火，释放骄傲与自豪。我们等这一天太久，以致有些人态度上出了问题。

此前就有爆料称，中国跑者为参加波士顿马拉松，涉嫌成绩证书造假。事关总体诚信，跑圈炸开了锅。

波士顿马拉松，创立于1897年的世界最古老马拉松。

它在百年的积淀与修炼中创造了一种神圣，对严肃跑者来说，参赛如同朝圣。

曾在波士顿居住的村上春树这样描述自己的感受：

每当来到这儿，当初创设这个比赛的人们那时的心绪和气息好像就浮现在我眼前，像是被笼罩在一层温暖的光晕中，瞬间回到了魂牵梦萦的故地。这简直就是魔法。其他马拉松固然也令人印象深刻，比如纽约马拉松、火奴鲁鲁马拉松、雅典马拉松，然而，波士顿马拉松（对其他比赛的组织者们深感抱歉）是独一无二的。[①]

波马设有成绩门槛，很多人为此默默努力多年，但也有人开始寻找其他途径，比如替跑和成绩造假。

从年初开始，“造假”幽灵就在中国跑圈徘徊。部分自媒体介入调查，但只是徒劳的追问，其间甚至有误伤。新浪跑步一直在暗暗蓄力，等待抓现行的机会。

4月，波马刚结束，新浪跑步就推出文章《实锤来了！波马901号中国选手靠作弊参赛》，此前猜测中的作案手法，被一一证实。

新浪，表现一如既往地生猛、理性、专业。

中国田协似乎也被激怒了，除了该事件对中国造成的不良影响，还有当事人的态度。伪造成绩参赛的吴某某和赵某某，私自转让号码的张某某，均拒绝与中国田协沟通。

① straybird. 村上春树以跑者的身份写给波士顿马拉松 [N]. 豆瓣小组 ,2013-5-5.

在中国田协的处罚通知中，三人被处以“极刑”，具体表述是：终身禁止参加中国境内举行的马拉松及相关运动赛事。

这是中国田协第一次施法于境外马拉松违规。

从此吴某某和赵某某销声匿迹，而张某某还有后续，引起了另一场风波。

张某某被禁赛的消息，很快传到了戈赛的圈子。

这个由曲向东在 2006 年创立的赛事，倡导理想、行动、坚持和超越精神，每年在甘肃瓜州举行，是中国最著名的徒步体验式赛事，也是行知探索旗下最大 IP。

比赛已有超过四万名商学院学员参赛，在企业高管圈里几乎无人不晓，棱镜·腾讯新闻小满工作室将其定性为“戈壁上的中国顶级社交场”。

比赛进行到第十四届，简称戈 14，定于 4 月 30 日至 5 月 6 日举行。

作为中欧商学院戈 14 队主力，张某某因参加出征仪式耽误了波马，最后由闺蜜替跑。赛后，她在朋友圈晒出了奖牌，言语之间还颇有炫耀之意。她被田协处罚，也捅了戈 14 的马蜂窝。

迫于压力，中欧主动取消了其参赛资格。但同时，中欧戈友会愤愤不平地推出《窄门——写在戈 14 开赛之前》一文，笔锋直指上交大安泰队。

上交大安泰队是近三届冠军，被指临时请雇佣军作战，被要求清理门户。

随着长江、人大、北大光华、北大国发和南洋理工加入战团，队员资格之争成为危及赛事存亡的导火线，老辣的曲向东使出浑身解数，才弹压下去。

戈 14 危机掀起了一轮规则和精神的观念激荡。

这是戈赛史上最动荡的一年。曲向东说，戈赛到了青春期，特点就是焦躁和迷茫。

陈盆滨一直以中国极限跑第一人行走江湖，也有人称其为极限跑神，名声为他带来了难得的机遇。在有关方面安排下，陈盆滨跨界越野滑雪，剑指 2022 年冬奥会。

不过当白斌耗时 433 天，完成全程 24110.52 公里的“南北极跑”后，这位前跑圈王者大幅翻红，在他眼里陈盆滨只是小弟。

5 月 16 日，49 岁的白斌在贵阳龙洞堡机场受到社会各界人士热烈欢迎，随后贵州省体育总会还为他召开了座谈会。这对白斌是一种江湖之外的准官方肯定。

白斌是最早一批激进型民间耐力跑者，2008 年以前凭借多个冠军头衔完成个人声望原始积累，随后更多投入策划性极限活动中，2011 年曾从伊斯坦布尔跑到西安。

对于极限跑，有人认为是突破极限，也有人认为是无谓犯险，而白斌对《户外探险》杂志说：“从南极到北极，只是我的一个挑战。没有太多，就像生活一样，过了一年多而已。”

《户外》杂志记者、资深越野跑者赵小钊则说：“白斌的意义首先是证明了可行性，为以后的挑战者设置标杆。另外，在对人类原始生命力探索方面也有贡献，就像战斗机的音速挑战，从突破音速到三倍音速，也是在拓宽可行性边界的基础上，一步步来的。”

在白斌身上，可以找到中国极限跑发展中特殊的符号和历史基因，一般认为，跟他站一起的还有于雷、杨家根、运艳桥和邢如伶等。

核心资源丢了，心性变了，智美面临关键转折。

其自身也是有预感的。去年年底，当深圳宝安马落幕，宣布“奔跑中国”以全年 28 场央视直播收官时，智美体育集团公众号刻意强调“2019 我和我的祖国一起再出发”。

那时候，有关“奔跑中国”运营权何去何从的猜测已满天飞，业界鼓荡着吃瓜看戏、不怕事大的情绪。

熟悉智美与央视体育罗曼蒂克史的朋友都知道，双方为期五年的马拉松直播代理协议已到期，而续约与否并不是单纯的市场竞争问题，主动权和主导权不在智美一方。

智美二十年的江湖也不是白混的，感到形势不妙后，它在济南发动了惨烈的“0 元中标”。

几乎与此同时，中国田径协会出台了《关于进一步规范马拉松赛事注册、认证、国际联络及标牌申报工作的通知》（田径字〔2019〕18 号），最引人注目的内容是“未经中国田径协会认可的系列赛事将不予认证”，并详细公布了中国田径协会系列赛事、活动名录。

没有“奔跑中国”！

通知一出台，在市场上引起了一定争议，倾向性意见是这宣布了智美出局。但智美的表现是硬扛，次日即通过社交媒体针对性发声：“奔跑中国”将如期举行。

田协让子弹先飞了一会儿后，又发出了第二份通知：

“奔跑中国”将继续举办，但没有授权任何单位和公司运营、执行及承接央视直播。这回，智美方面没了动静。

又过两个月，田协联袂央视体育出台第三份通知，强调“奔跑中国”系列活动无指定执行单位，各地赛事组委会可以自愿申报，赛事活动信号制作由中视体育负责。

沸沸扬扬小半年后，尘埃落定。

智美方面是不甘心的，它一直相信“奔跑中国”的版权属于自己，但一切已无可挽回，智美只能默默舔伤。据智美评估，“奔跑中国”之变造成的无形资产损失达 8460 万元之巨。[1]

但事实上，问题比预计的更严重。

根据智美体育披露的 2019 年年度业绩公告，截至 12 月 31 日，公司收入 1.59 亿元，同比减少 65.1%，公司拥有人应占亏损 4.55 亿元。而上一年，股东应占溢利为 4637.2 万元。

有人简单地总结道，两个财年 4.5 亿元的盈亏空间，中间就差了一个“奔跑中国”的运营权。

智美是这本书的主角之一，因为它的极速兴起与突然走低，颇能折射出马拉松产业的发展特征，并深刻影响着领域内的创业者群体。

任文是马拉松领域唯一被冠以企业家称号的人。

一年前，央视财经频道《财经人物周刊》栏目推出重磅专访，任文是体育界第二个出场的，她之前是李宁，而跟她同期播出的是中科院院士、物理学家赵忠贤。在个人财富、“权力”和社会声望上，任文当得起马拉松产业领军人物的名头，尽管她更喜欢被称为“美女”。

任文商战的惯用手法是结盟，对象是国家级核心媒体和广告客户，行事风格上以速战速决著称。市场即江湖，盟友与对手不断转换，企

① 资料来源：界面新闻，2020 年 3 月 4 日。

业命运也跟着起伏不定。

事实上，在经历五六年的疯狂扩张，且项目招投标日益规范化后，马拉松市场转入盘整时刻，企业的核心竞争力从人脉资源向满足用户需求迭代，凡是特别注重赛事体验的公司，都成了市场宠儿。

智美之于中国马拉松发展，更多人认为，既有功劳也有苦劳，这对智美是最大的安慰。

在大众认知中，马拉松作为一个泛化的概念，还包括越野赛和山地赛。

中国山地马拉松系列赛（中国山马）是 TNF100 系列赛、雷越野系列赛之外的一支独立大队，赛程紧密自成一体，实行年度积分制。

中国山马由北京南天星体育产业发展公司创立于 2016 年，并归属在中国登山协会旗下。

中国登协还有一个影响较小的天空跑系列赛，由南天星一并运营执行。据统计，两个系列赛 2016 年 5 场，2017 年 10 场，2018 年 15 场，2019 年 11 场，总体上保持着稳定的发展态势。

中国山马在组织和运营模式上有独到之处，面向各地政府推销承办权，可在资金端对赛事进行保障。

应该说，建立符合国情的奖励体系，也是中国山马持续良性运转的重要因素。冠军奖金一般为 10000 元至 12000 元，奖励到前 20 名，属中等偏上水平。

同出于贵州的管油胜和姚妙，可谓真正的中国山马之王。

2016—2019 年，管油胜 10 获男子冠军，姚妙 11 获女子冠军。不过后两年，由于两人转场城市马拉松和难度系数更高的越野赛，骆滔和郑文荣迭代为男女常胜将军。

姚妙是最出色的双跨女选手，在越野和城市马拉松上均有建树。

她 1996 年出生，2015 年投入赛场，这正是精英选手的黄金时期，奖金日益突破想象。

由于出身六盘水和贵阳体校，严格来说，姚妙算半专业选手，而专业能力决定了她将攀上巅峰。

经两年试水试错后，姚妙以锡马国内冠军、香港 100 女子冠军和 UTMB-CCC 女子冠军成名于江湖。

她是 UTMB 第一位获得冠军的中国女性，也是 CCC 组第一位中国籍冠军。在冲线前一个多小时，霞慕尼小镇现场的目光聚于 UTMB-CCC 组亚军身上——中国籍选手祁敏，一个比姚妙成名更早，也同样优秀的越野运动员。

赛场给了两个年轻人难以想象的回报。姚妙在 10 场比赛中共挣得 50.9 万元奖金，而四年前，她还在健身房打工。

排在年度女子吸金榜第二的李芷萱（38.6 万元），则在名古屋一战而红，成为炙手可热的选手。

李芷萱，1994 年出生，原内蒙古体制内运动员，长期在上海体院随李国强老师训练，最早主项是 5000 米，拿过全国锦标赛女子冠军。

2017 年李芷萱做出了一个重要决定：进军马拉松。

2018 年，内蒙古方面也做出一个重要决定：将李芷萱开除出队。

后一个是非常残酷的结果，等待着李芷萱的，将是无数的考验和折磨。

关于李芷萱被开除的直接原因，并没那么复杂曲折，只是肇始于运动员个人发展路径上的分歧，不能以单方面的是非为是非。

令内蒙古方面始料未及的是，它们开除的是一个 5000 米冠军，江湖上却收获了马拉松当家花旦，影响力和重要性不可同日而语。

3 月，李芷萱在日本名古屋以 2:26:15 获第 13 名，第一个跑进东京奥运会达标线。当时，业界都在忧心忡忡地谈论问题与危机，李芷萱像阳光一样扫清了阴霾。

她的表现鼓舞了人心，提高了士气。后来的事实说明，她确实是一个凌厉的先导。

这一年的重马、汉马、北马和上马国内冠军，更强化了她的领先地位。

一个国家的马拉松史可以用冠军的断代史书写出来，在这个意义上，2019 年属于李芷萱。

回顾内蒙古方面与李芷萱的冲突，不免要多加一句感慨：即便爱已成往事，心平气和地讨论和解决问题，才是相互伤害最小的办法。一年后，在李国强教练的不懈奔走下，内蒙古同意与上海双重注册李芷萱，事情得到圆满解决。

如果说，年初李芷萱带给我们的是惊喜，年末彭建华则送来一份大礼。

彭建华，1998 年 12 月出生于湖南湘西州龙山县，注册在江西队，师从肖丽教练。

在练马拉松前，他已有两个重要头衔：2017 年全运会游跑两项冠军和 2018 年亚洲越野锦标赛 12 公里冠军，今年更以狂野表现被冠以后浪之名。

3 月徐州马，2:13:27，季军；10 月长沙马，2:13:19，国内冠军；11 月南昌马，2:12:55，国内冠军；12 月广马，2:11:30，达标东京奥运会。

彭建华是中国马拉松年度最大收获，而收获个人最好成绩的还有一群人。

中国马拉松后能人时代强力反弹，今年是迈向高质量发展的奠基之年。黎明的曙光，就在前面了。

有媒体统计出近三年男子 50 强，发现有 32 人在今年创造了个人最好成绩。这是自 2007 年任云龙打破国家纪录以来，总体成绩的高峰。

还有一个值得注意的趋势是，李子成和董国建的体制内外双雄会，业已演变为体制内选手独霸天下。

另外， 在体制外榜首的争夺中，李子成已然让位管油胜。对管油胜构成最大威胁的是贾俄仁加。

24 岁的彭建华、23 岁的杨乐、22 岁的刘洪亮和陈天宇，以及 20 岁的索朗才仁组成的新势力，让老将董国建不免感叹：有生之年狭路相逢终不能幸免！

对于竞争新格局，也有比较江湖的说法。

体制内“四大天王”：云南董国建、江西彭建华、西藏多布杰和云南杨绍辉。

体制外“四大天王”：管油胜、李子成、贾俄仁加和杨定宏。

八人中，李子成更让人不由自主地羡慕。他的李子成享跑营和李子成田径俱乐部稳步前进，还以五个品牌代言高居跑圈商业价值榜头名。他被品牌武装到牙齿：

跑步装备——361°（中国）；

运动护理——艾波玛（捷克）；

运动腰带——飞比特（美国）；

智能运动手表——宜准（中国）；

专业氨基酸——安维途（日本）。

赛事运营领域，广州中体崛起，是一个重要现象。

据统计，一年里，广州中体跟田协共办赛事达到18场，跃居市场第一，同时年营收突破1亿元。

有媒体总结了广州中体的成功之道：

见微知著、础润而雨的生意机敏，精心维护政商关系的中国现实，做生意要本钱和投资要有承担风险的商业常识，工匠精神和服务意识。

与广州中体一样，下沉于三四线城市的广州博润和安徽波动，正在走向全国。

而在北京周边开垦多年的马孔多，则转身离去，准确地说是彻底换了个赛道。

这是马孔多创始人艾国永创业的第五个年头，他走到了抉择命运的十字路口。

最初公司以延庆为根据地，四年做了12场赛事，将百里画廊和野鸭湖办成了自己理想中的“魔幻与现实结合的马拉松”。马孔多也做新媒体，旗下“全民跑步”和“马拉松助手”两个公众号，粉丝200万，总阅读量4.9827亿次，单日平均阅读量136万次，稳居跑圈第一。马孔多还做跑步装备，2018年销售收入超过150万元，初显网红品牌特征。

在形势一片大好下，艾国永无视跑步装备市场已被巨头垄断的现实，做了业务抉择：放弃赛事运营，聚焦于“新媒体 + 跑步装备”。为加大装备项目投入，他不惜将房子做抵押，贷款给公司输血。

与马拉松一起成长的装备巨头特步，也有了新故事。

从 2007 年起，特步赞助和举办的赛事超过 1000 场，服务跑者超过 500 万人次，累计路程超过 1 亿公里。

但是，与特步市值节节攀升一举突破 90 亿港元相比，从 2010 年开始的十年，也是马拉松成绩落寞的十年。

对此，段世杰有一个堪比“钱学森之问”的著名反问：日本比我们国土面积小很多，人口是我们的十分之一，大家都是亚洲人种，凭什么我们中国人不行？

作为中国田协副主席的丁水波，却希望通过商业的办法来履行民营企业家的社会责任，助推中国运动员跑得更快。

如果不是刚刚发生了成马列入大满贯候选的事件，特步的国人竞速会更有新闻爆点：

2020 年打破全国纪录（男 2:08:15，女 2:19:39），奖励 100 万元。跑进 2:10:00（不含）以内的男选手，奖励 10 万元；跑进 2:26:00（不含）以内的女选手，奖励 10 万元。

社会性媒体也开始关注马拉松竞技，“界面新闻”的标题是《百万奖金刺激，东京之年中国马拉松寻求突破》。

特步是在告诉我们，在政府统筹下，社会力量正在发挥更大作用。

那么，国人竞速设定的门槛有诚意吗？当然。

董国建在柏林跑出 2:08:28，彭建华在广州跑出 2:09:56，多布杰在徐州跑出 2:10:29，后面还有杨绍辉、杨乐。

奖金诱惑显然不仅是一种谈资，董国建说：“这个奖励还是挺刺激人的，将使运动员有更大的动力。”

彭建华更直白：“我们马拉松运动员挺穷的，这 100 万元奖金对我特别有吸引力，我希望破纪录，拿奖金。”

让我们来到赛事赞助市场。

马拉松市场规模庞大，是品牌走向大众市场的捷径，也是品牌放大器，体现其经济实力和行业地位。

赞助是规模赛事（2019 年共 1828 场）的经济双支柱之一，另一根支柱是举办地政府的财政经费。

对年度三线以上城市 171 场赛事的冠名商统计结果显示，银行、房地产业和汽车企业是三大金主。

商业银行排第一位，共冠名 47 场。

除五大行中的中国建设银行和邮政储蓄银行外，所有商业银行都卷入了马拉松冠名大战。它们在提升知名度的同时，还互相争夺存贷款、理财等金融服务，基本格局是二三线城市由城商行把守，县级马拉松是农商行的天下。

房地产企业排第二位，共冠名 41 场。

房地产企业不仅有力推动中国城市化，也支持城市运动马拉松，大赛卖品牌，小赛卖楼盘，冠名的房企包括富力、碧桂园和时代中国等 33 家。

汽车企业排第三位，共冠名 19 场。

广汽集团表现最为积极，旗下传祺、三菱、丰田和本田四路齐发，合计冠名 6 场。吉利系、东风系、一汽系和长安系各冠名 2 场。

运动装备制造企业排第四位，共冠名 13 场。

冠名的运动装备制造企业涉及特步、安踏、阿迪达斯、耐克等 11 个品牌。投入最多收获也最大的特步，声势上已是本土领军品牌。

其他还有酒及食品、电器、乳业、医药、通信与手机行业等冠名商。

最特殊的是“中国体育彩票”，除 4 场冠名外，还以其他多种形式出现在大量赛事中，是政府体育惠民的形式之一。有个事情必须一提，“中国体育彩票”的源头正是马拉松。

接下来是一个更刺激的市场。

中国马拉松是埃塞俄比亚和肯尼亚青年魂牵梦萦的淘金乐园，也是他们认识世界第二大经济体的起点。

2019 年上半年奖金榜十强赛事

名称	奖金总额（万元）
东营（黄河口）国际马拉松	14.8（美元）
建发厦门马拉松	13.1（美元）
重庆国际马拉松	13（美元）
大连国际马拉松	10.6（美元）
兰州国际马拉松	10（美元）
扬州鉴真国际半程马拉松	42（人民币）
郑开国际马拉松赛	5.8（美元）
武汉马拉松	5（美元）
上海半程国际拉松	4.2（美元）
无锡马拉松	27（人民币）

赛事奖金花落谁家，与其说是全球竞争，不如说是特别定制：

上表10场赛事男女冠军共20个，埃塞俄比亚15个，肯尼亚5个，加上亚军和季军，两国共计卷走奖金743.82万元，其中埃塞俄比亚457.86万元，肯尼亚285.96万元。

上半年十强仅是缩影而已，放眼全年、全国，都是两“亚”选手吃肉，国内选手喝汤。

中国选手除内争一二线城市马拉松中国籍特别奖外，必须智慧地在四五线城市跟黑人选手捉迷藏，把握“马”市行情是每一位精英选手的必修课。但这几乎是历史性难题，因为冠军奖1.5万元以上的赛事，地级市（州）只剩巴彦淖尔马拉松未被“攻陷”，连遥远的儋州马拉松、大理马拉松，都已是他们的天下。

最戏剧性也是最开心的一幕，发生在日照马拉松，以李子成和赵娜为首的国内选手，将唯一黑人选手团团围住，画面极其科幻。

年底广马的豪礼大派送，让国内外精英享受大快朵颐的狂欢，设破赛会纪录奖1万美元，男2:10:01内，女2:25:12内。结果男子前六和女子冠军集体狂破，包括中国董国建和彭建华。

有人认为，非洲选手包揽奖金，扭曲行业发展，应予禁止或抬高门槛。也有人认为，上面的思路是典型的小农意识，与改革开放精神相悖。

一个安徽青年说，中国马拉松市场必须是世界性的，只有最优秀人才参与，才会保持足够动力，为发展提供支点和杠杆。

此人叫吴本贵，“黑经纪人”欧辰门下学徒。

欧辰退出江湖后，吴本贵跟朋友在苏州注册了一家公司，模仿陶绍明，做起了训练营及经纪生意。

吴本贵常驻肯尼亚埃尔多雷特镇，这里和一百多公里外的依腾，是两个最著名的马拉松小镇——在尘土飞扬的田径场和乡间土路上，奔跑着数不尽的非洲青年，仅吴的旗下就有 80 多人。

这里是世界马拉松中心，吴本贵刚跟基普乔格打了个照面，转天就邂逅前世界纪录保持者基梅托。

这里有很多训练营，相互不往来。每天早上六点，吴本贵独自骑着摩托督训队员，结束后吃早餐，主要是面包和当地的茶，之后让队员回家种地、放牛。

国家队又要去非洲训练了。

中国田协将这个悠久的传统称为“与狼共舞”。如果要用成绩来评价，此举很难说是成功的，罗萨到卡诺瓦都没带来好运，但逻辑和方向毋庸置疑。

根据安排，女队去埃塞俄比亚，男队去肯尼亚。男队精英尽出，包括董国建、彭建华、杨绍辉、朱仁学、粟国雄、赵长虹、杜建荣和杨乐。他们将师从帕特里克·桑。

没错，是基普乔格的教练。

师从大师一直是田协的原则，而在签约之前，田协一般都要安排大师做一次讲学，实为“相亲”，从罗萨到卡诺瓦都是如此。

去年 11 月，在基普乔格打破世界纪录两个月后，帕特里克·桑携爱徒来到国家体育总局训练局田径馆，分享了训练中的技巧与理论。北京之行，双方一拍即合。

世间很多事情都存在一个临界点，只要过了这个点，就会发生神奇的变化。临界点也称为奇点。

奇点的到来，往往也意味着奇迹的到来。今年，从多布杰到彭建华，都出现了这样的征兆。

媒体或有媒体属性的平台，纷纷在赛事上一展身手。

人民网、新华网的两个系列赛，规模继续扩大。

三大跑步软件中，在咕咚10公里城市微马和咪咕专业竞速及城市乐跑式微之际，悦跑圈携别克跑团联赛风云登场。赛事能够赢利当然好，更重要的是强化用户黏性。

传统媒体视办赛为自我救赎之道，有以下两类：

《泰安日报》《烟台日报》《成都日报》运营或执行泰山马拉松、龙口马拉松和成都马拉松，属有效使用地利资源；

《大众日报》携手智美运营济南马拉松，《郑州晚报》与中迹体育成立郑马公司，联合运营郑州马拉松，这是一种资源互补。

以马拉松直播为主营业务的中视体育，也试运营了衡阳马拉松。它如果将直播和运营捆绑，就相当于智美再战江湖。

另外，继爱云动和跑步维生素提供选手照片服务后，企鹅体育亦欲打开选手短视频服务市场。

马拉松作为直接参与人数最大的运动项目，基于5G这一底层技术而带来的商业模式的变革，也让很多人有入局的冲动。新机遇在酝酿新强人。

如果将所有一切归结于世界大赛的表现，那么愉悦的心情也许会蒙上一层阴影。

在多哈田径世锦赛上，多布杰未完赛，杨绍辉以2:15:17位列第二十。女子方面，李丹未完赛，马玉贵 2:55:24 排第二十四，次仁措姆 3:01:56 排第三十三。

接下来的方向很明确——尽快提高竞技成绩，直戳“人民日益增长的美好生活需要”。中国的历史以及政治结构、民族心理，决定着奥运会和世锦赛名次的重要性，这一现实是无法回避的。

自我突破那层朦胧的窗户纸，快要捅破了吗？

在 2016 年当选马拉松年度人物后，李小白的脚步更快了。

2017 年，48 场，18 场破 4，完成 7 天 7 大洲 7 场马拉松挑战赛；

2018 年，55 场，23 场破 4，完成北极点马拉松赛；

2019 年，49 场，在柏林创造个人最好成绩 3:15:31。

在个人秉性上，李小白乐观热情，对中国马拉松也有独到认识，并深刻影响跑圈风向。今年，他当选中国田径协会路跑委员会副主任。

有国马之称的北马，以自己的形式为祖国 70 周年华诞献上了一份厚礼，肯尼亚选手马修·基普科奇·基索里奥以 2:07:02 打破赛会纪录。原纪录由埃塞俄比亚选手沃尔德格贝里尔于 2013 年创造。

2020

2020　中国方案

这是从未有过的状况，在新冠肺炎疫情笼罩下，“万马齐歇”，日子格外漫长。马拉松在坏消息中努力寻找新的希望，部分赛事艰辛重启，部分赛事启而复停，更多赛事延迟和取消。线上赛为世界马拉松开辟出新形态，“跑遍中国”是中国方案集大成者。

发展史人物｜彭建华　专业运动员

厦马长期作为“南极”，与北马遥相呼应，后来由于群雄纷起，其声望和地位略有下降，但也是绝对显赫的存在。

厦马鸣枪的时候，新冠肺炎还叫“不明原因的病毒性肺炎”，厦马成为上半年唯一幸存者，却在今年最后一天戛然而止，已开始领物的 2021 厦马被紧急叫停。

国家体育总局和国家卫健委年头岁尾的两个文件，均将马拉松作为关键词，足见国民运动之分量。

3 月 31 日，《国家体育总局办公厅关于暂不恢复马拉松等体育赛事活动的通知》按下赛事暂停键。

12 月 30 日，国家卫健委《关于做好 2021 年元旦和春节期间新冠肺炎疫情防控工作的通知》，明确暂不审批马拉松。

一年中留给城市马拉松的时间仅三个月，太马是大型城市赛事恢复的探路者。

在这条勇武的赛道上，还有锡马、绍马、西马、重马、杭马、上马、南京马、成马、广马、桂马，等等。每一个赛事的背后，都是辛苦、责任与担当。

赛事人，从总裁、总监到经理，一直自谑为民工，如果说以前是压力如山，现在则是挑战极限。

作为新冠肺炎疫情发生后首个规模超万人的赛事，无锡提供了复工复产“锡马方案”，全员测核酸、查验健康码等五项措施，成为复赛通例。

五六年前跑圈知道岑万江这个人，更多是因为他的汽修工身份。那时候，野生跑者——连体校都没上过的素人，在媒体的报道中有真人秀色彩，没人想到有朝一日他们能登堂入室。

贾俄仁加是这股野生势力的“头人”，也是领衔主演，今年仍以2:12:44 高居全国第六；岑万江则大步赶来，常州跑出 2:15:34。在马拉松精英层，他们扮演专业运动员和前专业运动员之外的第三种角色，是连接大众跑者和专业跑者的纽带。

贾俄仁加、岑万江的猛进，意味着主要由政府资源保障的专业运动员之外，社会资源也贡献了自己的新产品，这是历史上从未有过的现象。

当然，正像李子成所言，“奥运争光”还得靠专业运动员，而后浪可期。

11 月，在体制内年度第一赛南京马拉松上，男女集体爆发，彭建华、杨绍辉、多布杰、陈宇及李丹、金铭铭、白丽、潘银丽共八人达标奥运。其中，男子四人全部刷新个人最好成绩，彭建华和董国建则在悄悄逼近任龙云的纪录。

彭建华比董国建小 12 岁。

对于中国马拉松，信心和竞争力一样重要，2020 年最难能可贵的是信心。竞技成绩“处于质变前夜”几成业内共识，有理由对东京奥运会保持较高期待。北京奥运后，最佳名次是朱晓琳的伦敦第六。

在中国走向奥运大国的进程中，马拉松及长跑是一支重要力量，但在向体育强国的转型中，扬蹄乏力。

但新态势让人惊喜，原因也有迹可循。

最近十年，“到非洲去”一直是决策层坚定不移的战略方向，而迅猛崛起的城市马拉松，为体制内外运动员专注于训练提供了持续的动力源，不仅大型赛事单设中国籍运动员奖，还有中国大满贯、国人竞速等奖项，提供丰厚奖励。南京一战，男子前四名都拿到了国人竞速突破奖 10 万元。

2011 年阿迪混子发起的百马俱乐部，曾是神一般的存在，如今则像一个历史名词，因为有太多人跨越了百马线，还有一个人甚至超过 400 场。

这个人就是王洪金。

王洪金 1973 年出生于黑龙江省克山县王少怀屯，村子距县城 18 公里，县城距齐齐哈尔 180 公里。

1990 年，17 岁的王洪金先徒步到县城，然后坐火车去牡丹江，当了一名边防兵。四年中日复一日的中俄边境巡逻，为王洪金打下了“飞毛腿”底子，也完成了人格塑造。

在马拉松赛道上，王洪金展现出特别的天赋，2002 年首马——大连马，即以 3:16:00 完赛。此后奔跑成瘾，十年后，他变身“专职”大众跑者，靠打零工赚取生活费和旅费。为了省钱，王洪金常坐绿皮火车赶路，住最便宜的旅馆，也经常在帐篷、睡袋中过夜。像他一样放弃稳定工作四处打短工穷跑的人形成了一个群体。

2016 年郑开马，王洪金拥有了可能是中国马拉松有确切统计能力以来最强大的数字：个人 200 场马拉松。

这一数字仅两年后，就在 2018 年的重马上被王洪金改写为 300 场。

又两年后，2020 年 12 月环雷公山超马雷山段，王洪金跑满 400 场。

粗略算下来，是每周一马的频率。

事实上，即使在今天包容的社会氛围中，对他这样的痴迷型跑者，“疯子”“不可理喻”的指责之声一直不绝于耳。就王洪金来说，跑马已从身体需要上升到精神层面，而精神的东西，本就色彩纷呈。

在作为社会力量的各类市场主体中，特步十分抢眼，它既是大众马拉松的受益者，也是助推大师。

去年，特步总裁丁水波“天问”三连发，第一问就是“中国纪录何时再被打破”，并宣布设立破纪录百万大奖。企业的做事风格，藏着它成长过程中所积累的经验和智慧，也藏着它所处的社会地位、所承担的社会责任。

新冠肺炎疫情与“大型聚集性活动”迎头相撞，赛事停滞，行业受困。最容易被忽视的是运动员备而不战下自废武功的危险，以及从业者的失魂。特步率先冲破阴霾，国人竞速精英赛设擂于多伦，是沉闷中践行社会责任的一声脆响，是回归和重启的信号弹。

其实，特步的成长史就是大众马拉松的勃兴史，也是大众跑者的罗曼蒂克逆袭史，品牌的使命感和家国情怀将保证它继续与中国马拉松同频共振。

在疫情防控常态化之下，线上赛从应急手段变成跑者的日常体验。

线上马拉松 2015 年在悦跑圈首发，经 2016 年中国田协力推，早已蔚为大观，今年由“客厅马拉松”领唱、上百个赛事公司合奏、“跑遍中国”压轴，形成前所有未的声势。仅咕咚一家，就举办 158 场线上赛，参与总人次 37623824。汉马和大鹏马等线上赛，参与者超过 20 万人。

从全球角度来看，马拉松还贡献了“中国方案”，线上赛已超越国界，名古屋马、东京马等逐次上线。

线上马拉松受惠于我国领先世界的线上经济，也得益于业界发展创新的努力。

“跑遍中国”无疑是今年的现象级网红。

这是中国田径主办的唯一线上系列赛，其规格之高、跨度之长（2020 年 10 月至 2021 年 10 月）、覆盖面之广（全国 31 个省市区）和落实力度之大前所未有。

赛事具有双重意义：其一，在新冠肺炎疫情的特殊时期，继续发挥国家队作用，引领行业复苏，提升线上路跑赛事的规格；其二，探索数字经济时代创新和驱动发展新模式，鼓励路跑行业共同构筑由单一的线下赛转换为线上线下相结合的多维度赛事场景。

坊间也有疑问：在赛事公司、跑团和路跑协会林立且各自为政的背景下，这么大规模的赛事能如期落实吗？坦白地讲，挑战是存在的，但解决办法也是有的。

很多时候，领导的一个行动胜过一堆文件。9 月 13 日，中国田协副主席蔡勇带团考察浙江马拉松，并来到钱江龙参加跑团联跑，一口气跑了 10 公里。这是疫情发生后，中国田协高层领导首次深入基层考察路跑活动，也是有史以来中国田协高层领导首次以这样亲民的方式深入跑团调研。

事实上同一时期，在“分片联系制度”下，中国田协领导层倾巢而出，通过督促各地建立秘书处等措施，落实“跑遍中国”线上马拉松系列赛。

一个有意思的现象是，在“跑遍中国”推出后，跑步在田径中心、中国田协和中田公司内部蔚然成风，对 10 公里和半马，大多数人都不在话下。

此赛事之所以在运营领域成为高热话题，还有一个重要原因，承办单位是新生的中田公司——中国田协实体化改革后主要运营平台。

中田公司全称北京中田体育发展有限公司，2019 年年初成立，中国田协副主席祝仕兴担任董事长，郭晓飞任总裁。作为中国田协的第二个涉“马”企业，中田公司比“同父异母”大哥中奥路跑整整小十岁。两兄弟的不同血缘，反映了体育界改革开放和思想进步的进程。

在“跑遍中国”项目上，中田公司倡导合作，对其他市场主体足够尊重，消除了市场疑虑，短期内报名参与的市场主体即超过200家。

以“跑遍中国”为代表的线上马拉松，发轫并勃兴于中国，极大丰富了人类体育实践，为世界体育发展贡献了中国智慧和中国方案。

关于中田公司的发展方向，体育系统领导颇为关心，足见其分量之重。

以长远眼光来看，中田公司是具有全局性引领意义的架设，有协会实体化改革发展榜样的考虑，是继足球、篮球之后的第二步跨越，承载的使命就是创新。

不能单纯地把中田公司看作一个市场竞争主体，其更是着力推进产业转型升级的平台，对体育产业具有颠覆性意义。在具体操作方面，中田公司以数字心动、田橙等数字化平台引领，聚集产业力量，为相关产业赋能，加快构建田径现代产业体系。

深信梦想的力量并一度成真的智美，在年初留下一纸内部“放假通知”后，匿迹于江湖。其股价几经闪展腾挪，一度逼近“仙股”，年底总市值又攀至6.85亿港元，相比最高点的140亿港元，起伏及缩水幅度之大令人咂舌。

对智美体育来说，这可能是一次阶段性盘整，该来的迟早会来。赛事公司受益于体制性因素而腾达，最终因体制性因素而平凡，这一周期一般是四年左右。马拉松运营并非充分的市场竞争。

9月，智美赛事一线操盘手宋鸿飞，接替任文担任公司总裁。

人生是个大舞台，出场总有谢幕时，但作为风云人物，任文意欲何为，明眼人一看便知。

在市场焦虑的蔓延中，一个叫烟台洛基体育的赛事公司诞生了。

烟台洛基体育的处子秀朱雀山 50 越野赛，李小白、申加升等大咖云集，赛事服务以“无预算限制”而口碑爆棚。老板张伟声称，赛事运营只是马拉松战略的敲门砖，未来将构筑丰富多元的业务体系，颠覆市场格局。

极少数资深越野赛事公司也逆风起舞。三夫户外运营的“2020崇礼 168”，由于在地位特殊的京津冀举行，且以 7500 人创下 2020 年越野赛规模之最，成为提振中国耐力赛士气的重大标记。

三夫是中国头号户外零售企业和重要户外文化推广者，由出身北大的张恒于 1997 年创办，最初举办“三夫户外三项赛”只是为零售业务助燃，2015 年开始发力于马拉松和越野赛领域，2018 年创办的“崇礼 168”，对中国长距离越野赛事具有激励效应。

对跑者来说，既是参加比赛，也是对恐惧的征伐。比赛为行业带来的安慰和希望不可低估。

“体医结合”在特殊年份加快了节奏。

北京医院心血管专家汪芳是 4.2 万名驰援医护队伍的一员，也是中国马拉松大满贯北京公益跑团团长。

回到北京后，汪芳积极号召身边的人动起来：“预防比治疗重要 1000 倍。”她的抖音号“心内科芳姐”粉丝 29.9 万，获赞 46.4 万。每周六下午，汪芳会雷打不动地带团到奥森跑步。

城市马拉松最强代言人非抗疫英雄钟南山莫属。

这位共和国勋章获得者、中国工程院院士已坚持跑步 70 年，跑步是其生活的一部分。钟南山提出：跑步是提升上班族和青少年学生身体素质和抵抗力的最佳方法之一。跟他一同被聘为广马宣传大使的医护人员，还有广州支援荆州医疗队副总指挥朱宏和广东第二批支持湖北疫情防控医疗队队长姚麟。

广州，以“马”之名，致敬逆行。

南京医科大学励建安教授，我国运动康复领域权威，今年 68 岁，2016 年开始跑步，已完成 31 个全马和 33 个半马，累计跑量上万公里，减肥 30 斤，个人最好成绩 4 小时 29 分。对于马拉松怀疑论，他的回答是：

跑步增强我们的呼吸功能没有争议；

跑步增强我们的心脏功能没有争议，即使做了支架也不影响跑步；

跑步不会伤膝盖，即使造成韧带损伤，也可以修复。

施一公是知识精英中最牛跑者。

1967 年出生，西湖大学校长，中国科学院院士，在以 3:34:56 完赛广马前，他已连刷无锡、绍兴和杭州三个半马。

尽管马拉松是一项大众运动，但院士的公共影响力远超其他群体。施一公告诉我们，成功是多么有套路的一件事情：体育锻炼是一种自强的精神，是一种受益终生的生活方式。

自强不分年龄，跑圈最牛大爷 70 岁黄财富和 69 岁梁毅民，还在孜孜不倦地追求个人最好成绩，黄财富正在接近 70 岁年龄段世界纪录。

全球化和改革开放，中国文化在出海，中国跑者跑向全球。根据跑步服务公司知行合逸统计，今年中国跑者境外参赛的规模在 10 万人次以上。跑龄十年的倪玉生是其中之一，至今年年底，他已跑遍世界七大洲 59 个国家和地区，共完成 277 场全程马拉松，其中亚洲 134 场（含中国 100 场），北美洲 98 场，欧洲 32 场，非洲 7 场，南美洲 3 场，大洋洲 2 场，南极洲 1 场，有 59 场完赛成绩在 3 小时以内。马拉松跑者对于展现中国形象，增强世界认同感，推动跨文化交流，具有特殊的效能。

从 1998 年北马向大众选手开放算起，围绕马拉松的持续性改革与重构已超过二十年，改革力度之大、影响面之广、谋划布局之超前，在体育系统均堪称表率。

截至 2020 年年底，中国田协以 4 个国家层面文件和 15 个协会管理文件为统领，构建起了独具中国特色的合力模式，即“田协共办、地方政府联动、公司运营”。在这一模式下，行业主管单位、各地政府职能部门和赛事公司各就其位、各司其职、各尽其责、有序协同，形成了马拉松的滚滚洪流。

停滞也是铆劲，当疫情散去，天宽地阔。

附录 1

中国马拉松金银铜牌赛事（2012—2019 年）

主办单位：中国田径协会

2012 年

金牌赛事 7 个

北京马拉松、上海国际马拉松赛、厦门国际马拉松赛、扬州鉴真国际半程马拉松赛、黄河口（东营）国际马拉松赛、重庆国际马拉松赛、兰州国际马拉松赛

银牌赛事 6 个

太原国际马拉松、宁夏黄河金岸国际马拉松赛、珠海国际半程马拉松赛、贵州环雷公山超 100 公里跑国际挑战赛、和龙国际半程马拉松赛、衡水湖国际马拉松赛

铜牌赛事 7 个

杭州国际马拉松赛、丹东鸭绿江国际马拉松赛、贵州镇宁黄果树国际半程马拉松赛、张家口·张北草原马拉松赛、营口·鲅鱼圈国际马拉松赛、昆明高原国际半程马拉松赛、大理国际半程马拉松赛

2013 年

金牌赛事 12 个

北京马拉松、上海国际马拉松赛、厦门国际马拉松赛、扬州鉴真国际半程马拉松赛、珠海国际半程马拉松赛、黄河口（东营）国际马拉松赛、太原国际马拉松赛、重庆国际马拉松赛、兰州国际马拉松赛、贵州环雷公山超百公里跑国际挑战赛、衡水国际马拉松赛、李宁全国 10 公里路跑联赛

银牌赛事 6 个

杭州国际马拉松赛、郑开国际马拉松赛、宁夏黄河金岸国际马拉松赛、营口·鲅鱼圈国际马拉松赛、伊金霍洛国际马拉松赛、广州马拉松赛

铜牌赛事 8 个

丹东鸭绿江国际马拉松赛、海南儋州国际马拉松赛、昆明高原国际半程马拉松赛、贵州镇宁黄果树国际半程马拉松赛、凉都·六盘水夏季国际马拉松赛、云南·水富半程马拉松赛、海口国际沙滩马拉松赛、深圳国际马拉松赛

2014 年

金牌赛事 14 个

北京马拉松、上海国际马拉松赛、杭州国际马拉松赛、厦门国际马拉松赛、扬州鉴真国际半程马拉松赛、黄河口（东营）国际马拉松赛、重庆国际马拉松赛、兰州国际马拉松赛、太原国际马拉松、贵州环雷公山超百公里跑国际挑战赛、衡水湖国际马拉松赛、珠海半程国际马拉松赛、广州马拉松赛、全国 10 公里路跑联赛

银牌赛事 7 个

大连国际马拉松赛、北京国际长跑节、营口·鲅鱼圈国际马拉松赛、无锡国际马拉松赛、和龙国际半程马拉松赛、凉都六盘水夏季国际马拉松赛、深圳国际马拉松赛

铜牌赛事 11 个

丹东鸭绿江国际马拉松赛、贵州镇宁黄果树国际半程马拉松赛、苏州国际半程马拉松赛、儋州国际马拉松赛、昆明高原国际半程马拉松赛、云南·水富半程马拉松赛、海口沙滩国际马拉松赛、贵阳国际半程马拉松赛、秦皇岛国际马拉松赛、西昌国际马拉松赛、合肥国际马拉松赛

2015 年

金牌赛事 15 个

北京马拉松、上海国际马拉松赛、杭州国际马拉松赛、厦门国际马拉松赛、扬州鉴真国际半程马拉松赛、黄河口（东营）国际马拉松赛、重庆国际马拉松赛、兰州国际马拉松赛、太原国际马拉松、贵州环雷公山超百公里跑国际挑战赛、衡水湖国际马拉松赛、广州马拉松赛、无锡国际马拉松赛、凉都六盘水夏季国际马拉松赛、深圳国际马拉松赛

银牌赛事 13 个

大连国际马拉松赛、营口·鲅鱼圈国际马拉松赛、苏州金鸡湖国际半程马拉松赛、和龙国际半程马拉松赛、云南·水富国际半程马拉松赛、昆明高原国际半程马拉松赛、西昌邛海湿地国际马拉松赛、合肥国际马拉松赛、秦皇岛马拉松赛、儋州国际马拉松赛、海口沙滩国际马拉松赛、南宁国际半程马拉松赛、郑开国际马拉松赛

铜牌赛事 23 个

丹东鸭绿江国际马拉松赛、贵阳国际马拉松赛、贵州镇宁黄果树国际半程马拉松赛、杨凌农科城马拉松赛、乌兰察布国际马拉松赛、盘锦“红海滩”国际马拉松赛、长沙国际马拉松赛、宁波国际马拉松、沈阳国际马拉松、连云港徐圩国际马拉松赛、深圳南山半程马拉松、临沂国际马拉松赛、台州国际马拉松、南京高淳国际马拉松、上海浦东国际女子半程马拉松赛、千岛湖马拉松、镇江国际半程马拉松赛、苏州太湖国际马拉松赛、南京国际马拉松赛、福州国际马拉松赛、青岛莱西国际马拉松赛、张家口康保草原国际马拉松赛、兰陵半程马拉松赛

特色赛事 15 个

西昌邛海湿地国际马拉松赛、海口国际沙滩马拉松赛、贵阳国际马拉松赛、张家口康保草原国际马拉松赛、昆明高原国际半程马拉松赛、苏州环金鸡湖国际半程马拉松赛、贵州镇宁黄果树国际半程马拉松赛、乌兰察布国际马拉松赛、郑开国际马拉松赛、丹东鸭绿江国际马拉松赛、南京国际马拉松赛、和龙国际半程马拉松赛、盘锦红海滩国际马拉松赛、大连国际马拉松赛、合肥国际马拉松赛

2016 年

金牌赛事 24 个

厦门国际马拉松赛、昆明高原国际半程马拉松赛、苏州环金鸡湖国际半程马拉松赛、重庆国际马拉松赛、无锡国际马拉松赛、扬州鉴真国际半程马拉松赛、秦皇岛马拉松、黄河口（东营）国际马拉松赛、大连国际马拉松赛、兰州国际马拉松赛、凉都·六盘水夏季国际马拉松赛、太原国际马拉松赛、北京马拉松、衡水湖国际马拉松赛、云南·水富国际半程马拉松赛、贵州环雷公山超 100 公里国际马拉松、上海国际马拉松赛、西昌邛海湿地国际马拉松赛、杭州马拉松、合肥国际马拉松赛、第十一届南宁国际半程马拉松比赛、广州马拉松、深圳国际马拉松、

欢乐跑中国 10 公里锦标赛（6 站）

银牌赛事 19 个

郑开国际马拉松、北京国际长跑节、营口·鲅鱼圈国际马拉松赛、贵阳国际马拉松赛、乌兰察布国际马拉松、沈阳马拉松、和龙国际半程马拉松赛、上海浦东国际女子半程马拉松、南京马拉松、镇江国际马拉松赛、海口国际沙滩马拉松赛、宁波国际马拉松、长沙国际马拉松赛、台州国际马拉松、千岛湖马拉松、深圳南山半程马拉松赛、苏州太湖国际马拉松、海南儋州国际马拉松赛、福州国际马拉松赛

铜牌赛事 48 个

海南国际马拉松赛、东莞松山湖国际马拉松、远安国际田野马拉松、杨凌农科城国际马拉松赛、武汉马拉松赛、南京浦口国际女子半程马拉松、上海国际半程马拉松赛、荆门国际马拉松赛、生态大圩国际半程马拉松赛、首届婺源国际马拉松赛、淮安金湖国际半程马拉松赛、中央国家机关半程马拉松接力赛、吉林市国际马拉松赛、张家口康保草原国际马拉松、鄂尔多斯国际马拉松、哈尔滨国际马拉松赛、宁夏黄河金岸（吴忠）国际马拉松、成都（双流）女子半程马拉松、日照 10K 公路沙滩马拉松、酒泉国际戈壁超级马拉松（100 公里）、乌海国际半程马拉松赛、巴彦淖尔国际马拉松、广安国际红色马拉松赛、池州环平天湖国际半程马拉松、唐山国际半程马拉松赛、深圳龙岗半程马拉松赛、重庆国际女子半程马拉松赛、宜昌国际马拉松、武夷山国际马拉松赛、武汉后官湖半程马拉松、北京鸟巢半程马拉松赛、腾冲国际半程马拉松、上海国际 10 公里精英赛、常州武进西太湖国际半程马拉松赛、桂林国际马拉松赛、常德柳叶湖国际马拉松赛、环蠡湖国际半程马拉松、舟山群岛马拉松、南昌国际马拉松、重庆国际半程马拉松、深圳宝安国际马拉松赛、上饶国际半程马拉松赛、上合昆明国际马拉松赛、周口马拉松、黄石磁湖半程马拉松赛、河源万绿湖国际马拉松、汕头国际半程马拉松赛、奥跑中国奥林匹克体育中心大众路跑全国系列赛

特色赛事 31 个

1. 最美赛道特色 6 个

九龙湖（宁波）国际半程马拉松赛、哈尔滨国际马拉松、南京马拉松、常州武进西太湖国际半程马拉松赛、舟山群岛马拉松、环蠡湖国际半程马拉松

2. 自然生态特色 12 个

远安田野马拉松、杨凌农科城国际马拉松赛、张家口康保草原国际马拉松、盘锦“红海滩”马拉松、日照10k公路沙滩马拉松、乌海国际半程马拉松、池州环平天湖国际半程马拉松、宜昌马拉松、海口国际沙滩马拉松赛、丝绸之路敦煌国际马拉松、上合昆明国际马拉松赛、桂林国际马拉松赛

3. 人文风情特色11个

东莞松山湖国际马拉松、吉林市国际马拉松赛、宁夏黄河金岸（吴忠）国际马拉松、和龙国际半程马拉松赛、贵州镇宁黄果树国际半程马拉松赛、宁波国际马拉松、腾冲国际半程马拉松、kissrun女子半程马拉松暨全国女子半程马拉松锦标赛、泰宁环大金湖世界华人山地马拉松赛（福建）、深圳宝安国际马拉松赛、中央国家机关半程马拉松接力赛

四、红色文化特色2个

广安国际红色马拉松赛、南昌国际马拉松

2017年

金牌赛事44个

北京马拉松、厦门国际马拉松赛、第八届苏州环金鸡湖国际半程马拉松、无锡马拉松、重庆国际马拉松赛、郑开国际马拉松赛、武汉马拉松、北京国际长跑节、扬州鉴真国际半程马拉松赛、黄河口（东营）国际马拉松赛、第30届大连国际马拉松赛、秦皇岛国际马拉松、营口·鲅鱼圈国际马拉松赛、兰州国际马拉松赛、吉林市国际马拉松赛、凉都·六盘水夏季国际马拉松赛、哈尔滨国际马拉松、和龙国际半程马拉松赛、昆明高原半程国际马拉松赛、太原国际马拉松赛、沈阳马拉松、云南水富国际马拉松赛、衡水湖国际马拉松赛、常州西太湖半程马拉松、南京马拉松暨全国马拉松锦标赛（南京站）、西昌邛海湿地国际马拉松赛、杭州马拉松、欢乐跑·中国10公里锦标赛（系列赛）、合肥国际马拉松赛、南昌国际马拉松、上海国际马拉松赛、台州国际马拉松、长沙国际马拉松赛、舟山群岛马拉松、贵州环雷公山超100公里跑国际马拉松、第16届亚洲马拉松锦标赛暨东莞国际马拉松、第十二届南宁国际马拉松比赛、深圳宝安国际马拉松赛、广州马拉松赛、苏州太湖国际马拉松、深圳国际马拉松、福州国际马拉松赛、奥跑中国奥林匹克体育中心大众路跑全国系列赛（系列赛）、上合昆明国际马拉松赛

银牌赛事 38 个

海南（三亚）国际马拉松、远安国际田野马拉松、南京浦口国际女子半程马拉松暨全国女子半程马拉松锦标赛、杨凌农科城国际马拉松赛、淮安金湖国际半程马拉松赛、上海国际半程马拉松赛、生态大圩国际半程马拉松暨合肥半程马拉松赛、贵阳国际马拉松赛、张家口康保草原国际马拉松、巴彦淖尔国际马拉松、成都（双流）女子半程马拉松暨全国女子半程马拉松锦标赛、宁夏黄河金岸（吴忠）国际马拉松、乌兰察布国际马拉松、环乌海湖国际全程马拉松、日照国际马拉松、池州国际马拉松、韵动中国·广安国际红色马拉松赛、双世遗武夷山国际马拉松赛、上海国际 10 公里赛、唐山国际马拉松赛、宜昌国际马拉松、重庆国际女子半程马拉松赛、海口国际沙滩马拉松赛、腾冲国际马拉松、桂林国际马拉松赛、深圳南山半程马拉松赛、周口马拉松、环蠡湖国际半程马拉松、武汉后官湖半程马拉松（汉马系列赛）、常德柳叶湖国际马拉松、千岛湖马拉松、镇江国际马拉松、婺源国际马拉松赛、上饶国际半程马拉松赛、海南儋州国际马拉松赛、黄石磁湖国际半程马拉松、汕头国际半程马拉松赛、河源万绿湖国际马拉松

铜牌赛事 79 个

湖北沙洋江汉运河国际半程马拉松、清远国际马拉松赛、肇庆国际半程马拉松赛、成都双遗马拉松、南京溧水国际山地半程马拉松赛、阳山半程马拉松、徐州国际马拉松、洪江黔阳古城国际半程马拉松、泰山国际马拉松、上海崇明国际马拉松、南京仙林半程马拉松赛、句容国际马拉松赛、大理国际马拉松、金坛茅山国际山地半程马拉松赛、遵义国际半程马拉松、北京通州半程马拉松赛、河北涞水野三坡国际半程马拉松赛暨健康中国马拉松系列赛涞水站、延安国际半程马拉松、健康中国马拉松系列赛暨临泽生态马拉松赛、碾子山全国山地马拉松赛、抚仙湖国际半程马拉松赛、盘锦红海滩国际马拉松比赛、贵州·镇宁黄果树国际半程马拉松赛、成都国际马拉松赛、北京女子半程马拉松、崇礼半程马拉松、雄安马拉松、蒙自国际马拉松、古城阆中马拉松、泰宁环大金湖世界华人山地马拉松赛、大别山（六安·金安）马拉松赛、内蒙古额济纳旗穿越胡杨林国际马拉松 –550 乡村马拉松第九站第二届、神农架国际马拉松、荆州国际马拉松、西安国际马拉松、洪泽湖国际马拉松、连云港·徐圩国际马拉松赛、龙口国际马拉松、曲阜圣城国际半程马拉松、石家庄（正定）国际马拉松赛、襄阳马拉松赛、亳州国际半程马拉松、100 公里接力挑战赛暨 10 公里竞速赛南京站、南京·六合竹镇国际半程马拉松、青岛马拉松、上海杨浦新江湾城半程马拉松、苏州国际女子半程马拉松赛、盘州国际女子半程马拉松赛、邳州国际半程马拉松、绍兴国际马拉松、

咸宁国际温泉马拉松赛、重庆铁山坪森林国际半程马拉松赛、兰州新区半程马拉松赛暨健康中国马拉松系列赛、“善美之城”韶关半程马拉松赛、“丝绸之路·美丽大荔”中国渭南国际马拉松赛暨健康中国马拉松系列赛、高淳国际慢城马拉松赛暨健康中国马拉松系列赛、义乌国际半程马拉松赛、中国－东盟国际马拉松、重庆国际半程马拉松、金温江半程马拉松、九江（首届）国际半程马拉松、瑞金国际红色半程马拉松、厦门（海沧）国际半程马拉松赛、第三届曹娥江国际马拉松赛、郑州炎黄国际马拉松赛、东山岛国际半程马拉松、揭阳国际半程马拉松赛、杭州国际女子马拉松、石梅湾·海南万宁滨海半程马拉松、悍将·杭州超级马拉松24小时金杯赛、泰州溱湖湿地国际半程马拉松赛暨女王跑泰州站、晋江国际马拉松赛、自贡恐龙国际马拉松、长江三峡国际马拉松（重庆·忠县）、红城百色国际半程马拉松赛、井冈山红色国际半程马拉松、云南·沾益珠江源头国际高原山地马拉松赛、广州黄埔马拉松、淮安·清江浦国际半程马拉松

特色赛事63个

1. 最美赛道特色20个

海南（三亚）国际马拉松、长春国际马拉松碾子山全国山地马拉松赛、抚仙湖国际半程马拉松赛、青岛·西海岸夜间国际马拉松、成都（双流）女子半程马拉松暨全国女子半程马拉松锦标赛、日照国际马拉松、崇礼半程马拉松、古城阆中马拉松、内蒙古额济纳旗穿越胡杨林国际马拉松－550乡村马拉松第九站第二届、神农架国际马拉松、西安国际马拉松、第七届常熟尚湖国际半程马拉松赛暨环太湖马拉松系列赛（常熟站）、龙口国际马拉松、绍兴国际马拉松、“丝绸之路·美丽大荔”中国渭南国际马拉松赛暨健康中国马拉松系列赛、高淳国际慢城马拉松赛暨健康中国马拉松系列赛、青岛海上国际马拉松、中国－东盟国际马拉松、泰州溱湖湿地国际半程马拉松赛暨女王跑泰州站、长江三峡国际马拉松（重庆·忠县）

2. 自然生态特色23个

清远国际马拉松赛、杨凌农科城国际马拉松赛、宁波山地马拉松、“丝绸之路”宁夏银川国际马拉松、北京通州半程马拉松赛、河北涞水野三坡国际半程马拉松赛暨健康中国马拉松系列赛涞水站、五大连池火山国际马拉松、欢乐跑·中国10公里锦标赛（西藏鲁朗站）、富锦半程国际马拉松、盘锦红海滩国际马拉松比赛、雄安马拉松、大别山（六安·金安）马拉松赛、宁乡国际森林马拉松、宜昌国际马拉松、海口国际沙滩马拉松赛、乐山国际马拉松赛、腾冲国际马拉松、桂林国际马拉松赛、东山岛国际半程马拉松、自贡恐龙国际马拉松、云南沾益珠

江源头国际高原山地马拉松赛、黄石磁湖国际半程马拉松、河源万绿湖国际马拉松

3. 人文风情特色 10 个

洪江黔阳古城国际半程马拉松、大理国际马拉松、巴彦淖尔国际马拉松、宁夏黄河金岸（吴忠）国际马拉松、贵州镇宁黄果树国际半程马拉松赛、蒙自国际马拉松、池州国际马拉松、曲阜圣城国际半程马拉松、亳州国际半程马拉松、盘州国际女子半程马拉松赛

4. 红色文化特色 7 个

上海崇明国际马拉松、遵义国际半程马拉松、延安国际半程马拉松、韵动中国广安国际红色马拉松赛、襄阳马拉松赛、红城百色国际半程马拉松赛、井冈山红色国际半程马拉松

5. 特色系列赛事 3 个

链家中国·社区跑（系列赛）、花园半程马拉松（中国）系列赛、要跑 –24 小时城市接力赛（系列赛）

2018 年

金牌赛事 68 个

北京马拉松、上海国际马拉松、重庆国际马拉松赛、建发厦门马拉松赛、兰州国际马拉松赛、广州马拉松赛、第 31 届大连国际马拉松赛、东风雷诺武汉马拉松、郑开国际马拉松赛、上合昆明马拉松、深圳国际马拉松、南京马拉松暨马拉松锦标赛（南京站）、沈阳国际马拉松、农业银行昆明高原国际半程马拉松赛、舟山群岛马拉松暨健康中国马拉松系列赛、韵动中国·广安红色马拉松赛、桂林国际马拉松赛、宜昌国际马拉松暨马拉松锦标赛（宜昌站）、杨凌农科城国际马拉松赛、汕头国际马拉松、南京浦口国际女子半程马拉松暨全国女子半程马拉松锦标赛、第七届宁夏黄河金岸（吴忠）国际马拉松、腾冲国际马拉松、池州国际马拉松、贵州环雷公山超 100 公里国际马拉松、海南儋州国际马拉松赛、周口马拉松、黄石磁湖国际半程马拉松、巴彦淖尔国际马拉松、武夷山国际马拉松赛、海南（三亚）国际马拉松、唐山国际马拉松赛、常德柳叶湖国际马拉松赛、上饶国际马拉松赛、日照国际马拉松、成都（双流）女子半程马拉松暨全国女子半程马拉松锦标赛、重庆国际女子半程马拉松赛、合肥国际马拉松、北京国际长跑节－北京半程马拉松、福建农信福州国际马拉松、深圳宝安国际马拉松赛、凉都·六盘水夏季国际马拉松赛、秦皇岛国际马拉松、衡水湖国际马拉松赛、哈尔滨国际

马拉松、长沙国际马拉松赛、吉林市国际马拉松、第九届苏州环金鸡湖国际半程马拉松、无锡马拉松、扬州鉴真国际半程马拉松赛、常州西太湖半程马拉松、南昌国际马拉松、营口·鲅鱼圈国际马拉松赛、黄河口（东营）国际马拉松赛、太原国际马拉松赛、西昌邛海湿地国际马拉松赛、云南·水富国际半程马拉松赛、杭州马拉松、台州国际马拉松、欢乐跑中国10公里锦标赛、奥跑中国奥林匹克体育中心大众路跑全国系列赛、上海国际半程马拉松赛、贵阳国际马拉松赛、远安田野马拉松、环蠡湖国际半程马拉松、镇江国际马拉松、婺源国际马拉松赛、上海国际10公里精英赛

银牌赛事61个

南京溧水山地半程马拉松、武汉后官湖半程马拉松（汉马系列赛）、红城百色国际半程马拉松赛、淮安·清江浦国际半程马拉松赛、井冈山红色国际马拉松、亳州国际马拉松、贵州·镇宁黄果树国际半程马拉松赛、蒙自国际马拉松、特步晋江国际马拉松赛、洪江黔阳古城国际半程马拉松、大理国际马拉松、绍兴·上虞曹娥江国际半程马拉松赛、生态大圩国际半程马拉松暨合肥半程马拉松赛、雄安马拉松、盘锦红海滩国际马拉松赛、临泽生态马拉松赛暨健康中国系列赛、清远马拉松、河北涞水野三坡国际半程马拉松赛暨健康中国马拉松系列赛、小康之约崇礼半程马拉松、碾子山山地马拉松赛、句容国际马拉松、千岛湖马拉松、西安国际马拉松赛、成都国际马拉松、北京通州半程马拉松、厦门（海沧）国际半程马拉松赛、中国－东盟国际马拉松、郑州炎黄国际马拉松赛、荆州国际马拉松、苏州国际女子半程马拉松暨女王跑·苏州站、青岛马拉松、抚仙湖国际半程马拉松、喜临门绍兴国际马拉松、大别山（金安）国际马拉松赛（半程）、兰州新区半程马拉松赛暨健康中国马拉松系列赛、肇庆国际半程马拉松赛、广州黄埔马拉松赛、湖北沙洋江汉运河国际半程马拉松、高淳国际慢城马拉松赛、内蒙古额济纳旗穿越胡杨林国际马拉松－550乡村马拉松第九站第三届、龙口国际马拉松、“丝绸之路·美丽大荔”中国渭南国际马拉松赛暨健康中国马拉松系列赛、阆中古城国际马拉松、长江三峡国际马拉松（重庆·忠县）、徐州国际马拉松赛、石家庄（正定）国际马拉松赛、襄阳马拉松、金坛茅山山地半程马拉松、南京仙林半程马拉松赛、洪泽湖国际马拉松赛、成都双遗马拉松、重庆国际半程马拉松、阳山半程马拉松、华润石梅湾·海南万宁滨海半程马拉松、咸宁国际温泉马拉松赛、咪咕善跑·100公里团队接力赛暨10公里个人挑战赛·南京（建邺河西）总决赛、邳州国际半程马拉松、泰山国际马拉松赛、金温江半程马拉松、杭州国际女子马拉松、义乌国际半程马拉松

铜牌赛事 96 个

鄂尔多斯国际马拉松、平舆半程马拉松、横店马拉松、宁波国际马拉松、内蒙古哈素海草原马拉松赛、凤阳国际马拉松赛、世界客都梅州马拉松赛、黄冈国际半程马拉松赛、韶山红色国际马拉松赛、临沂国际马拉松、南京六合竹镇国际半程马拉松、黄山·歙县新安江山水画廊国际马拉松、福建土楼永定国际马拉松赛-550乡村马拉松第十站第三届、钦州国际半程马拉松赛暨健康中国马拉松系列赛、连南半程马拉松赛、贵港国际马拉松、灵山国际半程马拉松赛、河间诗经国际马拉松、长垣国际马拉松赛、枣庄国际马拉松、弥勒女子国际半程马拉松赛、乐清雁荡山马拉松、温州马拉松、山西右玉生态国际马拉松、六安国际马拉松赛、砀山梨园国际马拉松、宿州国际半程马拉松、密云生态半程马拉松、泰宁环大金湖世界华人山地马拉松赛、贵阳·清镇半程马拉松、信阳国际马拉松赛、“小康之约”秘境巴东高山森林国际半程马拉松、天门国际半程马拉松、南京·江宁春牛首国际马拉松、斐讯“丽人18”乳山女子半程马拉松暨健康中国马拉松系列赛、仙境海岸·海阳国际马拉松、菏泽（东明）黄河生态马拉松赛、天府仁寿半程马拉松、韵动中国·武胜乡村马拉松赛、韵动中国·天府新区公园城市半程马拉松赛、乐山国际半程马拉松赛、梦云南·温泉山谷安宁高原国际半程马拉松、宁波山地马拉松赛、九龙湖（宁波）国际半程马拉松、重庆·大足环龙水湖“财信杯”半程马拉松赛、TNF100国际越野跑挑战赛系列赛、首届黄河石林马拉松赛、富锦半程国际马拉松、陵水国际沙滩半程马拉松赛、济南环华山湖国际半程马拉松、诸暨西施马拉松、“纪念肇庆命名900年”肇庆国际马拉松、金融街巽寮湾滨海半程马拉松赛、韶关半程马拉松赛、阳江海陵岛环岛国际马拉松赛、“小康之约”荔波喀斯特马拉松、三门峡黄河马拉松、郑州国际马拉松赛、潜江返湾湖湿地国际马拉松、弘阳杯无锡太湖国际女子半程马拉松赛暨女王跑·无锡马山站、南京·秦淮城墙马拉松、红豆锡山宛山湖国际马拉松、常熟国际半程马拉松、霍林郭勒国际半程马拉松赛、荣成滨海国际马拉松、青岛西海岸新区国际半程马拉松赛、西安女子半程马拉松暨全国女子半程马拉松锦标赛、西安城墙（三星）秋季国际半程马拉松、上海静安国际女子马拉松、杭州梦想小镇半程马拉松、丽水半程马拉松、国际商界精英马拉松赛、岱山海岬马拉松暨健康中国马拉松系列赛、“丝绸之路”宁夏·银川国际马拉松赛、长春国际马拉松、怀宁蓝莓之乡国际半程马拉松赛、灵璧国际马拉松赛、幽州古道超级越野赛、首届龙岩冠豸山国际半程马拉松、金昌国际马拉松赛、兰州百合之路百公里城市山地越野赛、巴马国际马拉松赛、巩义国际马拉松赛、武汉女子半程马拉松、海峡两岸昆山马拉松、宜兴国际马拉松、兴化国际马拉松、泰兴国际半程马拉松赛、第三届大觉山国际半程马拉松、呼和浩特马拉松、青岛海上马拉松、榆林国际马拉松、眉山东坡国际半程马拉松赛、中缅瑞丽－木姐国际马拉松、特步衢州马拉松、贝壳中国·社区跑

特色赛事120个

1. 最美赛道特色54个

陵水国际沙滩半程马拉松赛、济南环华山湖国际半程马拉松、诸暨西施马拉松、"纪念肇庆命名900年"肇庆国际马拉松、金融街巽寮湾滨海半程马拉松赛、韶关半程马拉松赛、阳江海陵岛环岛国际马拉松赛、"小康之约"荔波喀斯特马拉松、三门峡黄河马拉松、郑州国际马拉松赛、潜江返湾湖湿地国际马拉松、弘阳杯无锡太湖国际女子半程马拉松赛暨女王跑·无锡马山站、南京·秦淮城墙马拉松、红豆锡山宛山湖国际马拉松、常熟国际半程马拉松、霍林郭勒国际半程马拉松赛、荣成滨海国际马拉松、青岛西海岸新区国际半程马拉松赛、西安女子半程马拉松暨全国女子半程马拉松锦标赛、西安城墙（三星）秋季国际半程马拉松、上海静安国际女子马拉松、杭州梦想小镇半程马拉松、丽水半程马拉松、国际商界精英马拉松赛 浙江·泰顺、岱山海岬马拉松暨健康中国马拉松系列赛、"丝绸之路"宁夏·银川国际马拉松赛、千岛湖马拉松、西安国际马拉松赛、成都国际马拉松、北京通州半程马拉松、厦门（海沧）国际半程马拉松赛、中国－东盟国际马拉松、郑州炎黄国际马拉松赛、荆州国际马拉松、苏州国际女子半程马拉松暨女王跑·苏州站、青岛马拉松、抚仙湖国际半程马拉松、喜临门绍兴国际马拉松、大别山（金安）国际马拉松赛（半程）、兰州新区半程马拉松赛暨健康中国马拉松系列赛、肇庆国际半程马拉松赛、广州黄埔马拉松赛、湖北沙洋江汉运河国际半程马拉松、高淳国际慢城马拉松赛、内蒙古额济纳旗穿越胡杨林国际马拉松－550乡村马拉松第九站第三届、龙口国际马拉松、"丝绸之路·美丽大荔"中国渭南国际马拉松赛暨健康中国马拉松系列赛、阆中古城国际马拉松、长江三峡国际马拉松（重庆·忠县）、淮南国际马拉松、长安福特环梓山湖国际超百公里极限挑战赛、青岛·崂山100公里国际山地越野挑战赛、泰山100国际越野赛、桐庐国际半程马拉松

2. 自然生态特色35个

山西右玉生态国际马拉松、六安国际马拉松赛、砀山梨园国际马拉松、宿州国际半程马拉松、密云生态半程马拉松、泰宁环大金湖世界华人山地马拉松赛、贵阳·清镇半程马拉松、信阳国际马拉松赛、"小康之约"秘境巴东高、森林国际半程马拉松、天门国际半程马拉松、南京·江宁春牛首国际马拉松、斐讯"丽人18"乳山女子半程马拉松暨健康中国马拉松系列赛、仙境海岸·海阳国际马拉松、

菏泽（东明）黄河生态马拉松赛、天府仁寿半程马拉松、韵动中国·武胜乡村马拉松赛、韵动中国·天府新区公园城市半程马拉松赛、乐山国际半程马拉松赛、梦云南·温泉山谷安宁高原国际半程马拉松、宁波山地马拉松赛、九龙湖（宁波）国际半程马拉松、重庆·大足环龙水湖“财信杯”半程马拉松赛、TNF100国际越野跑挑战赛系列赛、首届黄河石林马拉松赛、富锦半程国际马拉松、生态大圩国际半程马拉松暨合肥半程马拉松赛、雄安马拉松、盘锦红海滩国际马拉松赛、临泽生态马拉松赛暨健康中国系列赛、清远马拉松、河北涞水野三坡国际半程马拉松赛暨健康中国马拉松系列赛、小康之约崇礼半程马拉松、碾子山山地马拉松赛、句容国际马拉松、“跑进养心古城，纵享生态依兰”丰收马拉松

3. 民族民俗特色21个

南京六合竹镇国际半程马拉松、黄山·歙县新安江山水画廊国际马拉松、福建土楼永定国际马拉松赛-550乡村马拉松第十站第三届、钦州国际半程马拉松赛暨健康中国马拉松系列赛、连南半程马拉松赛、贵港国际马拉松、灵山国际半程马拉松赛、河间诗经国际马拉松、长垣国际马拉松赛、枣庄国际马拉松、弥勒女子国际半程马拉松赛、乐清雁荡山马拉松、温州马拉松、亳州国际马拉松、贵州·镇宁黄果树国际半程马拉松赛、蒙自国际马拉松、特步晋江国际马拉松赛、洪江黔阳古城国际半程马拉松、大理国际马拉松、绍兴·上虞曹娥江国际半程马拉松赛、蓬莱葡萄酒马拉松

4. 红色文化特色10个

内蒙古哈素海草原马拉松赛、凤阳国际马拉松赛、世界客都梅州马拉松赛、黄冈国际半程马拉松赛、韶山红色国际马拉松赛、临沂国际马拉松、红城百色国际半程马拉松赛、淮安·清江浦国际半程马拉松赛、井冈山红色国际马拉松、淮安金湖国际半程马拉松

2019年

金牌赛事118个

北京马拉松、上海国际马拉松赛、重庆国际马拉松赛、杭州马拉松、厦门马拉松赛、成都马拉松、广州马拉松赛、东风雷诺武汉马拉松、上海国际半程马拉松赛、无锡马拉松、西昌邛海湿地国际马拉松赛、扬州鉴真国际半程马拉松赛暨半程马拉松锦标赛（扬州站）、西安国际马拉松、衡水湖国际马拉松赛、南京马拉松暨马拉松锦标赛（南京站）、第32届大连国际马拉松赛、喜临门绍兴国际马拉松赛、上海国际10公里精英赛、兰州国际马拉松赛、徐州国际马拉松、秦皇岛国际马拉松暨全国马拉松锦标赛、合肥国际马拉松赛、上合昆明马拉松、第十届苏

州环金鸡湖国际半程马拉松、长沙国际马拉松、第十四届南宁国际马拉松比赛、哈尔滨国际马拉松、海南儋州国际马拉松赛、沈阳国际马拉松、贵阳国际马拉松赛、青岛马拉松、郑开国际马拉松赛、贵州环雷公山超100公里国际马拉松、太原国际马拉松赛、福建农信福州国际马拉松、宜昌国际马拉松暨马拉松锦标赛（宜昌站）、常德柳叶湖国际马拉松赛、南昌国际马拉松、深圳宝安国际马拉松赛、吉林市国际马拉松、广安国际红色马拉松赛、环蠡湖国际半程马拉松、高淳国际慢城马拉松赛、舟山群岛马拉松、营口·鲅鱼圈国际马拉松赛、雄安马拉松、重庆国际半程马拉松、武夷山国际马拉松赛、重庆国际女子半程马拉松赛、海南（三亚）国际马拉松、“丝绸之路·美丽大荔”渭南国际马拉松赛暨健康中国马拉松系列赛、石家庄马拉松、池州国际马拉松、“一带一路·七彩云南”腾冲国际马拉松、常州西太湖半程马拉松、桂林马拉松赛、日照国际马拉松、凉都·六盘水夏季国际马拉松赛、汕头国际马拉松、邳州国际半程马拉松、黄石磁湖国际半程马拉松、南京仙林半程马拉松、台州国际马拉松、南京浦口国际女子半程马拉松暨全国女子半程马拉松锦标赛、杨凌农科城国际马拉松赛、第17届亚洲马拉松锦标赛暨东莞国际马拉松、唐山国际马拉松、义乌国际半程马拉松、千岛湖马拉松、晋江国际马拉松赛、广州黄埔马拉松赛、肇庆国际半程马拉松赛、厦门（海沧）国际半程马拉松赛、襄阳马拉松赛、中国－东盟国际马拉松、环乌海湖国际马拉松、“一带一路·七彩云南”昭通水富国际半程马拉松赛、长江三峡国际马拉松、绍兴·上虞曹娥江国际半程马拉松赛、黄河口（东营）国际马拉松赛、杭州国际女子半程马拉松、成都（双流）女子半程马拉松、南京溧水山地半程马拉松赛、北京通州运河半程马拉松、宁夏黄河金岸（吴忠）国际马拉松、泰山国际马拉松赛、上饶国际马拉松赛、亳州国际马拉松、万宁国际马拉松、苏州湾国际马拉松暨女王跑苏州站、大理国际马拉松、周口马拉松、“一带一路·七彩云南·活力蒙自”蒙自国际马拉松赛、清远马拉松赛、深圳南山半程马拉松、金坛茅山山地半程马拉松、句容国际马拉松、贵州·镇宁黄果树国际半程马拉松赛、金温江半程马拉松、红城百色国际马拉松赛、生态大圩国际半程马拉松、河北涞水野三坡国际半程马拉松赛暨健康中国马拉松系列赛、远安田野马拉松、“一带一路·七彩云南”抚仙湖国际半程马拉松、临泽生态马拉松赛暨健康中国马拉松赛系列赛、荆州国际马拉松、婺源国际马拉松、大别山（金安）国际马拉松（半程）、淮安·清江浦国际半程马拉松赛、兰州新区半程马拉松赛暨健康中国马拉松系列赛、洪江黔阳古城国际半程马拉松、阆中古城国际马拉松、奥跑中国奥林匹克体育中心大众路跑全国系列赛、湖北沙洋江汉运河国际半程马拉松、内蒙古额济纳旗穿越胡杨林国际马拉松－550乡村马拉松第九站第四届、昆明高原国际半程马拉松赛、碾子山山地马拉松赛、井冈山红色国际马拉松

银牌赛事 74 个

眉山东坡国际半程马拉松赛、郑州国际马拉松赛、“丝绸之路”宁夏·银川国际马拉松赛、临沂国际马拉松赛、宁波山地马拉松赛、榆林国际马拉松赛、TNF100越野跑挑战赛、诸暨西施马拉松、九龙湖（宁波）国际半程马拉松赛暨全国半程马拉松锦标赛（宁波站）、杭州梦想小镇半程马拉松、宁波国际马拉松、洪泽湖国际马拉松、金昌国际半程马拉松赛暨健康中国马拉松系列赛、横店马拉松、天门国际马拉松、韶关马拉松、长春国际马拉松、长安国际女子半程马拉松暨全国女子半程马拉松锦标赛、天府仁寿半程马拉松、荣成滨海国际马拉松、青岛海上马拉松、黄冈国际半程马拉松、密云生态马拉松、“一带一路·七彩云南”弥勒女子国际半程马拉松赛、2019 世界客都长寿梅州马拉松赛、鄂尔多斯国际马拉松、呼和浩特马拉松、武汉女子半程马拉松、特步衢州马拉松、常熟国际半程马拉松、丽水超级马拉松、南京·江宁春牛首国际马拉松、秘境巴东高山森林国际半程马拉松、红豆锡山宛山湖国际马拉松、宜兴国际马拉松、乐山国际半程马拉松赛、阳山半程马拉松、凤阳明中都马拉松赛、六安国际马拉松赛、“一带一路·七彩云南”安宁温泉高原国际半程马拉松、灵山国际半程马拉松赛、兴化国际半程马拉松赛、岱山海岬半程马拉松暨健康中国马拉松系列赛、菏泽（东明）黄河生态马拉松赛、巴马国际马拉松赛、“美丽中国”2019 潜江返湾湖湿地国际马拉松、泰兴国际半程马拉松赛、中缅瑞丽－木姐跨国马拉松、钦州国际半程马拉松赛暨健康中国马拉松系列赛、仙境海岸·海阳马拉松、“小康之约”荔波喀斯特马拉松、武胜乡村马拉松赛、金融街巽寮湾滨海马拉松、枣庄·冠世榴园国际马拉松赛、盘锦红海滩城市马拉松、三门峡黄河国际马拉松、信阳国际马拉松赛、阳江海陵岛环岛国际马拉松、长垣国际马拉松赛、南京·秦淮城墙马拉松、上海静安国际女子马拉松暨女王跑®上海站、南京六合竹镇国际半程马拉松赛、巩义国际马拉松赛、内蒙古哈素海草原马拉松、“美丽中国”2019 贵阳·清镇半程马拉松、重庆·大足环龙水湖半程马拉松赛、青岛西海岸新区半程马拉松、连南半程马拉松赛、弘阳地产无锡太湖国际女子半程马拉松暨女王跑®无锡马山站、龙口国际马拉松、山西右玉生态国际马拉松、第四届大觉山国际半程马拉松、平舆国际半程马拉松、贝壳中国·社区跑

铜牌赛事 82 个

上海国际女子半程马拉松赛、嘉兴国际马拉松、淮安金湖国际半程马拉松、苏州（太湖）马拉松、铜陵国际半程马拉松赛、拉萨半程马拉松、横琴马拉松、西安灞河国际半程马拉松、包头首届国际马拉松赛、湖南衡阳首届国际马拉松、大洋湾盐城马拉松、“美丽中国”2019 大同国际马拉松、钱江源国家公园马拉松、泉城（济南）马拉松赛、璧山国际半程马拉松赛、西安曲江国际半程马拉松、合肥国际马拉松系列赛之“领跑蜀山”蜀山国际半程马拉松赛、杭州湘湖国际半程

马拉松、跑遍四川之达州巴人故里国际半程马拉松赛、南充嘉陵江国际马拉松赛、重庆荣昌国际马拉松赛、幽州古道超级越野赛、郑州（高新区）国际女子半程马拉松暨全 国女子半程马拉松锦标赛、太湖图影国际马拉松、商洛国际马拉松赛、“一带一路”陕西西安（三星）·城墙国际马拉松赛、奉化海峡两岸桃花马拉松赛、河源万绿湖国际马拉松赛、河湟之旅红古半程马拉松赛暨健康中国马拉松系列赛、梅河口国际半程马拉松、遂宁国际马拉松、腾格里（民勤）沙漠半程马拉松赛暨健康中国马拉松系列赛、“G60”上海佘山国际半程马拉松、池州国际徒步大会、深圳光明国际半程马拉松、泰宁环大金湖世界华人山地马拉松赛、“花儿·临夏”马拉松赛暨健康中国马拉松系列赛、宁波东钱湖马拉松、郑州龙湖国际半程马拉松、夏河拉卜楞高原半程马拉松赛、丹霞山国际山地马拉松、广西平南国际半程马拉松赛、重庆老瀛山国际越野挑战赛、石家庄国际徒步大会、贺州姑婆山国际越野跑挑战赛、奔跑吧光谷半程马拉松、缙云仙都国际半程马拉松、河北安国国际半程马拉松赛暨健康中国马拉松系列赛、淮北国际半程马拉松、连云港·徐圩国际马拉松赛、庐山国际山地半程马拉松赛、环官厅湖生态半程马拉松、新兴国际半程马拉松、环万佛湖国际马拉松、莒县国际半程马拉松、苏州太湖蓝半程马拉松赛、南京江北新区半程马拉松、（秦皇岛）天下第一关·长城国际马拉松赛、丝绸之路·玉门首届国际铁人半程马拉松赛、上海国际企业半程马拉松赛、鹿泉国际半程马拉松、靖西边境国际马拉松赛、田园松阳国际半程马拉松、卡尔美·和龙国际半程马拉松赛、辛集国际半程马拉松、英德半程马拉松赛、铜川红色照金半程马拉松赛、共青城马拉松、“美丽中国”2019 延庆森林半程马拉松、浙沪乡村半程马拉松赛、青海海东沿黄河马拉松赛、重庆江津东方爱情国际半程马拉松、阳西沙扒月亮湾半程马拉松赛、首届晋中国际马拉松赛、南水北调马拉松湖北站 —— 十堰国际马拉松、长江三峡（巫山）国际越野赛、“农业银行杯”酒泉国际戈壁超级马拉松、抚仙湖万科新年马拉松（高原）、深氧湖汉山地半程马拉松秋赛、营山国际马拉松、振兴小镇上党红色国际马拉松赛、凤台警营马拉松

特色赛事 93 个

1. 最美赛道特色赛事 44 个

“丝绸之路”宁夏·银川国际马拉松赛、诸暨西施马拉松、杭州梦想小镇半程马拉松、金昌国际半程马拉松赛暨健康中国马拉松系列赛、长安国际女子半程马拉松暨全国女子半程马拉松锦标赛、荣成滨海国际马拉松、青岛海上马拉松、常熟国际半程马拉松、秘境巴东高山森林国际半程马拉松、岱山海岬半程马拉松暨健康国马拉松系列赛、仙境海岸·海阳马拉松、金融街巽寮湾滨海马拉松、阳江海陵岛环岛国际马拉松、南京·秦淮城墙马拉松、上海静安国际女子马拉松暨女王跑上海站、南京六合竹镇国际半程马拉松赛、青岛西海岸新区半程马拉松、

拉萨半程马拉松、横琴马拉松、包头首届国际马拉松赛、大洋湾盐城马拉松、钱江源国家公园马拉松、西安曲江国际半程马拉松、合肥国际马拉松系列赛之“领跑蜀山”蜀山国际半程马拉松赛、杭州湘湖国际半程马拉松、郑州（高新区）国际女子半程马拉松暨全国女子半程马拉松锦标赛、太湖图影国际马拉松、“一带一路”陕西西安（三星）·城墙国际马拉松赛、奉化海峡两岸桃花马拉松赛、河源万绿湖国际马拉松赛、河湟之旅红古半程马拉松赛暨健康中国马拉松系列赛、梅河口国际半程马拉松、“G60”上海佘山国际半程马拉松、池州国际徒步大会、夏河拉卜楞高原半程马拉松赛、河北安国国际半程马拉松赛暨健康中国马拉松系列赛、苏州太湖蓝半程马拉松赛、南京江北新区半程马拉松、（秦皇岛）天下第一关·长城国际马拉松赛、上海国际企业半程马拉松赛、青海海东沿黄河马拉松赛、阳西沙扒月亮湾半程马拉松赛、济南环华山湖国际半程马拉松、荣县大佛国际半程马拉松

2. 自然生态特色赛事 30 个

宁波山地马拉松赛、天门国际马拉松、密云生态马拉松、南京·江宁春牛首国际马拉松、六安国际马拉松赛、“美丽中国”2019 潜江返湾湖湿地国际马拉松、武胜乡村马拉松赛、枣庄冠世榴园国际马拉松赛、三门峡黄河国际马拉松、信阳国际马拉松赛、“美丽中国”2019 贵阳·清镇半程马拉松、重庆·大足环龙水湖半程马拉松赛、山西右玉生态国际马拉松、西安灞河国际半程马拉松、璧山国际半程马拉松赛、重庆荣昌国际马拉松赛、遂宁国际马拉松、腾格里（民勤）沙漠半程马拉松赛暨健康中国马拉松系列赛、深圳光明国际半程马拉松、重庆老瀛山国际越野挑战赛、贺州姑婆山国际越野跑挑战赛、庐山国际山地半程马拉松赛、环官厅湖生态半程马拉松、环万佛湖国际马拉松、英德半程马拉松赛、“美丽中国”2019 延庆森林半程马拉松、营山国际马拉松、“丽人 18”乳山女子半程马拉松暨健康中国马拉松系列赛、安远东江源·三百山国际马拉松赛、“小康之约”淅川国际半程马拉松

3. 民族民俗特色赛事 10 个

郑州国际马拉松赛、鄂尔多斯国际马拉松、“小康之约”荔波喀斯特马拉松、长垣国际马拉松赛、连南半程马拉松赛、“花儿·临夏”马拉松赛暨健康中国马拉松系列赛、靖西边境国际马拉松赛、首届晋中国际马拉松赛、抚仙湖万科新年马拉松（高原）、河间诗经国际马拉松

4. 红色文化特色赛事 9 个

临沂国际马拉松赛、黄冈国际半程马拉松、世界客都长寿梅州马拉松赛、凤阳明中都马拉松赛、嘉兴国际马拉松、淮安金湖国际半程马拉松、泰宁环大金湖世界华人山地马拉松赛、铜川红色照金半程马拉松赛、红色之旅六安国际徒步大会

附录 2

中国马拉松年度人物（2016—2018 年）

主办单位：中国田径协会、人民网

2016 年

李小白：新丝路时尚集团创始人
毛大庆：优客工场创始人、共享际创始人
谭　杰：中国体育报业总社高级记者
魏江雷：新浪网高级副总裁、新浪体育总经理
王丽萍：奥运冠军、王者传奇公司创始人
于　雷：跑步 - 越野跑运动员、雷越野创办人
郑　金：2016 伦敦国际马拉松世界杯残疾人组女子 T11 级冠军
许　飞：首位完成世界六大满贯的音乐人
董　勤：光明食品集团总裁

2017 年

唐维红：人民网副总裁
任　耀：安徽断臂跑者
刘庆红：首位田径世锦赛大众跑者
刘　欢：马拉松摄影师
梁　峰：悦跑圈联合创始人
顾　斌：跑吧网创始人、资深跑者
伊　一：浙江卫视主持人
朱兴有：马拉松高级教练员
黄力生：厦门科普作家协会副会长、厦门大学副教授
于　晨：北大 100871 跑团创始人

2018 年

陈晓晖：湛庐文化创始人
丁祖昱：易居企业集团 CEO
郭荫茂：北京警马护跑团成员
何亚君：助盲团创始人
何引丽：马拉松专业运动员
贾俄仁加：马拉松大众跑者
贾晓萌：共享际联合创始人
汪　涌：新华社高级记者
张　杰：元大都俱乐部发起人
赵京涛：医师跑者

附录 3

中国十佳跑团（2014—2018 年）

主办单位：中国田径协会、新浪体育

2014 年	2015 年
1. 老兵马拉松俱乐部	1. 怪兽跑团
2. 贴地飞行跑团	2. 天坛乐跑
3. 猛犸俱乐部	3. 福州最颜值跑团
4. 广州珠江跑群	4. 光明乐跑
5. 光明乐跑	5. 广州珠江跑群
6. 怪兽跑团	6. 杭州杭马体育运动俱乐部
7. 南京悦跑团	7. 猛犸纵横跑团
8. 跑步公园	8. 劲跑团
9.YES 跑团	9. 酷跑十堰跑团
10.550 为梦想奔跑	10. 贴地飞行跑团

2016 年	2017 年
1. 怪兽跑团	1. 贴地飞行跑团
2. 医师跑者跑团	2. 福建最颜值路跑团
3. 福建最颜值路跑团	3. 医师跑者跑团
4. 光明乐跑跑团	4. 北京奥森跑团
5. 广州珠江跑群跑团	5. 怪兽跑团
6. 杭马会跑团	6. 孙英杰长跑俱乐部跑团
7. 孙英杰长跑俱乐部跑团	7. 急救跑者跑团
8. 悦跑上海跑团	8. 跑者无疆跑团
9. 北京医师跑团	9. 天坛乐跑跑团
10. 天坛乐跑跑团	10. 南京悦跑团

2018 年

1. 浙大户外国际跑团
2. 多威跑友会
3. 北京医师跑团
4. 愿铃鳗 - 青马团
5. 荣跑团
6.MapRunners
7. 中马新奥跑团
8. 北京警察跑团
9. 元大都冠军俱乐部
10.98 跑

附录 4

中国运动员奥运会马拉松成绩（1984—2016 年）

组别	地区	姓名	成绩	排名
1984 洛杉矶奥运会				
男子	中国台湾	Chang-Ming Chen	2:29:57	57
女子	中国香港	Ng Lai Chu	2:42:38	31
	中国香港	Yuko Gordon	2:46:12	34
1988 汉城奥运会				
男子	中国山东	蔡尚岩	2:17:54	26
	中国云南	张国伟	2:22:49	38
女子	中国江苏	赵友凤	2:27:06	5
	中国云南	钟焕娣	2:36:02	30
	中国黑龙江	栗娟	2:53:08	54
1996 亚特兰大奥运会				
男子	中国台湾	Hsu Gi-Sheng	2:23:04	57
女子	中国广东	任秀娟	2:31:21	9
2000 悉尼奥运会				
女子	中国广东	任秀娟	2:27:55	10
2004 雅典奥运会				
男子	中国甘肃	李柱宏	2:19:26	31
	中国台湾	Wu Wen-Chien	2:23:54	56
	中国内蒙古	韩刚	2:27:31	66
	中国云南	朱荣华	2:34:02	76
女子	中国吉林	张淑晶	2:34:34	12
	中国甘肃	李贺兰	2:37:53	22
	中国河南	周春秀	2:42:54	33
	中国台湾	Hsu Yu-Fang	2:55:58	57
2008 北京奥运会				
男子	中国云南	邓海洋	2:16:17	25
	中国甘肃	李柱宏	2:24:08	51
	中国台湾	Wu Wen-Chien	2:26:55	59
女子	中国河南	周春秀	2:27:07	3
	中国辽宁	朱晓琳	2:27:16	4
	中国吉林	张淑晶	2:35:35	41
2012 伦敦奥运会				
男子	中国云南	董国建	2:20:39	54
	中国台湾	Chang Chia-Che	2:29:58	77

续表

组别	地区	姓名	成绩	排名
男子	中国山东	李子成	未完赛	—
女子	中国辽宁	朱晓琳	2:24:48	6
	中国江苏	王雪芹	2:28:21	22
	中国河北	王佳丽	2:35:46	58
2016 里约热内卢奥运会				
男子	中国云南	董国建	2:15:32	29
	中国西藏	多布杰	2:24:22	91
	中国云南	朱仁学	2:25:31	96
女子	中国台湾	Chin-Ping	2:26:00	100
	中国辽宁	岳超	2:39:09	53
	中国河北	华绍青	2:45:09	79

附录 5

中国全运会马拉松项目成绩

一、第 1 届全运会（1959 年）		
男子		
排名	姓名	成绩
1	张云程（内蒙古）	2:29:55.8
2	郑昭信（内蒙古）	2:35:08.6
3	张世清（贵州）	2:37:44.2
4	程正宽（贵州）	2:40:03.8
5	陈桐彬（吉林）	2:40:17.6
6	刘玉祥（内蒙古）	2:40:38.0
7	钟尔敏（广西）	2:40:43.8
8	孟广贤（解放军）	2:41:49.4
二、第 2 届全运会（1965 年）		
男子		
排名	姓名	成绩
1	刘一祥（内蒙古）	2:23:27.5
2	张云程（内蒙古）	2:23:57.3
3	任贞德（贵州）	2:23:57.8
4	王德顺（解放军）	2:26:29.1
5	毛德镇（辽宁）	2:26:43.9
6	李存业（云南）	2:48:04.0
三、第 3 届全运会（1975 年）		
男子		
排名	姓名	成绩
1	肖国明（云南）	2:26:55.6
2	陈家忠（云南）	2:26:57.8
3	韩忠（解放军）	2:29:35.4
4	尹增江（吉林）	2:30:41.4
5	季亚廷（云南）	2:33:19.0
6	刘忠贵（内蒙古）	2:34:52.2
7	李金龙（内蒙古）	2:34:53.8
8	邢福旺（山西）	2:37:07.8
四、第 4 届全运会（1979 年）		
男子		
排名	姓名	成绩
1	许亮（云南）	2:21:17.0
2	黄泽文（云南）	2:22:23.0

续表

3	彭家政（云南）	2:25:24.0			
4	方嫩顺（安徽）	2:25:51.0			
5	李正中（云南）	2:26:11.0			
6	熊小文（江西）	2:26:17.0			
五、第 5 届全运会（1983 年）					
男子			女子		
排名	姓名	成绩	排名	姓名	成绩
1	单长明（内蒙古）	2:17:55.0	1	吴金美（云南）	2:48:29.0
2	潘玉波（山东）	2:18:25.0	2	陈文柱（云南）	2:48:29.0
3	朱树春（山东）	2:18:27.0	3	肖红岩（山东）	2:49:52.0
4	许亮（云南）	2:18:30.0	4	曹桂玲（辽宁）	2:51:31.0
5	杨庭忠（云南）	2:19:06.0	5	王庆环（山东）	2:51:55.0
6	贺力口戈（内蒙古）	2:19:46.0	6	王淑凤（天津）	2:53:23.0
7	张远达（上海）	2:21:23.0	7	邱淑梅（吉林）	2:54:09.0
8	陈忠良（辽宁）	2:21:25.0	8	殷凤华（吉林）	2:54:33.0
六、第 6 届全运会（1987 年）					
男子			女子		
排名	姓名	成绩	排名	姓名	成绩
1	张国伟（云南）	2:12:17.0	1	肖红岩（山东）	2:32:11.0
2	魏晖（甘肃）	2:14:54.0	2	钟焕娣（云南）	2:32:13.0
3	吴志汉（河南）	2:15:16.0	3	王庆环（山东）	2:32:27.0
4	曾朝学（云南）	2:15:19.0	4	李秀霞（山东）	2:32:42.0
5	单长明（内蒙古）	2:15:20.0	5	白春艳（辽宁）	2:32:55.0
6	吴吉昌（云南）	2:15:35.0	6	谢丽华（吉林）	2:33:16.0
7	刘文俊（吉林）	2:15:44.0	7	于秋丽（吉林）	2:34:42.0
8	高朝爱（云南）	2:16:25.0	8	黎叶梅（黑龙江）	2:35:35.0
			9	温衍敏（山东）	2:35:46.0
七、第 7 届全运会（1993 年）					
男子			女子		
排名	姓名	成绩	排名	姓名	成绩
1	张福奎（辽宁）	2:11:10	1	王军霞（辽宁）	2:24:07
2	吴奕（天津）	2:13:27	2	曲云霞（辽宁）	2:24:32
3	宁礼民（辽宁）	2:14:29	3	张林丽（辽宁）	2:24:42
4	周同星（江苏）	2:14:56	4	张丽荣（辽宁）	2:24:52
5	刘晏臣（四川）	2:15:44	5	钟焕娣（云南）	2:25:36
6	韩宗敏（甘肃）	2:16:02	6	马丽艳（辽宁）	2:25:46
7	卢振华（上海）	2:16:13	7	王艳芳（辽宁）	2:26:36
8	吴吉昌（云南）	2:16:46	8	谢丽华（吉林）	2:36:38

续表

八、第8届全运会（1997年）						
男子				女子		
排名	姓名	成绩		排名	姓名	成绩
1	胡刚军（内蒙古）	2:09:18		1	潘金红（内蒙古）	2:26:39
2	郝立军（内蒙古）	2:13:25		2	王建芬（云南）	2:26:58
3	孟宪辉（火车头）	2:13:56		3	艾冬梅（火车头体协）	2:27:30
4	柴家华（云南）	2:14:56		4	田梅（内蒙古）	2:28:15
5	赵朝春（云南）	2:15:19		5	任秀娟（辽宁）	2:28:52
6	卢正华（上海）	2:15:37		6	王艳荣（火车头体协）	2:29:01
7	夏远平（吉林）	2:15:39		7	王艳芳（辽宁）	2:29:17
8	战东林（江西）	2:15:58		8	王明霞（山东）	2:30:05
九、第9届全运会（2001年）						
男子				女子		
排名	姓名	成绩		排名	姓名	成绩
1	官科（辽宁）	2:10:11		1	刘敏（辽宁）	2:23:37
2	李爱国（辽宁）	2:10:25		2	魏亚楠（解放军）	2:24:02
3	王永华（广东）	2:10:26		3	任秀娟（广东）	2:24:22
4	战东林（北京）	2:10:38		4	戴艳艳（辽宁）	2:24:41
5	李柱宏（甘肃）	2:10:46		5	张淑晶（吉林）	2:24:42
6	李贺（辽宁）	2:11:43		6	金丽（山东）	2:25:48
7	胡刚军（内蒙古）	2:12:30		7	郑桂霞（山东）	2:25:56
8	韩守会（辽宁）	2:14:55		8	吕静波（北京）	2:28:00
十、第10届全运会（2005年）						
男子				女子		
排名	姓名	成绩		排名	姓名	成绩
1	张庆乐（江苏）	2:15:06		1	孙英杰（火车头体协）	2:21:01
2	李柱宏（甘肃）	2:16:06		2	周春秀（江苏）	2:21:11
3	苏伟（青海）	2:16:26		3	孙伟伟（辽宁）	2:27:35
4	王磊（河北）	2:16:45		4	张淑晶（吉林）	2:27:41
5	吴寅帅（山东）	2:17:14		5	戴艳艳（上海）	2:31:51
6	丁礼圣（解放军）	2:19:32		6	朱晓琳（辽宁）	2:32:27
7	王永华（广东）	2:22:48		7	金蔓（辽宁）	2:32:35
8	蒋振国（山东）	2:26:38				
十一、第11届全运会（2009年）						
男子				女子		
排名	姓名	成绩		排名	姓名	成绩
1	韩刚（内蒙古）	2:12:36		1	白雪（火车头体协）	2:34:44
2	何平（河南）	2:12:53		2	张新（辽宁）	2:34:49
3	李有才（云南）	2:13:56		3	朱晓琳（辽宁）	2:34:55

续表

4	侯艳民（黑龙江）	2:16:19	4	周春秀（江苏）	2:34:57
5	王磊（河北）	2:16:28	5	张伟伟（辽宁）	2:35:51
6	任龙云（青海）	2:16:49	6	王佳丽（河北）	2:36:16
7	闫龙飞（河北）	2:17:04	7	魏亚楠（解放军）	2:36:40
8	张文亮（云南）	2:17:18	8	张俊丽（黑龙江）	2:36:44
十二、第 12 届全运会（2013 年）					
男子			女子		
排名	姓名	成绩	排名	姓名	成绩
1	尹顺金（青海）	2:18:03	1	贾超风（甘肃）	2:29:45
2	韩刚（四川）	2:18:18	2	丁常琴（贵州）	2:30:20
3	郎云龙（辽宁）	2:18:24	3	魏小杰（江苏铁人）	2:31:00
4	吴世伟(山东泰山体育)	2:18:28	4	曹茉婕（青海）	2:32:39
5	朱仁学（云南）	2:18:42	5	刘瑞环（河南）	2:32:50
6	王立刚（甘肃）	2:19:22	6	何引丽（内蒙古）	2:33:44
7	李伟(山东泰山体育)	2:20:14	7	张景霞（甘肃）	2:33:47
8	贾波（黑龙江）	2:20:17	8	孙伟伟（辽宁）	2:34:26
十三、第 13 届全运会（2017 年）					
男子			女子		
排名	姓名	成绩	排名	姓名	成绩
1	董国建（云南）	2:18:45	1	王佳丽（河北）	2:33:36
2	杨定宏（解放军）	2:19:09	2	曹茉婕（青海）	2:36:06
3	哈斯木汗（新疆）	2:20:22	3	华绍青（河北）	2:36:38
4	杨绍辉（云南）	2:21:21	4	张美霞（北京）	2:40:03
5	思杨（内蒙古）	2:21:30	5	李丹（辽宁）	2:41:50
6	陈金龙（青海）	2:21:42	6	罗川（解放军）	2:42:09
7	杨乐（江苏）	2:22:23	7	丁常琴(涉兴奋剂取消)	—
8	吴向东（安徽）	2:22:54	8	宋金婷（江苏）	2:43:27

附录 6

历届北京马拉松赛前三名（1981—2019 年）

年份	性别	名次	姓名	国别	成绩
1981	男	1	谢尔·埃里克斯塔尔	瑞典	2:15:20
		2	英厄·西蒙松	挪威	2:15:51
		3	李宗亨	朝鲜	2:15:52
1982	男	1	李宗亨	朝鲜	2:14:44
		2	拉·阿来桑德罗	意大利	2:15:51
		3	徐昌植	朝鲜	2:16:56
1983	男	1	罗·阿·塔布	美国	2:18:51
		2	谢尔·斯塔尔	瑞典	2:20:34
		3	约·斯坦利	澳大利亚	2:21:23
1984	男	1	喜多秀喜	日本	2:12:16
		2	伊藤国光	日本	2:12:20
		3	曾朝学	中国	2:15:11
1985	男	1	宗茂	日本	2:10:23
		2	宗猛	日本	2:10:23
		3	休奇·琼斯	英国	2:10:36
1986	男	1	儿玉泰介	日本	2:07:35
		2	伊藤国光	日本	2:07:57
		3	朱玛·依坎加	坦桑尼亚	2:08:39
1987	男	1	朱玛·依坎加	坦桑尼亚	2:12:19
		2	尼加斯·杜比	埃塞俄比亚	2:12:49
		3	布拉德·坎普	澳大利亚	2:12:52
1988	男	1	阿贝贝·梅克南	埃塞俄比亚	2:07:35
		2	谷口浩美	日本	2:07:40
		3	宗猛	日本	2:10:40
1989	男	1	彼得·达尔	丹麦	2:12:17
		2	尼加斯·杜比	埃塞俄比亚	2:13:11
		3	崔日燮	朝鲜	2:14:39
	女	1	文敬爱	朝鲜	2:27:16
		2	春金淑	朝鲜	2:30:31
		3	谢丽华	中国	2:31:32
1990	男	1	彼得·达尔	丹麦	2:14:55
		2	刘文俊	中国	2:15:25
		3	高金海	中国	2:15:39
	女	1	黎叶梅	中国	2:32:14
		2	贝·萨巴蒂尼	意大利	2:35:46
		3	阎玉莲	中国	2:39:22

续表

年份	性别	名次	姓名	国别	成绩
1991	男	1	尼加斯·杜比	埃塞俄比亚	2:12:55
		2	儿玉泰介	日本	2:13:07
		3	蔡尚岩	中国	2:13:49
	女	1	黛博拉·诺伊	英国	2:35:18
		2	黎叶梅	中国	2:36:53
		3	吉尔·考丝特丽	新西兰	2:37:07
1992	男	1	泉宜广	日本	2:11:29
		2	胡刚军	中国	2:12:45
		3	伊藤敏信	日本	2:13:12
	女	1	谢丽华	中国	2:28:53
		2	黎叶梅	中国	2:30:39
		3	郑桂霞	中国	2:32:49
1993	男	1	胡刚军	中国	2:10:57
		2	德永大辅	日本	2:11:09
		3	比雷尼·第萨莫	埃塞俄比亚	2:12:11
	女	1	黎叶梅	中国	2:30:36
		2	王秀婷	中国	2:32:03
		3	伊冯·丹森	英国	2:32:42
1994	男	1	胡刚军	中国	2:10:56
		2	阿贝贝·梅克南	埃塞俄比亚	2:11:33
		3	默·那兹波夫	俄罗斯	2:11:35
	女	1	王军霞	中国	2:31:11
		2	潘金红	中国	2:31:20
		3	曲云霞	中国	2:32:01
1995	男	1	孟宪辉	中国	2:16:20
		2	胡刚军	中国	2:16:29
		3	弗拉基米尔·柯托夫	白俄罗斯	2:16:39
	女	1	任秀娟	中国	2:30:00
		2	郑桂霞	中国	2:33:32
		3	娜塔利亚·嘉鲁什科	白俄罗斯	2:34:00
1996	男	1	纳尔逊·恩德雷瓦	肯尼亚	2:10:37
		2	胡刚军	中国	2:11:10
		3	董江民	中国	2:11:41
	女	1	任秀娟	中国	2:27:13
		2	郑桂霞	中国	2:29:38
		3	潘金红	中国	2:29:40
1997	男	1	胡刚军	中国	2:09:18
		2	郝立军	中国	2:13:25
		3	纳尔逊·恩德雷瓦	肯尼亚	2:13:30
	女	1	潘金红	中国	2:26:39

续表

年份	性别	名次	姓名	国别	成绩
1997	女	2	王建芬	中国	2:26:58
		3	艾冬梅	中国	2:27:30
1998	男	1	金中元	朝鲜	2:13:49
		2	张起植	韩国	2:14:07
		3	斯米罗・席尔瓦	巴西	2:14:26
	女	1	王艳荣	中国	2:28:50
		2	廖波夫・摩根诺娃	俄罗斯	2:28:51
		3	郑成玉	朝鲜	2:30:48
1999	男	1	铃木贤一	日本	2:11:33
		2	莫加卡・罗拉德・博拉亚	肯尼亚	2:12:58
		3	特博・土莫	埃塞俄比亚	2:13:42
	女	1	艾冬梅	中国	2:29:20
		2	孙英杰	中国	2:31:19
		3	李云霞	中国	2:31:25
2000	男	1	纳尔森	肯尼亚	2:13:52
		2	胡刚军	中国	2:14:01
		3	战东林	中国	2:14:06
	女	1	魏亚楠	中国	2:26:34
		2	孙英杰	中国	2:26:36
		3	田梅	中国	2:30:07
2001	男	1	官科	中国	2:10:11
		2	李爱国	中国	2:10:25
		3	王永华	中国	2:10:26
	女	1	刘敏	中国	2:23:37
		2	魏亚楠	中国	2:24:02
		3	任秀娟	中国	2:24:22
2002	男	1	李柱宏	中国	2:13:09
		2	奥内斯姆斯	肯尼亚	2:13:13
		3	伊力亚斯	肯尼亚	2:13:20
	女	1	孙英杰	中国	2:21:21
		2	张淑晶	中国	2:23:17
		3	朱晓林	中国	2:23:57
2003	男	1	保安・西斯特	南非	2:07:49
		2	约翰森・切洛诺	肯尼亚	2:14:00
		3	阿谢拜尔・迪万斯	埃塞俄比亚	2:14:03
	女	1	孙英杰	中国	2:19:39
		2	周春秀	中国	2:23:41
		3	张淑晶	中国	2:27:57
2004	男	1	詹姆斯・莫伊本	肯尼亚	2:10:42
		2	克里斯托夫・伊瑟格威	坦桑尼亚	2:10:56

续表

年份	性别	名次	姓名	国别	成绩
2004	男	3	李庆哲	朝鲜	2:15:24
	女	1	孙英杰	中国	2:24:11
		2	周春秀	中国	2:28:42
		3	戴艳艳	中国	2:29:58
2005	男	1	詹姆斯·莫依本	肯尼亚	2:12:15
		2	幸信中崎	日本	2:12:29
		3	孝弟福良	日本	2:13:52
	女	1	孙英杰	中国	2:21:01
		2	周春秀	中国	2:21:11
		3	孙伟伟	中国	2:27:35
2006	男	1	詹姆斯·夸目比·基普桑	肯尼亚	2:10:36
		2	曼达戈	肯尼亚	2:10:46
		3	冲野刚久	日本	2:12:24
	女	1	孙伟伟	中国	2:34:41
		2	切普巴	肯尼亚	2:34:51
		3	陈荣	中国	2:34:57
2007	男	1	金亚珠	肯尼亚	2:08:09
		2	任龙云	中国	2:08:15
		3	韩刚	中国	2:08:56
	女	1	陈荣	中国	2:27:05
		2	张莹莹	中国	2:27:20
		3	白雪	中国	2:27:46
2008	男	1	本杰明·基普托	肯尼亚	2:10:14
		2	切里莫	肯尼亚	2:10:30
		3	西蒙	肯尼亚	2:10:52
	女	1	白雪	中国	2:26:47
		2	陈荣	中国	2:28:25
		3	张莹莹	中国	2:28:52
2009	男	1	萨穆埃尔·穆戈	肯尼亚	2:08:20
		2	尼古拉斯·曼扎	肯尼亚	2:08:42
		3	本森	肯尼亚	2:08:51
	女	1	白雪	中国	2:34:44
		2	张新	中国	2:34:49
		3	朱晓琳	中国	2:34:55
2010	男	1	吉纳·西拉杰	埃塞俄比亚	2:15:45
		2	哥特·泰斯	南非	2:15:56
		3	马修·西格	肯尼亚	2:16:01
	女	1	王佳丽	中国	2:29:31
		2	陈荣	中国	2:29:46
		3	王晓姝	中国	2:30:21

续表

年份	性别	名次	姓名	国别	成绩
2011	男	1	弗朗西斯·基普罗普	肯尼亚	2:09:00
		2	穆图里	肯尼亚	2:09:43
		3	巴鲁斯	肯尼亚	2:10:15
	女	1	魏小杰	中国	2:28:05
		2	特萨马	埃塞俄比亚	2:29:29
		3	恩德雷巴	肯尼亚	2:30:14
2012	男	1	朱法·罗比	埃塞俄比亚	2:09:39
		2	基普塔伊	肯尼亚	2:10:15
		3	蒂姆雷	埃塞俄比亚	2:10:20
	女	1	贾超风	中国	2:27:40
		2	孙腊梅	中国	2:27:55
		3	孙伟伟	中国	2:28:03
2013	男	1	托拉·沃尔德格贝里尔	埃塞俄比亚	2:07:16
		2	贝纳德·基普罗普·基皮耶戈	肯尼亚	2:07:18
		3	罗内·丹尼尔·基德库尔加特	肯尼亚	2:07:19
	女	1	张莹莹	中国	2:31:19
		2	马克达·哈伦·哈吉	埃塞俄比亚	2:33:03
		3	塔德塞·比法	埃塞俄比亚	2:35:20
2014	男	1	吉尔梅·伯哈努·吉布瑞	埃塞俄比亚	2:10:40
		2	阿贝贝·内格沃·德格法	埃塞俄比亚	2:10:53
		3	所罗门·布森恩迪奇·奈贝	肯尼亚	2:11:05
	女	1	法尔马·萨多·德尔戈	埃塞俄比亚	2:30:01
		2	梅塞雷特·基塔塔·奥瓦克	埃塞俄比亚	2:31:06
		3	宫丽华	中国	2:32:22
2015	男	1	马利克·吉普楚姆巴	肯尼亚	2:10:56
		2	托尔查	埃塞俄比亚	2:11:35
		3	朱瓦沃	津巴布韦	2:14:22
	女	1	切雷内特	埃塞俄比亚	2:27:28
		2	贝克勒	埃塞俄比亚	2:29:09
		3	申允善	朝鲜	2:31:28
2016	男	1	格布雷·梅坎特·阿耶纽	埃塞俄比亚	2:11:08
		2	达迪·费耶拉·杰梅达	埃塞俄比亚	2:11:29
		3	贝克勒·梅思芬·特肖姆	埃塞俄比亚	2:11:55
	女	1	比鲁·门迪图	埃塞俄比亚	2:25:56
		2	托拉·吉萨乌	埃塞俄比亚	2:26:10
		3	Jo	朝鲜	2:33:38
2017	男	1	博纳瑟	摩洛哥	2:11:18
		2	吉布瑞	埃塞俄比亚	2:11:26
		3	斯蒂芬·奎利奥·切姆兰	肯尼亚	2:11:49
	女	1	梅莱塞赫·赛加耶·贝耶内	埃塞俄比亚	2:27:42

续表

年份	性别	名次	姓名	国别	成绩
2017	女	2	丽贝卡·坎戈戈·切西尔	肯尼亚	2:30:29
		3	拉赫马·图萨·乔塔	埃塞俄比亚	2:33:20
2018	男	1	贡珐	埃塞俄比亚	2:12:08
		2	塞博卡·迪巴巴·托拉	埃塞俄比亚	2:14:34
		3	莫戈斯·舒迈·所罗门	厄立特里亚	2:14:39
	女	1	瓦拉里·杰梅利·艾亚贝	肯尼亚	2:21:37
		2	斯桑巴	巴林	2:26:56
		3	萨多·德博	埃塞俄比亚	2:27:41
2019	男	1	马修·基普科奇·基索里奥	肯尼亚	2:07:02
		2	所罗门·基尔瓦·耶戈	肯尼亚	2:09:41
		3	伊曼纽尔·鲁托·奈贝	肯尼亚	2:10:10
	女	1	苏图梅·阿塞法·凯贝德	埃塞俄比亚	2:23:27
		2	李芷萱	中国	2:29:02
		3	穆卢·塞博卡·塞夫	埃塞俄比亚	2:29:05

参考资料

01 《中国田径运动百年》（文超主编，人民体育出版社，2006年11月第1版）
02 《中国田径运动史》（国家体委文史工作委员会、中国田径协会编，武汉出版社，1997年10月第1版）
03 《中国田径发展简史》（梁田编著，广东体育科学研究所、广东体育文史委员会，1982年9月）
04 《中国优秀田径运动员技术图片选辑》（宗华敬、杨善德主编，人民体育出版社，2001年5月第1版）
05 《田径》杂志
06 《中国体育报》（《体育报》）
07 《新体育》
08 《人民日报》
09 新浪体育
10 搜狐体育
11 《新京报》
12 《全体育》杂志
13 《体育画报》杂志
14 中国田径协会官方网站
15 中国马拉松管理服务平台
16 中国田径公众号
17 中国马拉松平台公众号
18 新浪跑步公众号
19 马拉松助手公众号
20 跑步故事公众号
21 特步跑步公众号
22 智美体育集团公众号
23 跑者公会公众号

致谢

正如温斯顿·丘吉尔所言，写书是一种冒险，这本书耗费了我和同事整整半年时间，其间由于各种原因，数度停滞，现在想来如同跑了一场智识上的马拉松。不过一路下来，从训练、备战、起跑、坚持、补给到冲刺，也有满满的获得感和幸福感。

在写作和出版过程中，我有幸得到这些人的帮助：中国田径协会相关领导、新丝路时尚集团创始人李小白、中田公司董事长祝仕兴和总裁郭晓飞、中迹体育董事长张思杰、智美体育集团总裁宋鸿飞、重马公司董事长李伟、无锡汇跑创始人李长征、中国马拉松大满贯组委会执行主席金飞鸿、广州新中体育集团有限公司总裁任志刚、互通国际传播集团董事长邓超明、万科集团品牌总监黄瑞勤、特步（中国）有限公司跑步发展中心高级总监齐冰、知行合逸创始人杜明芮、马孔多创始人艾国永，以及好友李文君、王京宏、肖曙光等。他们都在不同时期提出过充满智慧的建议。

尤其要提到中国影响力最大的体育传媒旗舰——体坛传媒集团，二十年写评论和办杂志的历练，总体上塑造了我贯穿本书的分析方式、思想方法，而支持我创办《跑者世界》杂志，不仅是本书的灵感、洞察力源泉，还成为一批人在纸媒江河日下时的诺亚方舟。

要特别感谢中国田径协会原副秘书长王云峰先生对本书的订正。

作　者

2021 年 7 月于北京